城市战法

南方报业传媒集团的深耕实践

王更辉　林焕辉／著

南方日报出版社
NANFANG DAILY PRESS
中国·广州

图书在版编目(CIP)数据

城市战法:南方报业传媒集团的深耕实践/王更辉，林焕辉著. — 广州:南方日报出版社，2024.11

ISBN 978-7-5491-2782-5

Ⅰ. ①城… Ⅱ. ①王… ②林… Ⅲ. ①报纸－新闻工作－研究－广东 Ⅳ. ①G219.276.5

中国国家版本馆CIP数据核字(2023)第234552号

CHENGSHI ZHANFA

城市战法

著　　者：王更辉　林焕辉
出 版 人：周山丹
出版统筹：谭亦芳
内容统筹：张培发　高静宁　黎詠芝　段思午　刘　丹
责任编辑：蔡　芹
装帧设计：肖晓文
责任校对：阮昌汉
责任技编：王　兰
出版发行：南方日报出版社
地　　址：广州市广州大道中 289 号
经　　销：全国新华书店
印　　刷：广东信源文化科技有限公司
成品尺寸：180mm×250mm
印　　张：16.75
字　　数：300 千字
版　　次：2024 年 11 月第 1 版
印　　次：2024 年 11 月第 1 次印刷
定　　价：88.00 元

投稿热线：（020）87360640　读者热线：（020）87363865
发现印装质量问题，影响阅读，请与承印厂联系调换。

序

刘启宇

风起南方，弄潮湾区。

75年前，紧随着新中国的脚步，迎着广州解放的曙光，《南方日报》勃然而生。75年来，一代代南方报人忠诚履职，忠实记录南粤大地的生动实践和沧桑巨变，推动南方报业从一份报纸发展成为在海内外具有广泛传播力、重要影响力的全媒体集团。

在这个过程中，主动与各城市互促共融，是南方报业顺应经济社会发展趋势，结合自身优势锐意改革创新，推动党报事业持续壮大的“重要一招”。

21世纪初，中国报业市场化改革深入推进，都市类报纸风起云涌，加上互联网的发展，全国尤其是广东媒体竞争愈加激烈。如何回应市场化的挑战，摆脱与都市媒体、地市媒体的同质竞争，是当时党报转型发展的一道“必答题”。

2003年年底，着眼于中国城市化的新进程，南方日报决定启动深耕珠三角战略，并于2004年从佛山开始创办区域《观察》，探索“有高度的贴近”，在“高度决定影响力”的办报理念下进一步贴近地方，由此开启了省级党报的突围之战。

习近平总书记强调：“宣传思想工作创新，重点要抓好理念创新、手段创新、基层工作创新。”对南方报业而言，以城市为依托，以各分社（记者站）为纽带，更好承担起密切联系广大人民群众和基层党委政府的重任，就是一次面向基层工作的创新举措。

2022年，面对移动互联网时代的新挑战，南方报业又开始实施南方+“下沉策略”，向镇街、村居和各垂直领域全面进军，建强建优县区、镇街频道，致力把南方+客户端打造成为各地市信息发布的载体、民生互动的平台、基层治理的工具，开启了移动互联网时代一次新的深耕。

这场以各地城市为依托的持续深耕与下沉行动，不断结出丰硕成果：

一是壮大主流舆论阵地。主流舆论阵地是各级党委政府工作的重要平台，是保障人民群众获取权威信息的重要渠道。从报纸时代的《观察》《视窗》，到移动互联网时代的共建频道、专题网页，南方报业在全省各地积极建设、拓展主流舆论阵地，进一步密切与各地方党委政府的联系，推动省级党媒影响力向市、县（市、区）、镇（乡、街道）延伸，既夯实了党报事业的发展根基，也让主流声音传得更宽广、更深入。

二是丰富优质内容供给。优质内容是通往人心的钥匙，也是主流媒体的立身之本。广东地处改革开放前沿，各城市的改革与发展，一直是优质内容与精品新闻的“富矿”。南方报业各分社（记者站）常年扎根基层，与一线干部群众打成一片，熟悉前沿工作，具有信息灵、情况熟、反应快的优势，他们深入基层“抓活鱼”“逮生虾”，找看点挖亮点、探堵点查难点，有效践行“四力”，转作风改文风、倡新风揭歪风，采写了一批批鲜活热辣的报道，全面、生动和立体地展现了广东各地市的探索与实践，让主流报道更加出圈出彩。不少县（市、区）、镇（乡、街道）的案例都登上了南方日报的头版甚至头条，既成为向全省乃至全国推广的先进经验，又是各级各类新闻评奖的重要来源。

三是练就一支新闻铁军。人才是南方报业事业兴旺发达最重要的资源。各城市空间广阔，既是施展才华的大舞台，也是成长成才的“练兵场”。下沉与深耕使各分社（记者站）聚集了一大批年轻才俊。他们既有全省视野、又能了解基层，各擅所长、各展风采，改变了传统报人在基层单打独斗的工作模式。在日复一日的基层实战中，这批年轻人快速成长，能写会编、能拍会播，成为融媒尖兵、探路先锋、原创主力，其中出类拔萃者入选集团“南方名记培育工程”，有的更成为集团骨干，走上领导岗位，有力推动了集团人才结构持续优化，支撑着南方报业的智慧转型。

历经多年积累，从珠三角辐射粤东西北，南方报业在实践中已探索出一整套具有南方特色的媒体深度融合、智慧化转型的城市战法。许多做法和经验也多次成为国内同行学习借鉴的对象。

2024年是南方日报《观察》产品创办20周年。更辉、焕辉同志作为这一“战法”的重要谋划者、有力推动者和生动实践者，在此之际推出这本专著，系统梳理南方报业的深耕实践，讲述南方报业与南粤大地各城市同频共振、共同成长的故事，具有非同寻常的意义。

全书共六章，分为上、中、下三个篇章。从第一章到第四章为上篇，分别从历史、做法、改革、未来四个维度，系统阐述了南方报业从无到有、从小到大、持续变革的深耕实践；第五章为中篇，集中呈现城市战法案例，既有集团各子单位的特色下沉做法，也有十三个分社（记者站）的一线实践；第六章为下篇，通过对话专家学者、行业领军人物，探讨下沉深耕对媒体融合发展的启示。三个篇章环环相扣，论证严密、案例丰富，是一份难得的实战手册。

不忘初心，方得始终。回望来路，奋进新程。

当前，媒体融合深入推进，广东省委赋予南方报业建设“两端一云”（南方+打造广东传播主平台、GDToday（今日广东）打造广东对外传播主平台、南方智媒云打造服务全省媒体融合发展技术底座）重任，并将其纳入全省高质量发展战略中。省委部署要以“两端一云”省级主平台为龙头，构建省市县三级协同联动、内外一体，具有强大传播力、影响力的省级全媒体传播体系，做强主流舆论阵地，放大主流声音。

南方报业要不负重托、完成重任，必须密切与全省各地市联系，推动各地各部门共建共享，让大家始终成为南方报业融合转型的“同行者”，成为我省党报事业的“好伙伴”。

生产更显优质的内容，打造更为广泛的网络，建设更加强大的传播力，我们将继续携手各地市，打造一批内外宣一体化的城市标杆与范例，带动全省各级主流媒体加快系统性变革，为巩固壮大主流舆论贡献南方力量。

是为序。

作者系南方报业传媒集团（南方日报社）党委书记、社长

城市
战法

南方报业传媒集团的深耕实践

目　录 ◂◂ CONTENTS

第一章

深耕

风起珠三角

进入21世纪，得益于我国改革开放的全面深化，城市化进程加快，文化传媒事业蒸蒸日上，都市报、晚报等各类报纸风起云涌，纷纷抢占都市舆论高地，媒体竞争愈加激烈。立志"办中国最好的报纸"的南方都市报，更是率先布局珠三角各大城市，频频开设各地《读本》版面，掀起一场下沉深耕的区域争夺战。

与此同时，随着互联网快速发展，人们获取信息的渠道更加多元，《南方日报》在一线、二线城市的影响力在下降，不仅削弱了省委机关报在大都市的地位，也给经营带来困难。在媒体转型的冲击下，党报亟须重塑主流媒体的影响力和地位。

风起珠三角，弄潮正当时。面对新的机遇与挑战，南方报业传媒集团因势而谋、应势而动、顺势而为，把握时代脉搏，紧跟经济发展步伐，以集团旗舰报纸《南方日报》为抓手，明确将珠三角作为党报走市场化的前沿阵地，从2003年年底开始实施"珠三角战略"，至2022年发出"下沉策略"动员令，一场持续20多年、影响深远的深耕与下沉行动在珠三角乃至广东各城市不断生根发芽，逐渐枝繁叶茂，在实践中探索出具有南方特色的媒体深度融合、智慧化转型的城市战法。

一、九市突围：得珠三角者得天下

珠三角是我国改革开放的前沿阵地，也是经济最发达的区域之一，具有独特的地缘优势和开放特性。在这里，党报、都市报以及专业报纸快速发展，媒体竞争尤为激烈。

新世纪以来，随着我国经济社会发展和人民生活水平不断提高，人们对文化的需求日益呈现出多样化、多层次、高品质的特点，南方日报深刻认识到只有在平台、内容、运营等方面进行改革创新，才能适应媒体市场化的趋势。其中，抢占珠三角广阔市场，成为突围的关键一招。

1. 破市场之围：深耕珠三角

20世纪90年代中后期，随着我国经济社会高速发展，人民物质生活逐渐丰富，价值观念日益多元化，阅读需求和结构悄然发生变化。都市报、晚报等各种类型的媒体异军突起，网络等新兴媒体也逐渐走进人们的视野，极大改变了我国的传统报业发展格局，并深刻影响广大读者的阅读兴趣和习惯。

然而，在这样的形势变局之下，全国大多数党报并未能积极适应经济社会转型的大趋势，没有清醒认识到社会整体对于信息需求结构的变化，始终坚守着宣传的格调，而忽略对新闻服务的旺盛需求，导致党报的市场占有率逐步下降，主要表现为先是在中心城市生存空间不断萎缩，后又在二线城市弱化或发展空间受到本地媒体的挤压。

面临上述诸多发展困境，党报的生存举步维艰，直接的反映就是影响力、发行量和广告额急剧下滑。随着都市报、晚报在市民生活中广泛流行，以及网络新媒体的快速崛起，一些党报在激烈的竞争中出现停滞和倒退的趋势，甚至还有亏损的状况。一时间，“党报被边缘化”之声甚嚣尘上。

2003年，中央明确指出，要以创新体制、转换机制、面向市场、增强活力为重点，抓好经营性文化产业的改革和发展，推动我国文化事业和文化产业走上良性循环、健康发展的轨道。随后，新闻出版总署提出，新闻出版业的评价体系将在坚持正确导向的前提下依据市场、依据发行量来确定。

出版物发行量上不去，其实也就没有了宣传阵地，更谈不上社会效益和经济效益。彼时，作为广东省委机关报，《南方日报》也面临着发行下滑、广告萎缩等严峻挑战，难以再续此前的辉煌。据统计，21世纪初《南方日报》发行量连续直线下滑，直逼历史最低点。从2002年《南方日报》在珠三角地区的发行数量统计来看，广州已跌至3万多份，深圳更是不足7000份。相应地，广告额也是逐年大幅萎缩。

不仅如此，《南方日报》在逐步丧失多年发行量稳居全国党报领先地位的优势后，还不得不面临广东报业市场内部更为激烈的竞争。单广州就集中有6家日（晚）报和近20家专业类报纸，多家报纸分割中心城市市场份额，导致省级党报在中心城市的发展空间非常有限。

彼时，受政策变化和市场环境影响，市场化改革成为党报立足生存发展、重塑舆论主导权的必然选择。党报走市场，一时间成为《南方日报》这份省级党报的改革命题。

报业的发展水平始终与当地的经济发展程度息息相关，珠三角作为全国经济最活跃的地区之一，经济发展背后蕴藏着广阔的市场。《南方日报》作为省级党报，要走市场化的道路，就无法回避对珠三角区域的开拓。当时，南方日报社的掌舵人就曾提出“得珠三角者得天下”，以生动的语言道破了珠三角区域对于广东媒体事业拓展的重要性。

为了在激烈的报业竞争中赢取发展的机会，《南方日报》重新审视自身优势，进一步明确报纸定位、办报理念和目标读者群，以期用创新和变化接受市场的检验。在历时8个月的调研后，从2002年8月6日起，《南方日报》开启了大刀阔斧的改革，实行全新改扩版，并确立“高度决定影响力”的办报口号，决意将《南方日报》打造成为华南地区权威政经媒体。由此，《南方日报》改版改革的序幕正式拉开。

2003年12月12日，借助新世纪第三次改版契机，《南方日报》正式明确实施“深耕珠三角战略”，开辟出《珠三角新闻》版，并成立珠三角新闻中心。珠三角新闻中心及下属9个市的记者站、办事处一起，全面进军珠三角区域。根据当时的改版方案安排，《珠三角新闻》版周一出4个版、周二至周五出8个版。随后，《南方日报》通过继续增设《珠三角新闻》版的数量，不断开拓二级区域市场的新闻“沃土”。

广州利用外资面临挑战
宝安龙岗大量土地将收归国有
一河两岸大佛山遥遥在望
南方日报
珠三角新闻
东莞人新年行走更便捷
珠海路桥隧道费大幅下调
孙中山罗汉床惊现江门茶庵寺
C01
正在珠三角展开的分质供水革命已惠及 35 万居民
我家何时用上直饮水？
居民愿望为何如此迫切？
分质供水迅速扩展
经营企业纷纷抢滩
直饮水质将达发达国家水平
必读珠三角
今天出发
毛织之乡
大朗明天再迎
毛织产业交易盛会
深圳城管面临执法尴尬
2000 乞丐近 20 人接受救助
专家称原因之一是乞讨已成“产业”

2003年12月12日，《珠三角新闻》开版

2. 破理念之围：有高度的贴近

《南方日报》开辟珠三角区域市场初期，正值广东报业市场竞争趋于白热化阶段。继《南方日报》改版开设《珠三角新闻》版后，广州的其他报业集团也先后以专栏、专版等形式进军珠三角。

改版初期，《南方日报》就敏锐地意识到，与都市报、晚报等以民生新闻和社会新闻见长的媒体竞争，已错失“同场竞技”的有利时机。因此，党报走市场化路线，要摆脱与同城媒体、地方媒体的同质竞争，就必须在报纸定位、报纸品质、目标读者群等方面作出差异抉择。

要实现差异化，首先在新闻内容的选择上就要摒弃市场化报纸“主打社会新闻”的操作模式，而要结合“高度决定影响力”的办报理念，打造贴近本土特性基础上的“主流权威政经大报”，致力于“有高度的贴近”。

由此带来了《南方日报》在深耕珠三角过程中需要着力解决好的一对关系：高度与贴近。在报社当时的决策者看来，高度并不是说要高高在上，板起面孔教导人，并不是不食人间烟火，不理社情民意，只知道居高临下进行说教式宣传。恰恰相反，高度是为了更好地贴近，贴近是为了更好地诠释高度。

《珠三角新闻》版在开篇寄语中，就明确了自身使命是“贴近珠三角”，要“以必读的本地民生新闻服务珠三角，以生动鲜活的报道展现珠三角”。简而言之，就是要做“必读的民生新闻”。

做“必读的民生新闻”需要有反常规的思维，南方日报在珠三角区域新闻实践探索中逐步总结出“大民生”报道理念——民生新闻既是一种报道的题材，更是一种处理和包装新闻的立场和视角。

《珠三角新闻》版开设后，先后推出一批必读民生新闻，比如：广州推出《儿童中铅毒还是有人中钱毒？》《越秀区全城搜寻165名退休职工》《为三千双特困户寻找住房》；深圳推出《鹏城河水越来越黑，怎么办》《银商之争》；佛山推出“车改”以及南海并镇报道；东莞推出《民生八问》《私家车非法搞运营》；等等。这些报道在展现本土味的同时，也做出省报的深度和高度，在当地读者群中引起强烈关注，成为《南方日报》的《珠三角新闻》版深耕珠三角城市的有效切入点。

当以《南方日报》为旗舰的南方报业开启深耕珠三角之时，珠三角也进入发展转型期，社会利益纷繁复杂，各种社会思潮和观念日益多元，党报的舆情引领功能更显重要。《南方日报》顺势而为，牢牢把握权威性和公信力的核心优势，无论是对党委政府中心工作的报道，还是对重大社会性事件的定调，以及对社会情绪的引导，始终要求坚持理性、建设性的立场，力图通过报道推动问题的解决。

影响力植入和延伸的路径不仅于此。2004年，佛山市出台《关于户籍管理制度改革的决定》文件的征求意见稿，准备将户籍人口统一登记为“佛山市居民户口”。《南方日报·佛山观察》敏锐发现，这项改革力度空前，意味着佛山164万余农民将变为居民，户籍管理“二元化”模式宣告终结。同时，由于这项改革涉及广大农民的切身利益，社会关注度极高。鉴于此，佛山记者站从政策征求意见起，就启动跟踪宣传，联系部门进行政策解读，在改革正式实施后，又第一时间到办理“农转居”户口窗口一线进行采写，并对改革意义做足剖析。这些报道不仅及时回应了广大群众的关切，同时也在舆论上引导社会各界共同支持改革，佛山城乡融合的新一页也由此掀开。

2011年，《南方日报·东莞观察》刊发了新闻稿件《坤叔公益团队“转正”受挫背后》，以“坤叔”的遭遇为个案，强有力地揭示了民间公益团体的生存困境。发表后，时任广东省委主要领导对这篇报道作出重要批示，并借此机会推动了“社会组织登记制度”的重要改革。这些源自基层但并未止于日常琐碎的报道，彰显着《南方日报》的深度影响力。

类似的案例还有不少。“有高度的贴近”不仅是宣传报道的落地，更是深耕基层的引领。近年来，《南方日报》不断提升宣传报道的智慧含量，担当起“解读者”的角色，通过对中央、省、市的重大决策的权威解读，对珠三角转型发展的经验和亮点的总结、研判和推广，为地方提供可资借鉴的“隆中对”，进而影响地方决策。

3. 破平台之围：多元化梯次发展

没有舞台，再优美的舞姿也难以施展。怎样才能把开始崛起的影响力优势转化为实际的事业发展优势，打造多元化的产品线，成为《南方日报》扎根珠三角的关键所在。

珠三角新闻中心成立之初，就明确了在珠三角采取梯次发展的策略。尽管这个改革的方向是明确的，但具体操作实施的方式是什么，却无任何来自同行的参考经验。在这样的情形之下，南方报业在《南方日报》开设《珠三角新闻》版的基础上独辟蹊径，找到了“《观察》+《视窗》”的模式，有效推进《南方日报》在珠三角的全面落地。

《珠三角新闻》版在开设之初，以每周8个版的规模介入珠三角区域的新闻报道。其中，除了封面版外，广州版占2个，深圳版占2个，佛山、东莞各占1个，惠州、中山、珠海、肇庆、江门五市综合新闻版占1个。此后，这五市又调整为周一至周五轮流各占1个版。

然而，最初这样的版面布局并没有唤起各城市的积极反应。原因就在于，这样按周期轮换且规模看似零散的地方版面，难以跟本土新闻版面数量占优的同城媒体竞争。在此背景下，珠三角新闻中心及时调整策略：在继续做好《珠三角新闻》版的同时，从2004年6月起，陆续推出《佛山观察》《东莞观察》《深圳观察》《江门观察》四份以“观察”为名的周刊；2006年3月，又在广州、深圳、佛山、东莞四地将观察周刊日报化。此后，随着2007年《中山观察》、2010年《惠州观察》、2011年《珠海观察》、2019年《肇庆观察》的推出，《南方日报》在珠三角地区实现了区域观察产品的全覆盖，有效扩大了舆论阵地和发展腹地。

市级《观察》的陆续推出，为南方日报更好地贴近区域市场奠定坚实的平台基础，但要真正深耕贴近本地，还需要有更具针对性的落地举措。于是，《南方日报》及时作出反应，结合区域发展程度，对读者和市场实行细分，在市级《观察》的基础上将触角延伸至区县乃至镇街一级，提出“视窗”概念，逐步在深圳的宝安、龙岗，佛山的禅城、顺德、南海、三水，东莞的沿海、东部，中山的小榄等开设《视窗》周刊（如《顺德视窗》），并在不具备开设独立周刊条件的广州的荔湾、海珠，佛山的高明、容桂，东莞的塘厦等，在当地《观察》上开设对应的区域新闻版（如《高明新闻》版）。

在此之后，为使多级平台产品能够更精准地服务目标市场，《南方日报》对《观察》《视窗》的结构分布进行改革，针对区域市场和细分化市场的要求，根据各地行业发展情况作为主攻方向设置行业周刊。比如，《深圳观察》多次根据市场需求优化《财富周刊》的版面设置，从一开始设置《车市》《3C》《文化》等专版，到后面设置《教育》《资讯》等专版，以此逐步有效地拓展深圳行业市场，取得了扩大影响力和商业广告份额的双重效应。《佛山观察》的专版专栏设置也随市场变化而变，周刊版面几经调整，为契合广佛同城化的大环境，该周刊率先改名为《广佛财富》，全面进入广佛一体化市场。与此同时，《东莞观察》《江门观察》《中山观察》等观察系列产品，也不断针对市场变化调整行业版面，从而更精准地抢占区域商业市场。

为进一步寻求差异化的竞争路线，南方日报在珠三角逐步探索“本土+深度+整合”的操作模式来谋求新的突破。这就需要一种新闻包装的新载体来呈现，“特刊”模式由此成为最佳选择之一。为此，珠三角新闻中心充分利用区域内的资源优势，积极针对一些地方政经大举动、大活动、大项目推出特刊报道。

随着珠三角区域经济一体化进程的不断提速，区域内部合作更为频繁，有关区域经济发展的论坛、活动屡见不鲜，试图在珠三角进一步扎根的《南方日报》具备权威、高端的政治优势，再结合优秀的采编、策划团队，对大型特色活动进行深度解析、全方位报道，快速形成明显的差异化竞争优势。

一批主题特刊聚焦城市发展议题，比如《南海虎威》《顺德龙腾》《佛山风雅颂》《深圳向前》《东莞软实力》《中山再唤醒——中山发展忧思录与重振虎威之道》《惠州“融湾入圈”》等，均能深度切入当地的中心工作，得到了社会各界高度关注，显著提升了南方报业的深耕影响力。

2005年12月22日，《南方日报》首次推出百版大型特刊《珠三角竞争力2005年度报告》，凭借对珠三角九市发展现状的深度调研和权威解读，一亮相就赢得广泛关注。此后每年一期以权威视角对珠三角发展进行观察，并邀请国内外专家建言献策，涉及政治、经济、文化等方面，无不牵动珠三角各城市政界、商界及民间的注意力，社会影响力和经济效益同步攀升，逐步打造成为《南方日报》的品牌产品。到2021年12月，为适应新闻报道专业化、智库化发展趋势，其升级为《珠三角高质量发展报告》，力求打造成量化分析与质化解读“双强”的智库型产品，一年一特刊，全面总结梳理高质量发展的“珠三角年度答卷”。

至此，作为集团的龙头，《南方日报》在珠三角区域逐步搭建起一个“五级平台”的产品线：第一级平台是面向全省的主报版，报道发生在珠三角区域具有全省意义的重大政策、重要事件、热点话题；第二级平台是面向各市的观察版，深度

《珠三角竞争力报告》《珠三角高质量发展报告》版面

聚焦区域发展的重要议题；第三级平台是面向各地重点发达区县或镇街的视窗版，下沉资源深耕基层；第四级平台是面向专业领域推出的地方周刊产品，增强在房地产、汽车、旅游、教育、健康、金融等行业的影响力；第五级平台是以论坛、线下活动等为依托，推出动态化、常态化、品牌化的特刊产品。

这个多年深耕搭建起来的立体化树状产品结构，带来了更区域化、更本土化、更专业化的报道和服务，让《南方日报》深入到珠三角区域的各个层面，显现出旺盛的生机和强大的活力。

二、双轮驱动：转型与转场

“五级平台”的建设，积累了影响力优势和贴近优势，为南方报业下沉区域实现“有高度的贴近”提供了强有力的支撑，加速党报向“高度”和“深度”进一步延伸，一场以“智库型媒体”为定位的变革呼之欲出。

与此同时，移动互联网崛起，倒逼党报在区域深耕中进一步向“速度”和“广度”发展。2015年，南方+客户端上线，南方报业正式开启移动互联网转型之路。

面对快速变革的媒介生态，南方报业以《南方日报》为龙头，在珠三角将智库转型和移动传播转型合二为一，给出了一个答案：“双轮驱动”。其中，一轮是城市智库建设，探索“转型不转场”；一轮是新媒体平台建设，探索“转型又转场”。

1. 萌芽：开启“城市智库”转型

南方报业在珠三角推进“城市智库”转型，离不开一个重点区域——佛山。

2012年前后，正是互联网蓬勃发展的节点，也是主流媒体融合转型的起步期。碎片化、海量信息轰炸，让大众对传统媒体有效内容、知识输出的供给需求逐步增加。

尤其在珠三角二、三线城市，知识产品的匮乏，让这里衍生出大量潜在的智库服务市场。佛山记者站经过近十年的下沉深耕，形成了“有高度的贴近”的坚实基础，为抓住新的市场机遇，明确了“全媒体、思想者、慢新闻”的理念，核心就是尝试向“思想者”转型。

从2012年起，佛山团队凭借深入基层、贴近实践的优势，依靠长年累积的深度报道与资源整合能力，推出多项大型策划或新闻行动。这些大型策划和新闻行动，紧紧围绕中央、省委、市委中心工作展开，体现省级党报“围绕中心、服务大局”的职责使命：

2012年，佛山记者站推出《八问八论八策》系列策划报道，用追问与建言，试图解答“大佛山何去何从”的城市命题，被时任佛山市委书记评价为“对佛山冷静的思考和独到的分析，对市委、市政府有启发”。

2013年，佛山记者站又发起《中国大镇调查》，立足佛山大镇，横跨苏浙粤三省，走访近10个城市，对20个大镇展开对比研究，探索佛山镇域经济的转型升级路径。

2015年年初，佛山记者站组织记者进行长达半年的调研，以“致佛山市的十封信”的形式推出大型思想策论特刊，立足佛山为珠三角探寻新阶段的突围之路。多路记者出动走访长三角、珠三角、大西南等区域，采访50余家企业和上百名关键人物，推出合计15万字的系列报道。其后，时任佛山市市长率领14个单位和部门主要负责人，约请南方日报采编团队召开专题座谈会，开广东地级市政媒深度互动的先河。

2015年7月起，随着粤桂黔高铁的开通，佛山记者站发起粤桂黔高铁经济带、珠江西江经济带跨省大调研。佛山团队带着10个调研课题，专访广东、贵州两个省的常务副省长以及广西、贵州7个城市的市长、大学校长、企业家代表等总计上百人，并持续推出系列深度报道。

通过前期探路积累的良好口碑与资源，佛山记者站开始承接来自政府的，规模

2015年4月27日座谈会上，佛山市直部门的负责人在认真阅读当天出版的《致佛山市的十封信》特刊

更大、走读范围更广的调研类项目，为城市决策提供更加深度的智力支持。

也是在2015年，中共中央办公厅、国务院办公厅印发了《关于加强中国特色新型智库建设的意见》，支持中央重点新闻媒体先行开展高端智库建设试点，同时鼓励智库运用大众媒体等多种方式，传播主流思想价值，集聚社会正能量。在上级精神的指引和启发之下，佛山记者站更加自觉地提出：探索建设“城市智库”。

2. 勃发：新媒体为智库赋能

媒体发展日新月异，南方报业在佛山等城市搅动媒体智库转型浪潮之时，移动互联网也逐渐成为信息传播的主要载体。进入全媒体时代，传播阵地和手段更加多元，为智库建设提供了强有力的平台和技术支撑。

在各类新闻App还未冒出之前，南方报业敏锐地认识到融媒转型势不可挡，率先通过“借船”开启从传统媒体到新媒体的转场之路。

从2014年开始，珠三角主要记者站陆续开设微博、微信公众号，作为报纸内容的重要分发渠道，同时也加强与用户互动，率先开启移动化转场的探索。在其中，涌现出佛山“佛山微观察”、深圳“南方会”、东莞“东莞观察”等一批微信公众号，依靠各地记者站的内容生产能力，并以突出政经解读作为差异化竞争的策略，迅速在当地崛起，吸引一批优质受众。

试水“两微”平台，在一定程度上为《南方日报》区域化融媒转型储备了宝贵的经验、技术和人才资源，为下一步“造船”转场打好基础。

为顺应移动互联网的发展趋势，2015年，南方报业明确提出“移动优先”战略，其标志事件是：当年10月23日，在《南方日报》创刊66周年之际，南方+客户端正式上线，吹响了挺进移动互联网主战场的冲锋号。

这一年，南方日报在珠三角紧跟集团转型步伐，迅速将最核心的生产力投入移动互联网，推动采编人员向全媒体转型，打造全媒体采编部门。

从2015年年底开始，珠三角新闻部编辑部从小范围试点到全员转型，进一步将编辑力量前移到网端，保障南方+城市频道、南方网地方频道的内容编发和运营工作，同时兼顾《南方日报》各地市观察版面的编辑，实现报网端三个端口的一体化采编审发，以更好地实现移动优先、深度融合的发展要求，成为省级党报中最早成立的全媒体编辑部之一。

珠三角九市记者站也主动结合自身实际，围绕“移动优先”创新机制体制、优化组织架构，陆续建立了专职化工作室或虚拟团队，负责新媒体运作。

乘着转场新媒体的东风，南方城市智库转型继续迈开步伐，融媒平台的赋能让传播手段更多元。

从2019年起，江门记者站与江门市市场监督管理局连续五年合作推出“一监到底”网络直播执法活动，利用“双随机”抽查系统、网络投票、消费者现场指定等多种方式与公众密切互动，突击检查各类食品厂、食堂餐馆、市场超市，既突出了执法检查的公正透明，也进行了食品安全科普和普法宣传。项目已累计播出210期，获评市直机关管理创新表扬项目并入围市政务新媒体“十佳创新传播案例”，助力江门高分通过省食安创城评价验收和获批广东省食品安全示范城市。

2019年，广州记者站与从化区委宣传部携手发起“从化乡村振兴调研行”，通过调研报道、人物故事、融媒体展示等方式形成了系列智库产品，包括一部10万字的《希望的田野——城乡融合发展的乡村振兴·广州从化实践》专著、《美荔同行 逐梦湾区》《老温泉 新活力》《格塘村》等一组乡村振兴主题推广视频、一份《广州从化乡村振兴实践》评估报告，为广州支持从化创建全国乡村振兴示范区提供重要的决策参考。

3. 推广：迈向“全媒体城市智库”

随着“移动优先”深入推进，智库转型也进入新阶段，“双轮驱动”逐步从两轮并行走向双剑合璧，走向“全媒体城市智库”。主要表现在：一方面，智库产品和形态更为丰富，提升知识生产能力；另一方面，融合转型赋能智库建设，放大信息传播能力，实现研究与传播并重。

2018年6月，南方报业传媒集团举办首届南方传媒智库高端论坛，首批十个智库组成的南方传媒智库矩阵正式亮相。其中的南方城市智库正是脱胎于珠三角的智库建设探索。

在集团统筹推进下，南方城市智库的探索在珠三角乃至省内多个城市复制推广：一方面，常态化的智库合作越来越多，调研足迹不断向全省、全国乃至全球扩展，影响力与日俱增；另一方面，智库服务更加成体系，并逐步打造成独具特色的多元品牌。

一是走向全国全球调研，当好城市转型的“观察者”。

作为南方城市智库的先行者，佛山记者站没有停下转型步伐，有条不紊地推进一系列承载佛山乃至中国城市经济发展重大命题的跨区域调研，从佛山到广东，再到全国，乃至走向全球，调研的视野和格局不断打开。

2016年，佛山记者站在国内率先发起“中国制造2025对话世界新工业革命”行动，启动“佛山制造　问策全球”跨国大调研。佛山团队奔赴德国、美国、日本、以色列、瑞士、加拿大六个制造业强国，为广东制造转型升级寻找路径，共推出20万字报道成果，在佛山和全省引起强烈关注。

接着，从2017年起，佛山记者站连续三年开展“十城演义——佛山探寻高质量发展之道”大调研。该调研从佛山出发，走向全国十大重点城市开展比较研究，构建起观察城市高质量发展的全国坐标系，为广东推动经济高质量发展体制机制走在全国前列提供决策参考。其中，2019年调研组结合调研成果，举办“南方宣讲会”。这些均获得对标的国内城市主要领导和佛山市委、市政府高度肯定，在广东省内各地广受关注。

南方传媒智库高端论坛

二是主动切入城市议题，当好政府决策的“智囊团”。

2017年，随着粤港澳大湾区规划建设工作加快推进，惠州这座珠三角“中等生”城市发展空间越来越大。惠州记者站紧抓机遇，与惠东县委、县政府合作，以“拥抱大湾区”为主题，启动惠东滨海问策全球大型调研活动和惠东滨海论坛。在对惠东滨海家底进行全盘梳理的基础上，惠州团队走进世界级湾区和国内外著名滨海城市，推出系列报道、特刊、调研报告等产品，并邀请专家学者共同探讨，为惠东滨海发展寻良策。

同处珠江口东岸的东莞，政媒共同生产城市智库产品的探索也在不断涌现。仅2018年，东莞记者站与不同的政府部门多次开展合作：和东莞市规划局承办“东莞乡村建设规划论坛”；与东莞市改革办完成了“东莞农村集体经济改革调研”“东莞改革开放40周年经验启示调研”；与东莞市商务局主编了《弄潮莞邑——东莞开放型经济40年丛书》；等等。

三是深入挖掘创新案例，当好基层治理的“助推器”。

在移动互联网加持下，基层治理更加注重社会力量的参与。随着线下单向管理向线上线下互动沟通转变，基层治理需要形成与之相匹配的信息传播能力、社会动员能力等。南方报业充分发挥媒体链接和智库服务能力，助力基层治理专业化、信息化、智能化。

2016年起，珠海记者站与珠海市委政法委开启深度合作，连续多年联合举办社会治理案例培育行动，挖掘了一批社会治理典型和标杆；2020年起，珠海记者站又联合珠海市委网信办，连续五年打造“五个一批”网络主体培育行动，锻造出一批有影响力的正能量城市“网红”，以及一批有代表性和传播力的新媒体作品。

这种智库型的基层治理案例培育模式也被广泛应用于党建、教育、健康、民政、金融等领域，珠三角各记者站与更多主体单位联动，打造出一批政媒共建的城市服务名片。

党建品牌的塑造是基层治理的刚需，广州记者站把智库服务延伸到基层，在重要线口领域深耕细作，积极打造区域化党建品牌，包括为白云区石井街从零到一打造“红联五丰”党建品牌等。

四是挺进智库垂直领域，当好品牌活动的“建构师”。

随着媒体智库转型迈入深水区，南方城市智库也主动在多个垂直领域布局深耕，以“智库+活动”创新智库运营模式，迎来“智变”新阶段，形成了具有强大影响力的智库活动品牌。

2023年3月，以“中国式现代化的深圳实践”为主题的“圳治”榜单发布，这也是南方报业连续多年举办“深圳治理现代化榜单”评选活动；4月，主办首届深圳教育高质量发展大会，好评如潮；8月，第六届党建引领基层治理经验分享会落地，吸引各级组织系统近200人观摩交流，活动带动500多万流量……

在群雄逐鹿的媒体智库市场，南方城市智库下沉基层，围绕党建、社会治理、教育、金融、商业、营商环境等领域打造了多个品牌智库项目，实现核心市场的战略覆盖。深圳分社进一步提升项目整体性、主体性，通过城市议题设定，发挥乘数效应，探索价值共创，做强南方的链接力、影响力和美誉度，更好地服务城市发展。

此外，佛山分社开展的“品质革命”连续七年举办，已打造成为享誉全国的南

深圳分社主办的“圳治”智库活动邀请俞可平等专家学者与深圳基层党员干部分享交流

《品质革命》系列图书封面

方城市智库品牌、佛山城市品牌。

从2018年起，佛山分社联合顶级经济智囊周其仁教授、佛山市工商联和佛山企业家代表组建专题调研组，以佛山为中国制造业发展的典型样本，连续七年聚焦“品质革命”，为全国地级市开品质革命跨国调研之先河。

2018年，调研组深入佛山34家企业，高度提炼“品质革命”十条战法；2019年，走访北京、深圳、青岛、长沙，对标荷兰、丹麦、德国等全球标杆，为中国制造品质革命提炼发展路径；2020年，结合“育新机、开新局”，以品质革命与市场突围为新命题，立足佛山为中国制造探索新形势下的突围之道；2021年，以“品质革命再攀登”为主题，围绕打造“草、灌、乔”品质革命生态工程城市样本的目标，开展佛山本土深调研，为打造一流营商环境作贡献；2022年以“佛山优品　商路全球”为主题，立足佛山为中国制造融入双循环新发展格局探索有效路径；2023年，以“制造业当家　冠军再跃迁”为主题，越洋奔赴东非三国，提炼企业出海战法；2024年，聚焦“发展新质生产力　佛山功夫传天下”主题，跨城对标育标杆，助力佛山孕育更多优质企业。

三、下沉策略：打通“最后一公里”

2019年，《粤港澳大湾区发展规划纲要》正式发布，擘画出大湾区建设的宏伟蓝图。

站在新的风口上，南方报业启动深耕战略的2.0版，全面推进“下沉策略”：以南方+客户端为主阵地，全面挺进县（市、区）、镇（街）、村（居）和各垂直领域，激发末梢活力，走进广大群众，做大长尾市场，打通“最后一公里”，切实走好全媒体时代群众路线。

实施“下沉策略”，是媒体参与国家治理体系和治理能力现代化建设的必然要求，是实现与基层用户全方位深度连接的必要策略，也是党报夯实基石、实现基业长青的必然选择。

2021年，经省委编办批准，南方报业传媒集团广州、深圳、珠海、佛山、惠州、东莞、中山、江门、肇庆9个珠三角地区记者站及汕头、湛江2个省域副中心城市记者站升格为地方分社。随后，11个地方分社陆续完成揭牌。

以分社和记者站为主力，以南方+合办频道为抓手，以10项行动为举措，南方报业在大湾区开启深耕下沉新阶段。

1. 新抓手：合办城市频道

南方+客户端是南方报业倾全集团之力打造的新型主流媒体，是广东省委、省政府第一权威移动发布平台。除了为用户提供新闻资讯，南方+客户端还依托与广东省各地党政机关的长期合作，携手构建区域主流舆论阵地。

2018年3月，南方报业提出以南方+频道建设为载体，与地方党委政府开展深度合作，合办频道，推动新型主流媒体资源下沉到区域。在与21个地级以上市合办“城事”频道的基础上，向县区乃至镇街延伸，形成广铺网、深渗透、强政务的覆盖模式。

截至2024年10月，南方+与全省各地的党政机关、企事业单位合作共建近600个频道，它们主要由南方日报珠三角新闻部、地方新闻部与区县、镇街和垂直系统共同运营。

合办频道的拓展有三大着力点——

首先，南方+客户端在市和县区频道实现基本覆盖后，继续向数量更大的镇街下沉，为各地官方发布打造一个移动端的权威信息集散中枢。地市、区县、镇街通过与南方+携手共建，聚焦地方党委政府中心工作，提供社会民生服务，共同做大做强区域主流舆论阵地。

其次，向金融、教育、医疗、环保等民生垂直领域开拓。通过垂直领域精细化运营，加强精准服务，拓展内容产品，从而创造主流媒体新的垂直服务模式。

再者，以产业园区、国有企业为重点切入产经领域，并在此基础上加快拓展商业客户。如梅州、汕头地产频道，吸引多个地产企业共建；汕尾教育频道、茂名地产频道，则选择与商业公司合作，为推动频道的商业化运作探路先行。

在内容建设上，南方+合办频道紧扣重大节点，服务各地中心工作，内容生产不断推陈出新，以全媒体报道实现立体传播。同时，大量生产当地人要看、爱看和本地发生的新闻资讯，内容供应丰足。得益于此，南方+图文、视频、直播、创意推文等更具互联网传播特质的产品和流量爆发式增长。

为充分调动各运营部门的积极性，激活地方及行业活力，南方+在广开合办频道的基础上推行“频道首页化”：一方面，通过创建手机桌面快捷方式等技术手段，实现频道类似独立App的效果，大幅提升频道打开效率；另一方面，针对部分频道“内容更新量少”的痛点，以激励方式调动原创生产力，并从技术上提供自动化工具，包括共享稿库、稿件自动更新等，帮助驻地团队快速找到和筛选符合自身频道定位的高质量内容，大幅提升更新频率。

目前，合办频道、南方号入驻机构均配备了频道首页化功能，通过入口前置，拉近了频道与用户的距离，凸显了本地区本行业的特色。这种区域化下沉授权，既赋予了地方与行业频道灵活空间，有利于向用户提供更加个性化的资讯服务，又让频道能够更加深入广泛地共享南方+的丰富资源，从而形成相互促进的良性循环。

2. 新举措：十项行动定方向

合办频道为南方+带来了源头活水，也对内容管理提出了更高的要求。例如，有个别频道疏于耕作，更新率低、发稿量少，不适合基层群众阅读，也难为区县、镇街党政机关所用。因此，南方报业需要投入更多总部资源到各地方频道和垂直领域，以扩大南方+的深耕优势。

2022年开年，南方报业旗帜鲜明发出“长期主义”动员令，深入实施“下沉策略”。下沉是南方+作为党端走好网上群众路线、打通“最后一公里”、实现与基层用户全方位深度连接的必经之路。

中央《关于加快推进媒体深度融合发展的意见》明确提出，要走好全媒体时代群众路线，坚持以人民为中心的工作导向，坚持贴近群众服务群众，创新实践党的群众路线，大兴“开门办报”之风，把党的优良传统和新技术新手段结合起来，强化媒体与受众的连接，以开放平台吸引广大用户参与信息生产传播，生产群众更喜爱的内容，建构群众离不开的渠道。

经过多年发展，南方+在延伸传统媒体服务能力，覆盖“三高”（高素质、高影响力、高消费力）人群方面做得不错，但是对于基层群众的覆盖力，还做得不够。南方+要实现功能之变，除了是信息传播工具、民生互动平台，更应该成为基层治理的工具，让党的声音和组织力传导到基层最末梢。

躬身下沉接地气，南方报业重点推进“四个下沉”“两大变革”“四个支撑”共十项行动，让“下沉策略”落实落细。

“四个下沉”即：平台下沉——以镇街为重点突破口，推动共建频道数量增长，在区县、镇街两级大力拓展共建单位，以及瞄准优势商业领域继续拓展商业长尾；内容下沉——重构南方+在基层的内容生产体系，探索具有南方特色、适应下沉需求的新呈现方式；服务下沉——聚合集团服务能力，将活动作为下沉的抓手，打造涵盖城市盛会、产业经济、基层治理、社会民生的运营场景，拉动下载，提升活跃度；人员下沉——落实频道主编制，确保每个频道落实到人。

“两大变革”指的是制度变革、组织变革——建立以“增量考核”为原则的激励制度、以“清单台账”为方法的督导制度、以“下沉实战”为重点的培训制度；同时，建设适应于“下沉策略”、灵活高效的组织体系，对各分社和记者站组织架构进行细化，释放人才动能。

“四个支撑”则包含产品创新中台支撑、技术服务中台支撑、智能管理平台支撑、运营服务平台支撑，以此实现总部各种能力的通用化和平台化输出。

“下沉策略”实施以来，态势总体向好，基层互动积极，反应热烈，不少区域实现了发稿数量、频道流量、共建频道数量、营收业绩“四个增长”。通过下沉，以往“重写稿、轻传播”“重新闻、轻资讯”“重开拓、轻深耕”“重经营、轻服务”的症结逐步得以解决。

3. 新实践：拓展“新闻+政务服务商务”

围绕实施“下沉策略”，南方报业各分社（记者站）笃行不怠，各出奇招，拓展“新闻+政务服务商务”，形成了百花齐放、美美与共的良好态势，有效提升南方+在区域的传播力、影响力。

一是贴近群众，占领长尾。各分社（记者站）通过优质的内容传播和活动开展，带动提升南方+在基层的下载量，同时继续做好“三高”人群的精准下载服务，努力提升日活和流量，提升南方+在区域市场的影响力。比如，肇庆分社基于南方+怀集频道开展乡村振兴大擂台项目，怀集各镇委书记以视频、PPT展示乡村振兴工作成果，怀集频道通过直播、网络投票等方式参与其中，累计发稿（含直播、投票）48篇，点击量超过800万。以活动开展和优质内容为依托，肇庆分社先后主动联系怀集县委宣传部和怀集县农业农村局、乡村振兴局、教育局等相关部门，并与17个乡镇主要领导建立互动联系，精准推送内容，推动当地乡村振兴工作竞相提升，提升群众知晓度，为推动乡村全面振兴营造了良好的舆论氛围。

二是优化供给，层出不穷。在推进“下沉策略”的过程中，始终坚持内容为王，强化主题宣传优势，提供更多本地化、个性化、特色化新闻资讯，以内容优势赢得发展优势。如南方+南沙频道于2023年进行全新升级改版，在内容体系规划上强化原创内容质量，在页面布局上探索立体传播格局。结合《广州南沙深化面向世界的粤港澳全面合作总体方案》获批，南沙新闻部以深调研的形式，连续蹲点记录见证南沙发展的人物故事，从小切口看大变化，推出“湾区向未来 南沙向世界”系列特写，在重大话题上引领主流舆论。又如，佛山分社在三水区、南海区大沥镇、顺德区容桂街道等试点频道新增政务、商业、便民、视频四大类长尾资讯，扩充超300个信源，初步形成了主流人群与普通群众资讯并茂的内容供给体系。

三是服务融入，连接基层。“新闻+政务服务商务”是媒体参与社会治理、提

2023年，肇庆分社在全省率先推出“落实‘百千万工程’肇庆高质量发展镇域行——镇委书记打擂台”栏目

升基层社会治理效能的主要表现形式。依托南方+客户端，南方报业各分社（记者站）深入推进“下沉策略”，不断提升下沉服务能力，打造涵盖城市展会、产业经济、基层治理、社会民生等运营场景，拓展“新闻+政务服务商务”新模式、新空间。例如，东莞分社承接服务2022年世界莞商大会、东莞台湾名品博览会、东莞杯国际工业设计大赛、东莞加工制造博览会、2022年东莞市民运动会暨时尚运动节，主办东莞市博物馆法门寺文物大展等，并在镇街园区策划松山湖全国高校校媒精英特训营、滨海湾新区建设五周年系列活动、湖人秀城市主题价值观活动、大岭山家具产业焕新前行系列活动等，强化南方+在基层的品牌影响力。在区域的垂直领域，下沉带来的服务效应也得以彰显，南方报业的品牌力得以增强。有的分社（记者站）还承接了区县一级的产业会议的策划、执行、宣传，利用航拍、短视频等新媒体传播方式服务当地企事业单位，展现省级主流媒体下沉区域后更强的服务能力，

为区域发展提供有力支撑。

四是前后协同，中台支撑。下沉是长期策略，不单单是频道下沉，人员也要下沉，全天候做好当地新闻报道和服务。如清远分社，通过与27个镇（街）政府紧密联动，采编人员深入镇（街），遍布基层末梢，确保采编力量触达新闻现场，发挥党媒引领主流舆论作用，实现信息共用、资源共享、平台共建、价值共鸣。一大批年轻记者通过下沉区县，成为基层故事的讲述者、基层主流舆论生态的建设者、参与者，优秀人才在下沉基层的实战锻炼中脱颖而出。佛山分社则选择三水频道、大沥频道、容桂频道进行试点制度化建设，三个试点分别组建包含频道主编、内容专员、运维专员、商业专员和审核专员在内的“五人小组”，按照“前后协同”的原则组建下沉服务中台，基本建立支撑下沉区、镇的运维新机制。

四、一体两翼：向粤东西北挺进

伴随着广东省实施粤东西北振兴发展战略，昔日欠发达的粤东西北和内生动力愈发强劲的珠三角一起形成“一体两翼”格局，共同成为广东经济发力的“双引擎”。

作为党媒集团，南方报业必须围绕中心，时刻服务大局。从深耕珠三角到深耕粤东西北，既是省委机关报深入实际、密切联系群众、服务广东发展的内在要求，也是广东新闻舆论工作者深化“走转改”、践行“四力”的职责所在。南方报业依托党媒资源和平台优势，向粤东西北挺进。

1. 复制：打造又一个“珠三角”

城乡区域发展不平衡是广东高质量发展的最大短板。通过推动南方报业在粤东西北建设驻地机构，完善采编制度，讲好这些区域的新故事，可以有效提振地方发展信心、释放广东动能。

2020年，南方报业开始在广东“非珠”地区启动实施《“粤东西北战略”三年行动方案（2020—2022）》，提出用三年时间再造一个“地方”，打造又一个“珠三角”。

自此，新一批年富力强、有想法、有能力的年轻干部走向粤东西北，省级党报的影响力垂直延伸到粤东西北基层，构建起与各地市的良性互动关系，推动《观察》《视窗》遍地开花，壮大南方报业在广东的传播力、影响力。

当下，传统报纸虽面临前所未有的挑战，但在粤东西北，报纸仍然承载着传递政策解读、经济动态、民生热点的重要使命。为了在当地深耕细作，各分社（记者站）采取一系列具体而有效的做法，以确保《观察》《视窗》落地，扩大内容生产的深度、广度和影响力。

粤东西北12个地级市，发展程度不一，在产业格局、民俗文化等方面各具特色，地理空间相距较远。为发挥南方报业的整体优势，作为统筹部门的南方日报地方新闻部持续优化提升策、采、编、发机制，实施“强总部、强分社、强记者站”工程，推动总部优质采编资源向基层延伸，推动各地市《观察》《视窗》大量生产

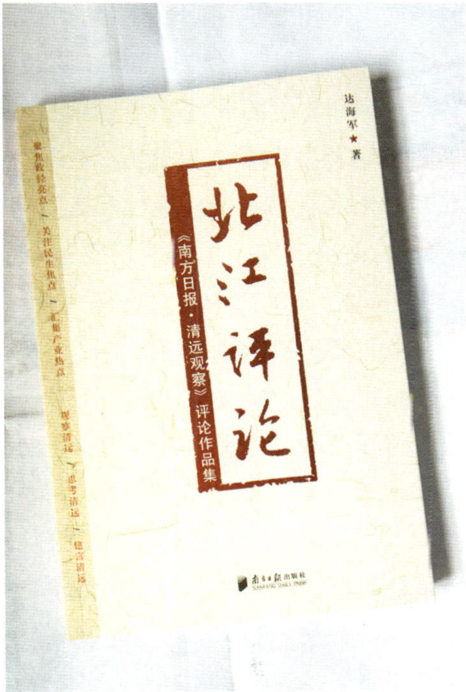

清远记者站开设十余年的新闻名专栏《北江评论》，在清远高质量发展重要节点发挥评论先锋引领作用，图为集结成册的《北江评论》

当地人要看、爱看和本地发生的新闻资讯。

各分社（记者站）的新闻采编团队不仅具备扎实的新闻采编能力，还熟悉当地的历史、文化、经济和社会背景。在新闻采编过程中，注重内容的深度和广度。

对于重大政策出台、重点项目建设等政经新闻，各驻地团队进行深入剖析，解读政策背景、目标和影响，为读者提供全面的权威信息；对于民生热点、社会问题等地方新闻，则关注群众的切身利益，反映民生诉求，促进问题解决，屡获当地认可。

在内容为王的时代，单一的文字报道难以满足读者的需求，因此，《观察》《视窗》运用多种报道形式，因地制宜打造出一个涵盖图文结合、专栏评论、特写故事等的内容生产和传播体系：

一是融合传播，打造门户。《观察》《视窗》在报道地方经济社会建设成就时，配以生动的数据图表和现场照片，并通过南方+的融媒传播，使读者更直观地了解新闻事件，更加清晰地感受到发展成果。

二是观点开路，构筑高地。思想是南方的优势，评论专栏是《观察》《视窗》传递观点和态度的重要方式。通过邀请知名专家学者、政府官员等撰写专栏文章，就热点话题发表看法和见解。这些文章不仅为读者提供不同的思考角度，还增强《观察》《视窗》的权威性和影响力。如《南方日报·清远观察》于2008年开设《北江评论》栏目，16年来已成为清远品牌评论栏目。

三是故事为王，传达关怀。特写故事是《观察》《视窗》展现人文关怀和社会责任的重要途径。通过深入挖掘和报道普通人的故事，使读者更加关注社会问题和民生福祉。例如，《观察》《视窗》在报道乡村振兴战略时，选取一些典型的乡村进行特写报道，展现了乡村的可喜变化和村民的幸福生活状态。

四是差异发展，品牌制胜。品牌是南方报业的重要资产。在粤东西北，《观察》《视窗》注重品牌建设，根据当地读者的需求和喜好，确定新闻报道方向和内容特色。例如，注重报道地方经济、文化、教育等方面的新闻，形成自身的独特风格和品牌形象。此外，一个美观、大方、易读的版面可以吸引读者的眼球，增强报纸的吸引力。因此，《观察》《视窗》依托总部资深、专业的美术设计人员，对版面进行精心设计，确保报纸的整体视觉效果和阅读体验。

五是主题引领，重点突破。在粤东西北，各分社（记者站）与政府部门、企事业单位、社会组织等建立紧密的合作关系，共同策划、推出了一批重大主题或系列报道。

例如，2022年9月8日，在迎接党的二十大胜利召开的关键节点，汕头分社与当地政府部门合作，推出《突围——汕头“工业立市、产业强市”高质量发展实践报告》特别报道，是一次对汕头“工业立市、产业强市”的权威解读和总结升华。报道推出后，在当地产生了强烈反响，《观察》《视窗》的权威性和影响力进一步提升。

又如，湛江分社采写的“寻找中华白海豚”“鲜美湛江”“中国红树林之城”“海洋牧场”等高水平系列报道，赢得社会各界高度肯定，树立了良好的口碑，《观察》《视窗》的社会责任感和公信力不断增强。

如今，粤东西北的党政机关、部门在有重磅报道、重大活动、重要策划时都会第一时间找南方报业各分社（记者站）探讨，逐渐养成了“每逢大事看南方”的习惯，南方报业作为党媒集团、《南方日报》作为省委机关报的影响力进一步得以彰显。

2. 并行：媒体智库助力振兴

当今社会信息爆炸、资讯发达，媒体智库作为连接政策制定者与社会公众的桥梁，其作用日益凸显。

在媒体融合发展的背景下，“智库型媒体”成为粤东西北各分社（记者站）深度参与“粤东西北振兴发展战略”的重要服务形态，与珠三角区域的“城市智库”转型并行推进。

在深耕新闻业务的基础上，各分社（记者站）聚焦重点问题，发挥专业优势，在经济发展、社会治理、乡村振兴等多个领域进行深入调研，注重在精且深上下功夫，形成了一批具有深度和广度的高质量研究报告，为粤东西北当地政府决策提供了有力支持。

《南方日报·汕头观察》在2015年9月创刊时，同步成立了“汕头智库”。近年来，汕头分社彰显南方报业在社会治理等重点领域的党媒担当，并发挥省媒优势，调研、智库、咨询等智慧型服务快速推进。

2019年年底，汕头分社与汕头市委政法委联合开展社会治理创新项目培育活动，提出“从汕治走向善治”的培育创新理念，深度参与社会治理项目的孵化、优化。汕头分社还邀请专家、记者、社会人士组成“《南方日报》汕头社会治理创新观察团”，走进汕头县（市、区）、镇（街）、村（居），走访社会治理一线现场，并围绕社会治理创新展开了深入座谈、建言献策，在此基础上发布了《汕治善治——汕头探索社会治理创新一线实践报告》。

这是汕头分社首个智库服务项目，自此拉开了其在社会治理领域持续发力的序幕。截至目前，汕头分社先后联合市委政法委、市司法局、市扫黑办等持续开展社会治理领域调研、报道、评选、榜单、白皮书、视频展播等全链条智慧型服务。打造“汕治”社会治理榜单，承办“十大创新项目评选暨展播”活动，策划出版《汕头市域社会治理现代化实践报告》，开展法治保障实践报告的调研与宣传、龙湖党

南方日报 汕头观察

A01

汕头再添城市名片，荣获“国家森林城市”称号

勇当高质量发展的生态担当

濠江区以“中心+网格化+信息化”推进政法智能化建设

布“天眼”织“地网” 社会治理迈“云端”

体现“真、新、实” 迈向“全、未、区”

17个治安岗亭 布织全区治安防控网

“智慧大脑”高效分析 呈现综治数据

“雪亮工程”发动群众 参与社会治理

用好数据提高社会治理科学化水平

开启“加速度” 当好“店小二”

海上执法 构筑深蓝安全网

汕头分社发布《汕治　善治——汕头探索社会治理创新一线实践报告》

建品牌培育行动、扫黑除恶成果视频大展播……

这些案例合作形式不一，合作深度不同，但归根到底都是输出党媒的智慧型服务，充分发挥“线上全媒体、线下多场景”的“传媒+智库”服务能力，进而提供咨询或决策参考，不断彰显省委机关报的公信力与引导力。

粤东西北各分社（记者站）的优势在于强大的宣发能力，可起到链接政府、市场和社会公众的重要作用，同时也具备调研和走访基层、倾听群众声音的优势，并以此向政府传达有效建议。

媒体智库助力地方振兴，在湛江和梅州也打开了新天地。

在湛江，分社紧紧围绕社会热点、难点问题，撰写了舆情专报、周报，为服务对象提出具有可操作性的解决方案。例如，廉江新能源项目上马伊始，各方矛盾错综复杂，湛江分社深入一线调研，及时掌握项目利益方的诉求，第一时间撰写了舆情专报，其中提出的绝大部分建议成为当地处理相关舆情的指南。又如，2022年“5·6”疫情暴发后，湛江分社采编团队主动撰写十多期疫情防控专报，及时传递群众的真实心声，为疫情防控决策提供重要参考。同时，每年全国、全省两会前夕，湛江分社都为当地政府部门撰写建议，精准研判两会舆情热点。

在梅州，2021年5月，全省乡村振兴“万企万村”行动现场推进会在该市召开。大会前夕，梅州记者站和梅州市工商联合会携手对“万企兴万村”工作做了深调研。在调研中发现，民企帮扶村既是践行社会责任，也是自身发展所需，民企只有把发展的脉络链接到村，带领乡村共同发展，村企才能在可持续发展中走得更远。

因此，梅州记者站在调研报告中提出“村企共兴”等具有建设性的意见和建议。这种针对乡村振兴过程中的现实问题提出的具体对策，得到了高度认可。这也增强了智库成果的实际应用价值，从而提升影响力。

紧接着，2021年年底至2022年年初，梅州记者站历时近半年，整合专家资源，先后推出“聚力向实　起而行之——梅州县域实体经济深调研”“求解梅州实体经济发展之困”深调研报道，既全面总结振兴发展的成效和做法，又客观呈现企业招工、园区土地、环保指标、营商环境等存在的矛盾，为当地党委政府抓准发展的关键点、解决发展难点，提供有益的决策参考。

3. 多元：重塑区域新优势

南方报业在粤东西北坚持走专业化、智慧化、多元化的转型之路，积极拓展与地方党委政府、职能部门的多种共建模式。

红色文化蕴含着丰富的革命精神和厚重的历史内涵，是一种重要资源。2021年4月，由广东省委宣传部指导，南方日报、南方+客户端建设并运营的广东网上红色展馆上线。

作为集多功能于一体的在线红色文化展示平台，广东网上红色展馆通过数字化手段，将广东省内的红色文化资源进行整合与展示，为广大网民提供一个便捷、丰富的在线学习平台。它不仅覆盖了粤东西北多个地市的红色景点，还囊括了多个主题的纪念馆、故居等，为党史学习教育提供了生动教材和鲜活载体。

广东网上红色展馆充分利用5G、VR、全息影像等科技手段，推动粤东西北红色资源“上网”，创新党史传播形式。这种云端游览模式不仅让红色资源活起来，还让网民足不出户也能享受身临其境的学习体验，提升了党史学习教育的感染力和参与感。

南方+客户端广东网上红色展馆

粤东西北红色资源“上网”，不仅丰富了广大网民的文化生活，还促进了粤东西北红色文化的传播和普及。它让更多的人有机会了解党的历史和发展历程，感受红色文化的深厚底蕴和独特魅力。

多元化，是粤东西北各分社（记者站）参与地方发展的关键方式之一。

在汕头，为做优生产、做强内容，汕头分社与汕头市委政法委、汕头市中院等单位建立融媒合作机制，为频道共建和深耕增强了黏性，提升了活力。比如，汕头分社联合汕头市中院融媒体工作室，合作拍摄了《探访一站式诉讼服务中心》系列体验式视频，系列报道在南方+以及汕头市中院官方微信公众号、视频号、微博等自媒体平台同步播出，形成了强大传播力和影响力。围绕中国共产党成立100周年，汕头分社和汕头市委网信办发起“百年百场　党旗飘扬”网络主题宣传活动，依托“百年峥嵘 不改初心”等七大主题，记者深入红色遗迹、社区、乡村、企业、工地、文化战线等，通过直播、海报、Vlog、H5、航拍等多种手段传播红色故事、新时代奋斗故事，传承和弘扬红色精神，总流量突破100万，形成刷屏之势。

在梅州，为赢得传播话语权、市场竞争主动权，梅州记者站将品牌叠加转化为资源叠加，将以新闻为主体的信息化服务延伸至城市智库服务、商务品质服务、融媒个性服务，掀起了线上线下传播热潮。目前，梅州记者站在全市各县（市、区）均成立了通讯员工作群和融媒联络点，服务渠道顺畅，反应速度加快。同时，全站还建立起多个主流读者群、南方号运营矩阵群，让受众各取所需，参与到传播与服务的链条中来。

在湛江，随着地方融媒体中心陆续建成运营，湛江各县（市、区）初步建成“电视+App+政务微信+政务微博”的全媒体矩阵，由于自身人才储备不足等原因，地方政府和相关部门花费大量的人力、财力、物力，也不易提升自有平台的知名度和影响力。湛江分社主动介入地方融媒体中心建设，将南方+与地方融媒体平台进行嫁接，两者融合共生，有效打破各家媒体传播藩篱，着力做到采编人员统一调配、采编活动统筹安排、采编内容统一分发、重要稿件同步发布，扩大了新闻报道的影响力和传播力。

在清远，随着央媒下场、省媒抢滩、友媒崛起，清远记者站重塑平台优势。面对新形势、新特点，他们转变深耕思路，探索推进全员行动、全域服务、全案服务“三全”策略，重塑自身影响力。其中，全案服务充分体现南方的优势。原来相对单一的服务模式已不能满足客户需求，全案服务成为当地刚需。在与广州派驻清远市驻镇帮镇扶村指挥部的互动中，清远记者站发挥能采、能写、能编、能拍的传统优势，量身定制、全案服务、全程服务，不仅有主题报道，有南方+共建频道、地推活动，还有智库报告等。过硬的策划能力、活动运营能力和资源整合能力，得到了对方的高度认可，成为南方报业下沉深耕地方、助力振兴发展的又一个有效实践。

第二章

创新
与城市共成长

媒体融合是时代所向、大势所趋。当前，媒体融合发展已成为国家战略。

在这样的背景下，南方报业始终坚持深刻把握时代发展大势和信息化趋势，贯彻落实中央推动传统媒体和新兴媒体融合发展的重大决策部署。

媒体融合发展中，南方报业背靠粤港澳大湾区这一世界级的城市群，把深耕城市、融入城市，作为践行融合发展战略要求的重要着力点：

坚持报网端融合发展，打造城市传播产品线，提升现代传播力；坚持城市智库探索，打造城市研究产品线，融入基层治理之中，当好城市发展的参谋；坚持拓展城市空间运营业务，打造城市空间产品线，把内容写在城市的大地上；坚持提升综合服务能力，拓展“传媒+”边界，为党媒打造更多可能的产品线积极探路。

以创新助力创新，以转型融入转型，南方报业与大湾区城市群走出了一条共生共长之路，也走出了一条党报集团的特色创新之路。

一、报网端融合：媒体供给侧的改革

经济基础决定上层建筑。珠三角经济的崛起，一体两翼下粤东西北的协调发展，在极大丰富社会物质产品的同时，对精神产品的供给也不断提出新的需求。

改革开放以来，特别是进入21世纪，南方报业以《南方日报》为旗舰，从珠三角区域起步，始终坚持不懈推动媒体供给侧的改革创新：从《珠三角新闻》版，到后来的地方观察和视窗版面；从平面特刊的“厚报时代”，到报网端融合发展的“一体化时代”；从践行“下沉策略”做强南方+为主平台，再到落地建设“两端一云”新矩阵；尤其是近10年来，南方报业立足大湾区，深耕城市群，全力打造城市传播产品线，提升现代传播力。

1. 报的扩张：盛于特刊，立于思想

步入21世纪，随着中国改革开放的不断深入和加入世界贸易组织，广东经济最发达的珠三角地区形成中国最具活力的现代化城市群之一。

彼时，省级媒体每天几个开张的报纸，一市一天一两篇稿，已经难以满足各地

市受众了解更多信息、城市更加注重品牌宣推的需要。

2003年12月12日，《南方日报》推出《珠三角新闻》版，力求在熟悉本土特性的基础上，发挥其主流和权威的核心竞争力，实现“有高度的贴近”。以《珠三角新闻》版为发端的“深耕珠三角战略”，成为《南方日报》进一步挺进城市群，走差异化路线，与城市共同成长的关键一步。在此基础之上，2004年6月起，佛山、东莞、深圳、江门四地开设《观察》周刊，更加贴近各级城市的需要，在加强本土新闻报道的同时，做出新闻的深度和高度。

在此期间，《南方都市报》创办了一批布局各个城市的《读本》版面，以更大的力度切入城市报道之中。

2006年3月28日，《珠三角新闻》版里的广州、深圳、佛山、东莞4个地方专版分别更名为《广州新闻》《深圳观察》《佛山观察》和《东莞观察》，各自按逢周二到周五每天各4—12个版。其后，《中山观察》《惠州观察》《珠海观察》《肇庆观察》陆续推出，《南方日报》实现对珠三角九市的全面覆盖。

随着区域经济的进一步发展，城市传播区域化特征和个性化特征更加明显。珠三角各城市陆续开设了一批下沉到区镇级的《视窗》和新闻版。

在这一过程中，旨在宣推城市品牌、提升区域知名度乃至用于招商推介的特刊产品，成为各城市流行的选择。

特刊，是为特定宣传目的而组织刊编的报纸版面集纳，具有主题鲜明、内容厚重、版面较多等特征。在《南方日报》“厚报时代”的城市战法中，特刊的历史角色不可或缺。

从层次上，既有拓展到市区一级的特刊，也有立足珠三角、粤东西北这类区域的特刊：

《南海虎威》《顺德龙腾》《佛山风雅颂》《深圳向前》《东莞软实力》等，一系列地方城市特刊“饮头啖汤”，成为推出特刊产品的探路者，也成为南方报业在各地贴近市区中心工作，推介城市品牌的生动体现。

2005年12月22日，《南方日报》推出百版大型特刊《珠三角竞争力2005年度报告》，随后以一年一主题，逐步打造成为《南方日报》的品牌产品。2021年12月28日，为适应新闻报道专业化、智库化发展趋势，其升级为《珠三角高质量发展报告》。

2023年12月1日，《突围——粤东西北高质量发展报告》特刊出版。特刊紧扣广东省委“头号工程”“百县千镇万村高质量发展工程”主题，为推动粤东西北地区高质量发展鼓劲加油。

从类别上，既有紧扣全局性工作，为全市发展提供战略解读的特刊，也有聚焦重大节点和专项工作，全面呈现部门、基层工作成效的特刊：

在广州，围绕展现“百年大党、广州风华”目标，结合“老城市新活力”定位，《珠江潮涌　红棉璀璨——广州基层党建一线报告》《百年征程上的广州统一战线》等特刊营造了广州各界共庆中国共产党百年华诞良好的舆论氛围。

在东莞，《东莞决胜高水平全面小康社会启示录》《“双万”新起点东莞高质量发展之路》《先行——大湾区综合性国家科学中心先行启动区特别报道》《新局——迎接东莞党代会》等一系列特刊，全面聚焦市委、市政府中心工作和项目建设。

在惠州，《惠州融深融湾竞一流》特刊为惠州深度“融湾入圈”建言献策；《高铁新机遇　惠州开新局》特刊抓住2020年赣深高铁通车的重要节点，对高铁热点话题进行深入剖析，得到政企界的高度好评。

从形式上，既有单纯的报纸特刊，也更加注重与新媒体形式融合传播的全媒体产品：

2020年，《南方日报》推出《山海协作·佛山战贫》特刊。记者兵分五路，走进佛山对口帮扶的四川凉山的11个县，记录脱贫攻坚战一线的故事；9月23日起，推出11个版的《山海协作　佛山战贫——佛山市东西部扶贫协作一线报告》，书写“彝海结盟”新成果；10月1日起，在南方+客户端推出系列调研视频“影像故事”，以文字、光影讲述大山深处的动人故事；10月15日，集结推出28个版特刊《山海协作　佛山力量——佛山对口帮扶凉山特别报道》，全景记录“两山”战贫记；10月17日国际消除贫困日，推出《致敬！“佛山好汉”凉山战贫记》，用影像致敬每一位奋战在凉山脱贫攻坚一线的佛山人。“山海协作·佛山战贫”系列报道还推出南方网红一线走读视频，以“微纪录片”手法小切口回望扶贫协作带来的巨大变化，用“特刊+视频”持续发挥了长尾传播效应。

此后，纸质特刊与南方+客户端数字版的组合模式，逐渐成为特刊策划的标配。可以发现，《南方日报》在各地推出的特刊有四个鲜明特征。

一是强调新闻性。如，在庆祝改革开放40周年重要节点上，《南方日报》在深圳连续推出《开放再扬帆　深圳新起航》《致敬——2018深圳改革榜单》《教育改革看深圳》三个大特刊。这些高质量特刊的推出，得到了社会各界的高度关注和评价。在深圳日常重要新闻节点，如高交会、文博会等，或结合社会治理、金融扶持、教育双减等议题，都推出了各类主题特刊，显著提升了南方报业在当地的影响力。2018年10月，港珠澳大桥正式通车，《南方日报》提前半年谋划，在珠海推出特刊《珠联璧合　湾区扬帆》和系列新媒体产品。

二是突出思想性。比如，自2012年起，《南方日报》在佛山连续推出《八问八论八策》《中国大镇调查》《致佛山的十封信》《城市创新方法论·十城演义》等特刊，为佛山发展提供重要参考。2020年12月31日，《突围·2020佛山年终观察》是第一次用全评论式的特刊进行年终复盘。这是一次有南方特色的年终策划，集中展现“南方评论员”的形象，对外界传递出《南方日报·佛山观察》和南方+佛山频道对输出好观点、发出好声音的追求。此次全评论特刊、全评论员阵容得到当地多方高度肯定，市、区两级政研部门积极阅读

南方日报 广州观察
特01
百年奋斗 广州担当
珠江潮涌
红棉璀璨
广州基层党建一线报告

《珠江潮涌　红棉璀璨——广州基层党建一线报告》

南方日报 惠州观察
融深融湾竞一流
南方日报 南方+
融深融湾竞一流

《惠州融深融湾竞一流》调研报告

参考，佛山五区的发布公众号当天进行全文转载。

三是注重权威性。如，2020年《中山再唤醒——中山发展忧思录与重振虎威之道》特别报道，大声疾呼“破山中贼易　破心中贼难”。在《南方日报》建设性监督报道推动下，“重振虎威”成为中山城市发展战略。2020年1月下旬，中山市委全会召开，“重振虎威”写入市委全会报告的主题，成为整个报告的核心词、关键词，会议还专门审议“重振虎威”十大行动的文件。随后，《重振虎威新征程》系列报道和特刊则带来了一场建言城市发展的大讨论，《南方日报》积极为当地迈向高质量发展提供舆论助力。

四是做出持续性。如，《南方日报》在深圳连续多年启动“圳治”活动，展示深圳全市在推进中国式现代化方面的探索和成果，通过畅通传播渠道和搭建经验交流平台，广泛凝聚各方智力资源，为深圳打造更具全球影响力的经济中心城市和现

南方日报 中山观察

A01

中山再唤醒

破山中贼易 破心中贼难

中山的忧思与重振虎威的逻辑

工业失速

创新乏力

原地踏步

方向失焦

心魔难破

《中山再唤醒——中山发展忧思录与重振虎威之道》为当地高质量发展提供舆论助力

代化国际大都市提供舆论与智力支持。基于品牌活动的系列报道和特刊，已经成为深圳这座城市的宣传品牌之一。

盛于特刊，立于思想。直至今天，作为集团旗舰的《南方日报》，依然以“高度决定影响力”为办报理念，创新发挥纸媒的力量，当好城市发展的同行者、见证者和解读者。

2. 网的汇聚：兴于门户，长于全案

20世纪90年代后期，新闻门户网站兴起。许多商业门户网站在新闻资讯编排形式、呈现效果等方面有一定的独特之处。与此同时，借助通讯社和地方相关部门的通稿，一些城市网站做到了当日新闻当日刊播，突发新闻及时刊播，打破了时间和空间的制约。这切中了当时城市舆情处置的痛点，也成为互联网思想舆论阵地建设的新课题。

21世纪初，党中央确立了集中力量建设十家重点新闻网站的发展政策，让党和政府的声音迅速占领互联网这一新的思想舆论阵地。

2000年12月，广东省委、省政府决定组建广东省重点新闻宣传网站“南方网”，作为省委、省政府的喉舌，以权威、及时的新闻占领舆论阵地的制高点。

在南方网创办之后的十余年里，南方报业还先后建设了南方报网、南都网、奥一网等集团媒体门户网站。

《南方日报》当时的官网南方报网在传统按新闻类型分类之外，还设立了地市频道，对各个城市政治、经济、社会生活中的重大新闻及时集纳呈现。这一举措在当时的新闻门户网站中走在前列。更为重要的是，依托南方报业在全省各地市及在北京、上海等国内重点城市的布局，“南方播报”即时新闻成为当时南方报网的独特竞争力。

“南方播报”即时新闻在网站首页显要位置呈现，聚焦地方重大时政、产经和民生话题，回归新闻传播的时效性，将刊发速度放在第一位，并且从标题到内容力求精练，突出最重要的新闻点。这意味着，广东各个城市不但在省级媒体新闻门户网站拥有本市的专区，重大新闻也能够第一时间在网站上呈现。2007年前后，无论是佛山九江大桥被撞还是台风频袭广东，无论是地方重大民生政策出炉还是重要人

事变化，“南方播报”都成为外界了解广东城市发展最直接、最迅速的窗口。

网站建设也为南方报业增添了全媒体转型的新武器——全案策划营销。

2012年9月，借《南方日报·佛山观察》开版八周年之机，全媒体营销平台“西樵云”正式发布上线。西樵镇位于佛山市南海区西部，拥有石器文化、理学文化、龙狮武术文化、纺织文化、宗教文化、岭南文化等丰富的文化旅游资源，被誉为“岭南文化的原点”。2011年，当地首次提出了“文翰樵山·最岭南”为灵魂的区域品牌。

围绕该品牌，南方报业与南海区深度合作，携手共建“西樵云”全媒体传播平台。该平台运用“云营销”理念，由一个以南方报网主题网页为依托的信息集成中枢，与南方报业旗下多种媒体渠道整合在一起，共同组成多端口营销矩阵。“西樵云”借助南方报业强大的内容生产能力和优势，提升南海西部片区“文翰樵山”的品牌价值，《南方日报·佛山观察》也借此加快全媒体转型步伐。

2014年7月，全新改版的南方网正式上线，以崭新的面貌呈现在广大网民的面前。作为南方报业加快传统媒体和新兴媒体融合发展的重点工程，南方网与《南方日报》进一步深度融合。

南方网提出，以用户为导向，全面满足用户丰富多样的信息需求，将自身打造成“广东媒体融合第一平台”。改版后的南方网采用了多标签技术，兼顾了全球视野和本地关注，为网络问政、改善网民体验和参与度提供了快捷通道，很快地找准了南方网既是省委、省政府官网，又是南方报业传媒集团和《南方日报》官网“三位一体”的定位，也承担了发布重要新闻资讯、引领广东网络舆论导向、引导社会热点等职能。

为了更好地实现报网融合，此次南方网改版中，《南方日报》的原官网整体并入了南方网，其原有的《南方日报》数字报、“南方播报”即时新闻、网络问政、今日广东、政经原创报道等具有独特价值的内容也融入南方网，并且在首页首屏的显著位置加以呈现。

南方网依托南方日报社各地市记者站，尤其是珠三角地区深耕多年所开拓的强大线下资源，以及《南方日报》行业专刊在各行业的影响力，整合《南方日报》和南方网相关部门和人员，成立了南方网地方频道运营中心，按“报网一体、融合发

2014年7月9日，南方网改版上线

展”的思路，全面建设21个地市频道。

近年来，在大数据、人工智能、大模型等一系列新兴技术迅猛发展的背景下，从纸媒到智媒，南方报业以数字技术为支撑，以优质内容为保障，积极拥抱数字技术，建设科技型主流网络媒体。

2019年，网端融合发布地市PC站项目正式立项。这是落实集团报网端深度融合，南方+客户端、南方日报珠三角新闻部、南方网联合发起并实施，最终实现南方网地市频道网端融合统一发布的项目。当年7月20日实现广东全部21个地级以上市PC站网端融合发布上线切换。到8月，南方报业在地方城市已形成可控的自主研发的网端融合CMS发布系统，将App、移动手机站、PC网站内容发布等统一到了一个工作平台进行生产，达到人力资源共享、网端融合发布。

南方网还凭借技术优势，规划设计并建设完成全省统一的政府网站集约化平台，构建起“横向到边、纵向到底”，覆盖支撑省、市、县（市、区）、镇（街）

6000多个政府机构、近600家政府网站、3000多个政务新媒体，运行监控超过100TB政务动态大数据的统一业务闭环系统平台。

以南方网为代表的网站平台，成为南方报业在各地深耕城市群的重要依托，是城市传播产品线不可或缺的组成。

3. 端的突围：起于“两微”，志于“两端”

2013年年底，工信部发放4G牌照，中国4G网络大规模铺开，移动互联网时代正式来临。截至2024年2月底，中国5G用户突破8.5亿户，移动互联网累计流量达到487.6亿GB。

在移动互联网时代，微博、微信成为人们获取信息的主要来源，也是政府信息传播的重要渠道。而各式各样的移动App，特别是视频类App，也极大改变了信息传播生态——传播主体多元、传播内容多样、传播形式多维，成为当前信息传播的显著特征。

如何在移动互联网时代牢牢占据宣传思想舆论阵地？如何在媒体融合发展乃至“人人皆媒”的新生态中塑造核心竞争力？如何在“流量时代”的城市传播中占据一席之地？这些成为南方报业深耕城市的新挑战。

南方报业依托“两微”，通过官方微博账号和微信公众号，从“借船出海”开始抢滩移动互联网时代的新阵地。

以《南方日报》为代表，地市一级新闻采编部门大都开设了微博和微信公众号。其中，微博以重大消息发布、重点稿件推介为主，并且与地方城市的官方微博形成良好互动。这也成为南方网的“南方播报”即时新闻的新发布渠道之一。在微信公众号上，一批记者站根据城市发展阶段和自身实际，依托南方日报社优质采编力量，着力做精做深，以思想性为引领，以权威性为根本，以建设性为导向，建设了一大批优质微信公众号，如主打政经领域的佛山“佛山微观察”、深圳“南方会”以及瞄准教育垂直领域的东莞“教育莞家”等。

在这一时期，南方报业还承接了不少城市和部门“两微”的运维工作。后来，“两微”的运维业务逐渐收窄。探索运维“两微”的时间虽略显短暂，但这些工作为记者站提供了试水移动互联网传播的一个切口，初步培养了一支懂新媒体运营的队伍，加强了对移动传播的理解和认识，也一定程度上在当地培育了一批移动互联网用户，提升了与当地的黏性。这些都为南方+客户端的发展打下坚实基础。时至今日，各地微信读者群依然是南方报业在当地提升内容流量所倚重的重要圈层，是南方报业在移动互联网时代做好“三贴近”的重要信息渠道之一。

2015年10月23日，承载着南方报人新的光荣与梦想，南方+客户端正式上线，吹响了挺进互联网主战场的冲锋号。南方报业从“借船”走向“造船”。

在南方+的建设中，南方报业以频道建设为载体，与地方党委政府深度合作，向广东各市、县（市、区）乃至镇（街）延伸，积极探索主流媒体与地方工作之间从“相加”到“相融”的新模式，以优质内容占领网络舆论场，做大做强区域主流舆论阵地。

截至2024年上半年，南方+已与广东各地各党政机关、企事业单位合作共建了超过500个频道，成为覆盖广东五级区域的权威信息发布平台。这包括面向省级层面的垂类频道，面向市、县（市、区）、镇（街）层面的城市频道、区县频道和镇街频道等。

依托共建频道，南方+与基层用户全方位深度连接。平台的下沉催生了一批高品质、高流量的全媒体报道。通过做好区域政策解读，服务基层，增强黏性，一方面，满足了基层群众对权威信息的强烈需求。以佛山区域频道为例，大流量的爆款内容，有近70%来自区县、镇街一级。另一方面，也是基层党委政府治理的需要。充分激发县域比学赶超活力，服务县域治理。比如，肇庆怀集频道推出怀集乡村振兴大擂台项目，各镇党委书记纷纷展示乡村振兴工作成果，频道通过直播、网络投票等方式参与其中，传播好声音。

以南方+为主平台，南方报业在各地的深耕进入了新的阶段，创造出了新的供给、新的服务。

2023年，紧紧围绕中央决策部署与广东省委工作要求，南方+客户端用好调查研究这个传家宝，推出系列融媒体报道“21城·21问——广东城市微调研报告”。报告运用电子周刊工具进行二次创作，快速生成大型专题报道H5《21城·21问》，全网总流量超1.5亿。

2019年，珠三角九市连续推出“绿动大湾区”“美丽绿道　美好生活”系列报道及相关新媒体产品。其中，“九城看绿道”Vlog产品成为南方+首创，并借助“南方号”矩阵进行视频产品的开放生产新尝试；掌上骑行解锁珠三角九城最美绿道H5游戏，则采用手游形式，结合环保出行理念，增强互动体验。

又如在东莞，依托南方+客户端，当地教育类融媒产品不断出新，为其他记者站“开模具”。除传统的“共上一堂课”等产品外，还推出了教育名家系列论坛、线上家长会等品牌，既体现出“党端”的价值，又取得爆款流量，四场直播场均流量过百万。

《中国互联网络发展状况统计报告》显示，截至2024年6月，我国网民规模近11亿人，网络视频用户规模达10.68亿人，其中短视频用户规模达10.50亿人。这表明，在移动互联和视觉传播时代，新闻报道的可视化趋势不断强化，可视化报道是新型媒体信息输出模式变革与广大受众信息获取方式转变的共同产物。

南方+为南方报业在各地适应这一趋势提供了有力支撑。

“百千万工程”是广东推动高质量发展的“头号工程”。2023年2月起，《南方日报》、南方+客户端聚焦县级党委“一把手”，推出了“县委书记打擂台”全媒体报道。视频节目邀请各县（市、区）委书

21城·21问——广东城市微调研报告H5

记公开亮目标、谈举措、挖潜力，同时还推出通讯、评论、海报、H5等融媒作品，让严肃的主旋律报道变得“好看”“接地气”“立体可感”。该组节目传播实现破壁出圈，在南方+客户端的阅读量超过1000万，全网阅读量超过6000万，广东省政府官网开设专题每期全文转载。2024年，在“县委书记打擂台”的基础上，“百千万工程”报道继续向镇域下沉，推出“镇委书记打擂台”全媒体报道。

2019年，南方+第一档视频新闻评论节目“读城”上线，聚焦珠三角城市热点，进行深度解读、分析评论，唱响主流舆论，疏解社情民意。这档视频新闻评论栏目，首次启用南方+虚拟演播室，结合数据进行可视化展示，为南方+首创，被外界称为“叫好又叫座”。

在佛山，融合短视频新兴传播方式与南方“观点为王”的价值定位，南方日报全力打造可视化新产品《南方+视评》，形成“既见传播又见人”的佛山观察2.0版。除了传统视评外，还先后推出《龙行世界》《帝国铁都》《紫南十讲》等单元视评，为佛山学界、政界、产经界提供研究佛山的新窗口和新角度。

《南方都市报》也诞生了优质视频类客户端N视频。N视频定位为“视频版的广东发布”，及时发布权威新闻，传递智库声音，实现优质原创多屏传播。它以年轻人为目标受众，形成多层次多圈层的原创内容矩阵。

立足于大湾区，南方报业在移动互联网的转型探索，不止于南方+。

广东是中国经济第一大省，粤港澳大湾区经济总量约11万亿元。世界关注大湾区、关注广东，对大湾区和广东有较高的信息需求。因此，GDToday客户端应运而生。GDToday努力打造成为广东对外传播主平台、世界了解广东第一端、粤港澳大湾区外宣旗舰媒体，同时也为南方报业在广东各地携手举办各类“走出去、请进来”的国际传播活动提供了新的支撑。

新的城市传播产品正在落地。2024年5月，GDToday在美国旧金山举办“风起国潮 粤动金山”活动，展出了东莞11家代表性潮玩企业的200余件原创潮玩展品，吸引千余名游客自发观展，百余名世界各地游客、旧金山市民深度互动体验中国国风之美。

此外，南方报业还开发了南方智媒云。这一智媒云被赋予了用技术服务全省媒体融合的更高定位，将打造支撑全省、服务省市县三级媒体融合发展的“智媒空间站”，建成自主可控、安全可靠、竞争力强的媒体深度融合发展统一技术平台。通过南方智媒云，省一级指挥调度平台能联动各地市党委宣传部门、媒体单位；通过大数据技术，实现全省宣传情况的数据化统计；通过数字化网络化手段，优化宣传流程，实现信息快速传递和共享。纵向推动省市县三级媒体贯通成一条线、联结成一张网，横向推动内宣外宣一体联动，在资源共享中不断放大宣传声量。为更好地支撑地市融媒建设，南方智媒云还形成了“一地一策、打造标杆”的工作思路。南方智媒云赋能地市融媒项目已陆续在云浮、肇庆、清远等地启动，有力支撑了当地融媒改革。

二、城市智库：融入治理当“参谋”

“城市智库+新媒体”的“双轮驱动”路径，是南方报业在深耕城市过程中形成的一条特色路径。其中，围绕“城市智库”转型，打造城市研究类产品线，是南方报业“城市战法”的重要内容。

在南方传媒智库矩阵中，南方城市智库的影响力排名前列，是媒体智库融入区域发展和治理的典型代表。

近十年来，南方城市智库立足粤港澳大湾区，聚焦城市比较研究、制造业变革研究、基层治理创新研究，并对城市发展的热点问题和成长发展方向进行长期跟进，形成了一系列智库产品形态，在广东各地形成了强大的影响力。凭借发展城市智库，南方报业基本找到了一条省级党媒与城市群共成长的新模式。

1. 聚焦城市比较，探寻城市集聚规律

经过多年探索，南方城市智库已形成多个主要研究领域和产品形态。其中，城市比较研究是南方城市智库最早聚焦探索、成果最显著的研究方向之一。

南方城市智库的特点，是从地方发展的核心命题出发，以省委党媒的视角和高度，跳出对单一城市的研究，放眼更大的空间与时间，在全国乃至全世界为一城一地的发展寻找路径、提出建议、建言发展。这类研究的核心议题，往往都与推动城市发展的各自要素集聚有关，很大程度上就是在探寻城市要素的集聚发展规律。

城市比较研究的探索，最早从珠三角城市开始，源自城市之间的发展竞赛。在广东，县域层面的“南海顺德之争”、市级层面的“佛山东莞之争”“广州深圳之争”，以及城市群层面的珠三角与长三角的对比对标，长期成为媒体报道的热点。

伴随着广佛同城化的推进，以及广东随后提出的“广佛肇”“深莞惠”“珠中江”经济圈概念，城市比较研究更加成为珠三角各地的热门课题。

2009年，南方报业立足佛山市高明区的发展诉求，对附近的高要、鹤山、新兴等地的一体化发展潜力与路径进行了调研。在此基础上，由南方日报社主办，高要、高明、鹤山、新兴四地政府共同协办的“要明鹤兴”县域经济一体化发展论坛在高明区隆重举行。四地政府签署了更紧密合作框架协议，并宣读确认四地探索共

建“要明鹤兴”一体化合作机制，实现西江以西区域的统筹协调发展，在当时引发了全省范围内的广泛关注。这是南方城市智库进行城市比较研究、参与推动地方协调发展的案例之一。

更大范围的尝试随后而来，粤桂黔高铁经济带跨省大调研、“中国大镇”调查、“十城演义”跨省调研等一系列以城市比较研究为主题的智库型重大策划，纷纷登台亮相。

其中，粤桂黔高铁经济带跨省大调研是当时聚焦特定主题、开展跨省研究和报道的一次有力尝试。2014年，贵广、南广高铁同步全线开通运行，打通了我国西南地区东联南下、出海通边最快捷的大通道，粤桂黔三省（区）形成了4小时经济生活圈。南方日报社受相关部门委托，从2015年起，连续多年开展粤桂黔高铁经济带跨省大调研，深入了解粤桂黔高铁经济带重点城市情况，梳理、解读、提炼粤桂黔高铁经济带的战略意义及时代意义。

当时，在首轮粤桂黔高铁经济带跨省大调研中，调研组带着10个调研课题，专访广东、贵州两省的常务副省长以及广西、贵州的七个城市的市长、大学校长、企业家代表等总计上百人，并持续推出系列深度报道。

此后，粤桂黔高铁经济带跨省大调研数次跨越广东、广西、贵州三省（区），途经粤桂黔高铁沿线十三市，行程数千公里。通过调研，《南方日报》在中国高铁经济的大时空中解码粤桂黔高铁经济带的独特价值，探访粤桂黔三省（区）基于高铁深化区域合作的个性路径，求索“粤桂黔能够合作什么”的课题，为珠三角和粤西贯彻落实粤桂黔高铁经济带合作提供了宝贵借鉴。

做好城市比较研究的关键在于打造样本池和坐标系。2017—2019年，《南方日报》连续三年策划开展“十城演义”跨省调研，从“万亿城市”佛山出发，选取国内十座先进城市进行对标。

从成都、武汉到南京、青岛，从合肥、宁波到南通、常州，从苏州、杭州到无锡、泉州……每轮调研均聚焦一条主线，以此选取值得珠三角对标学习的城市，乃至城市中的具体产业集群、园区、县域、政策、企业、部门等。凡到一地，由记者组成的调研团队平均用一周时间聚焦对标城市的“小切口”，进行深入研究、广泛走访，并努力与当地党政部门、企业等建立长期联系。

在三轮“十城演义”调研后，调研团队推出了过百篇基于实地走访的新闻报道，出版了两本专著，向政府部门递交了数十篇内参，并在佛山市、区部门邀请下举行了多场调研成果报告会，为地方带来了政府调研和一般新闻报道中看不到的新视角、新现象，提出了一系列操作性强的建议。

经过三轮调研，调研团队基本走遍了全国20多个万亿级城市、“准万亿”城市，并在调研完成后长期关注、研究相关城市，形成了以万亿级城市为主的对标体系。这一体系在此后的各种智库研究中也得到应用、持续完善，显示了强劲的支撑力。

南方城市智库的研究成果和报道成果在不少城市得到了党委政府的高度重视，一定程度上扮演了“城市智囊团”的角色。

在对比研究国内外多个城市后，《南方日报》于2015年以“寻找创新中轴线”策划报道为主要形式，推出智库研究

《双城·县策》系列调研聚焦粤东西北地区县域经济

成果，抛出了“东莞需要打造属于自己的创新中轴线，从而树立城市创新新名片”这一命题。这一概念迅速被东莞市政府工作报告吸纳，提出围绕创新中轴线规划建设东莞自主创新示范区。

近年来，南方城市智库在继续深耕珠三角的同时，迅速把城市比较研究的方法论应用到全省其他地区。2023年，广东印发《关于推动产业有序转移促进区域协调发展的若干措施》，提出要探索多种形式的双向“飞地经济”模式，引导珠三角地区产业向粤东西北地区有序转移。在此背景下，南方报业组建调研组前往长三角和广东部分地区对“飞地经济”进行了深入走访，探访各地“飞地经济”发展的路径和成效，推出《新“飞”跃——“飞地经济”深调研特别报道》，为有关地区带来了参考借鉴。

在推进“百千万工程”的背景下，南方报业还聚焦粤东粤西粤北地区县域经济，推出“双城·县策”系列调研，在全国寻找对标对象，为粤东西北地区县域发展提供更宽广的发展视野。

在乡镇，南方城市智库的研究也在不断下沉、深入到基层一线。2021年，广东省农业农村厅与南方报业传媒集团联合发起成立广东乡村振兴研究中心，整合、深耕和拓展“三农”领域的智力、政务与产业资源，打造国内有影响力的乡村振兴研究平台、传播平台与产业平台，立足广东，辐射全国，全面服务乡村振兴工作。

2. 聚焦制造业变革，探寻产业集聚规律

制造业是大湾区产业经济的脊梁。南方城市智库的另一条主线，是制造业变革研究，其要旨是探寻产业要素的集聚和发展规律。围绕这条主线，南方报业立足大湾区，面向全国乃至全球持续开展了大量研究工作，形成了具有鲜明品牌识别度的党媒智库产品，为广东民营企业群体以及区域经济工作提供了智力参考。

在这方面，作为“中国制造业大市”的佛山，成为南方城市智库开展研究和报道的重要阵地。

2018年，国务院政府工作报告提出“来一场中国制造业的品质革命”。这一年，由北京大学教授周其仁团队、佛山市工商联联合南方日报社组建调研组，深度走访34家佛山制造业企业，并在当年9月成功举办以“品质革命　创新力量”为主题

的首届佛山企业大会。会上，周其仁面向全国发布佛山品质革命的十大战法。佛山市也在这场大会上发布了全国首份制造业品质倡议，发表了打造品质高地的宣言。

次年，调研组深入北京、深圳、青岛、长沙，奔赴欧洲制造业强国，累计调研国内外企业20余家，对话超百人，探寻制造业发展新趋势，剖析全球标杆企业的高品质密码。同年举办的佛山企业大会上，多位企业家代表登上主讲台，分享从国内外带回来的制造业“品质革命”先进做法。大会发布了《2019年佛山企业迈向高质量发展跨省跨国对标调研报告》，综合前期国内外调研成果，期望以佛山为样本，对标国内外品质企业标杆，为广东制造业探寻迈向高质量发展的有效路径提供参考。

到2024年，“品质革命”调研已连续七年开展，成为当地推动制造业高质量发展的重要抓手。其间，调研组累计调研了200多家佛山企业，走进了国内十多座重要的制造业城市，深入德国、丹麦、荷兰以及非洲多国的发展一线。

制造业是广东经济的基本盘，也是南方城市智库值得长期投入人力、智力的研究领域。2017年，3名企业家向南海区政协提交的一份《关于成立南海制造行业冠军联盟的建议》提案，引起南海区委、区政府高度重视。当地认为，挖掘培育制造业“隐形冠军”是推动供给侧结构性改革和实现经济高质量发展的重要抓手。在此背景下，南海区与南方报业携手，于2017年正式启动“南海制造业全国隐形冠军”寻访行动，拉开了挖掘培育制造业“隐形冠军”工作的序幕。

在一个县域经济体里寻找“隐形冠军”企业，是一个具有开拓意义的智库课题。《南方日报》珠三角新闻部与南海区工商联（总商会）参照92家中国“隐形冠军”公司的特征分析，制定出市场地位、创新优势、标准优势、品牌优势、其他优势五大标准体系，形成一套较为规范可行的制造业全国“隐形冠军”认定标准。在挖掘的过程中，不唯产值大小论“英雄”，而是关注企业在“专精特新”方面的优势，真正体现出企业“小而美、精而美”的冠军特性。在此基础上，通过全城大寻访、全媒体大传播、全流程互动等形式，广泛宣传调研的目的意义，引导社会关注，发动企业积极参与；依托专业评审委员会审定候选名单并向社会公示，接受社会各界的监督，确保认定的制造业全国“隐形冠军”名副其实。在南方城市智库的助力下，南海也由此成为全国首个以评选制度认定隐形冠军企业的县域城市。

《南方日报》牵头的调研组在佛山南海深入寻访，发掘了一批全国制造业隐形冠军企业

连续多年开展的隐形冠军寻访调研行动，为当地挖掘出制造业全国隐形冠军144家。在此过程中，寻访活动事前制定“冠军指标”、寻访“冠军企业”，事中召开“冠军大会”、举办“冠军之夜”，事后刊发“冠军笔记”、引导“冠军开讲”，持续不断为隐形冠军企业个体和群体增强显示度、凝聚思想、集聚资源。这也为当地党委政府摸清发展情况、制定经济政策、扶持优质企业、强化招商引资、打造产业园区等工作提供了宝贵的信息支持。

另一个值得持续研究的制造业强市，无疑是深圳。

在深圳，金融资本对实体经济的支持是一个焦点。从2020年下半年起，南方报业就策划启动“深圳金融业支持实体经济”调研。在中国人民银行深圳市中心支行、深圳市地方金融监督管理局的指导下，这一调研按每年一季推进，第一季关注“深圳金融支持实体经济的痛点和建议”，第二季聚焦“疫情下的深圳金融赋能”，第三季关注“金融科技赋能创新链”，等等。每季调研，调研团队都深入走访超过50家金融机构，走访超过100家实体企业，收集超过100个金融支持实体经济的典型案例。该项调研与北京大学国家发展研究院教授黄益平及其团队合作，多年邀请该团队参与调研。每年发布的报告由当地呈送相关部门，并作为深圳市金融部门优化政策设计、赋能实体经济的参考材料。

随着在经济领域的智库研究能力、品牌知名度日益提升，南方城市智库进一步链接各方资源，参与到更多地方产业经济发展的重大议题中，并成功举办了一系列行业盛会。比如，2022年，南方日报社承办了“中国航空之父”冯如故里无人机产业对接会暨恩平（深圳）投资推介会，助力恩平推动无人机产业招商、高质量发展智能装备产业。

从组织形式来看，聚焦产业研究，南方报业还在广东一些地区建立了专门的智库机构。2023年，南方都市报社与白云投资集团共建的南都高质量发展研究院（白云产业研究中心）挂牌成立。作为聚焦区域产业高质量发展的媒体智库研究平台，白云产业研究中心以白云区作为产业高质量发展的观察窗口和调研重点，开展系列高质量课题研究，赋能白云产业创新，及时总结“白云经验”，向世界讲好中国式现代化白云实践的故事。

同年，由南方农村报社与有关机构共同承办的第二届乡村振兴（广州）论坛预制菜供应链高质量发展分论坛成功举办，启动了致力于为预制菜上下游企业搭建资源共享、共创共赢平台的“云山珠水培育计划”，发布了中国预制菜出口调研报告。

在这些活动中，南方报业的角色是组织者、主持人、发布方，而不仅仅是过去的报道者，产生的影响力也超越了单纯媒体功能的影响力。

3. 聚焦基层治理创新，探寻社群集聚规律

相比城市、制造业等广受社会和媒体关注的热点，基层治理创新看似“冷门”，但多年来实际上是地方发展需要开展决策咨询、期待凝聚智慧的重要领域。这也是南方城市智库主攻的重点方向。

2018年，南方城市智库围绕“城市治理现代化”战略要求，推出了首届“圳

治”——深圳治理现代化榜单评选活动。“圳治”活动旨在进行覆盖深圳各级党委政府部门、企事业单位、社会组织和经济组织的优秀治理案例征集，其间开展了以南方报业城市治理观察团为主体的一线调查研究，并以南方+为主阵地进行网络展示和线上互动，此后又以第三方评估为主要形式进行效果评价，并举行经验分享和发布报告等活动。活动期间，南方+围绕其开展包括网文、视频、海报等在内的融媒传播。

六届“圳治”活动已吸引深圳全市超过600个单位和机构参与，累计评选出年度特别案例和十大优秀治理案例超过50个。在此期间，南方城市智库每年从深圳全市各部门、各领域公开征集的治理案例超过300个，五届活动累计征集案例超过1000个，对数量庞大的治理案例进行归类、分析和整理，再通过南方+平台进行集中展示，为深圳制作了一份基层治理领域的百科全书。以“圳治”活动为引子，《南方日报》每年发布一份深圳治理现代化年度观察报道，为党委政府的治理决策建言献策，在更大范围凝聚治理共识。

南方城市智库在基层治理领域的优势，还在于广泛发动党员、群众，成为党委政府与基层党员、群众之间的连接者。

在广州，广州开发区、黄埔区高度重视基层理论宣讲工作。在此背景下，南方城市智库于2021年起牵手当地，紧紧把握基层理论宣讲“谁来讲、讲什么、在哪讲”，主动探索创新，精心培育“埔公英”基层宣讲品牌，从基层党员、第一书记、青年干部、优秀志愿者、学校教师、道德模范、快递小哥等不同群体中选拔有理论基础和宣讲能力的人组成百姓宣讲团，并结合实际分类组建黄埔铁军宣讲队、平安卫士宣讲队、美丽园丁宣讲队、8090青年宣讲队、筑梦黄埔宣讲队、微光火炬“志愿红”宣讲队6支特色队伍。在此基础上，举办理论宣讲微视频征集大赛、主题巡回宣讲等系列活动，构建多元立体的理论传播体系，推动党的创新理论“飞入寻常百姓家”。2021年以来，累计开展理论宣讲3900余场次，产生了广泛的影响力。

从城市比较研究到制造业变革研究，再到基层治理创新研究，南方城市智库发挥了主流媒体智库应有的作用，不断向“深”、向“精”、向“广”拓展，努力为广东各地党委政府提供决策参考，也为媒体智库参与推进国家治理体系和治理能力现代化作出有益探索。

三、城市空间：把内容写在大地上

随着经济社会持续高速发展，各地愈发重视城市宣传推广、公共文化供给。为进一步创新城市宣传、打造文化地标，广东尤其珠三角地区的城市展馆建设开始涌现。南方报业作为具有强大传播能力和综合竞争实力的智慧型文化传媒集团，其深耕城市的专注力、优质内容的生产力、报端融合的传播力、下沉覆盖的链接力得到多方认可，成为广东各地建设展馆的“合伙人”之一。

2017年起，南方报业在珠三角率先探索将纸媒的内容生产能力向实体的城市空间迁移，以展示展览为形态，试水打造城市空间内容产品线，推出多个城市展览展示内容产品，涵盖改革创新、党建、产业、城市规划、传统文化等多个主题。这些展示展览不仅成为党媒输出内容能力的新载体，也成为党媒在多个城市壮大影响力的新型主流传播阵地和服务平台。

1. 打造地标：城市精神的传承书写

2018年4月，南方报业传媒集团与佛山市南海区人民政府合作共建的珠三角工匠精神展示馆正式开馆，开启了集团探索城市空间运营的突破性一步。从线上到线下，南方报业首次把信息和内容写在大地上，与城市有了实质性的物理空间连接，与城市共成长有了物质载体。

思想照亮产业，科技表达文明。珠三角工匠精神展示馆是全国首个以工匠精神为主题的城市客厅，大湾区首个工业主题城市展馆，将传统的工业风与现代的科技感相融合，展示城市文明与工业文明相碰撞的成果，成为展示大国制造风采的新地标。该馆以珠三角制造为样本，全面展现珠三角以“工匠精神”为精神内核，大力提振实体经济、推动制造业不断创新发展的成效和影响、意义与前景，重点呈现近百年来珠三角工业发展及工匠精神传承发展的历史脉络，也展现出在全球创新一体化背景下珠三角加快构建现代化经济体系，推动制造业高质量发展的丰富实践。

自开馆以后，该馆迅速成为珠三角政务调研、商务考察、培训教育、市民休闲的热门场馆。2021年5月，国家相关部委联合发布“全国建党百年红色旅游百条精品线路”，该馆入选“奋进大湾区　逐梦新时代”精品路线，成为佛山市唯一入选百

珠三角工匠精神展示馆是全国首个以工匠精神为主题的城市客厅，大湾区首个工业主题城市展馆

条精品路线的案例。

远赴万里寻访，书写家国故事。近百年来，深受海洋文化影响的南海人，以“联络乡情、敦睦桑梓”的南海会馆为据点，开启了向洋而兴、对话世界的壮阔旅程，书写了“敢为天下先”的传奇史诗。南海会馆成为岭南文化的重要符号之一。2021年，位于佛山市南海区西樵镇的南海会馆建成。该馆以全球南海人“精神祠堂”和“文化殿堂”为核心定位，以“岭南世界观”为思想主线，以“天下之西樵”为格局气场，打造“中国的岭南馆”和“岭南的世界馆”。展览从岭南名山西樵山出发，以“南海会馆”为核心意象，展示全球各地南海会馆的历史和南海华人华侨在异国他乡的奋斗故事，向归家的南海华人华侨致敬，向世界展示精彩斑驳的南海会馆文化以及敢为人先的南海精神。该馆在视野上，首次采用跨国大调研的研究方式，不远万里寻访全球南海会馆；在内容上，首次采用诗性大写意的表达风

格，营造史诗般的宏阔气象；在设计上，首次采用连续大空间的演绎手法，以大手笔彰显大气场。

除此之外，南方报业接连在广东大地上承建了多个文化型展示项目：2019年，佛山首个状元文化展示馆开馆，从佛山古代状元和南海现代教育两大维度，生动展示了佛山和南海崇文重教的历史传承与现代创新，充分展现了佛山“状元之乡”的独特文化魅力；2021年，罗村印象馆在佛山南海建成，以一个小村庄的百年变化，反映出大时代的变迁；2023年，新中国船厂文化长廊在广州海珠启用，卷轴式的文化墙，诉说着中国船厂光辉闪耀的历史和薪火相传的精神，展现了中国工人阶级的精神风貌……

城市的历史文化是群体的集体记忆，也是一个城市鲜明的底色之一。地方文化型展示馆的涌现，其背后是传播城市文化、塑造城市形象、加强城市认同、增强文化自信的需要。南方报业深耕广东，在地方文化型展示馆的建设中，得以充分发挥其优势，不仅可以提供丰富扎实的内容资源，还可链接先进的技术手段，为有限的空间注入浓厚的知识含量，为有界的空间拓展无界的传播，实现以文化人、以文育人。

2. 聚焦工业：坚守制造的湾区门户

城市展馆是城市整体形象展示和对外交流的重要平台，是城市发展的时代缩影，是读懂城市过去、现在和未来最系统、最直观的载体。“与新中国同龄，与南粤共成长”的南方报业，完整记录新中国成立以来的广东历史，对21个地级以上市和南粤大地的变革有着深刻理解。强大的内容团队持续观察新时代、讲述大故事，丰富的内容数据为规划型展馆的建设提供了强大支撑。

佛山建陶，世界摇篮。南粤大地上，有无数值得系统梳理、重新书写的产业故事。众所周知，建陶产业是中国工业文明进程中的重要组成，也是中国制造通达全球的重要力量，佛山建陶是响当当的名片之一。而作为佛山建陶的核心组成，南庄建陶更是让中国建陶真正跻身世界一流，引领中国建陶产业的智造革命。2019年，南方报业携手佛山市禅城区南庄镇共建中国建陶小镇展示馆。作为省委党报集团，南方报业充分发挥在高度立意、策划创意、内容生产、资源整合、融媒传播、贴近当地的独有优势，将中国建陶小镇展示馆打造成为中国建陶小镇“第一馆”。

该展馆“以建陶书写建陶”，设计中融入建陶元素，打造天幕、墙幕一体化剧场式主题序厅，创新采用以建陶展示建陶的理念，国内首创3D打印陶瓷沙盘。同时，致力于从五大方面展现“中国建陶第一镇”的新气象、新作为和新担当：打造工业文明的新地标，展现中国制造迈进新时代的新担当；打造供给升级的新窗口，展现中国建陶产业践行新发展理念的新气场；打造创新全球化的新门户，展现佛山建陶产业融入“一带一路”的新征程；打造中国建陶小镇的新空间，展现南庄现代化建设的新成果；打造资源汇聚的新平台，展现南庄建陶小镇面向全球招商引智的新作为。

2024年，随着广东省“百千万工程”的推进，该馆也由南方报业策划，开辟出“百千万工程”展示专区。

顺德制造，中国骄傲。与佛山建陶齐名，顺德制造“两家一花”享誉全球。21世纪初，“顺德制造，中国骄傲”的口号一经推出，引起强烈反响，成为“中国制造品质”代名词。这句响亮的口号凝聚了顺德人近百年“实业兴邦”的产业梦，也凝聚了顺德改革开放40多年来敢为人先、自我突破的精神与成就。位于德胜河南岸的顺德工业发展馆正是以“顺德制造，中国骄傲”为主题，用时间、产业、城市、科普为主脉络，呈现顺德工业发展的恢宏画卷。该馆外观酷似飞机发动机，是集历史博物、展陈、科普教育、体验交流等于一体的新型积木式工业体验馆。馆内设置了顺德工业荣耀展区、顺德工业发展历史展区、顺德现代工业目录展区、顺德工业高质量发展探索展区、顺德工业互动科普展区五大主题展区。现场共陈列布展近2000张图片资料、15个主题宣传片、300多套工业展品，多角度、全景式描绘顺德如何弘扬敢为人先、锐意创新、精益求精的顺德精神，逐步建立完整的现代工业体系，成就了走在全国前列的“顺德奇迹”。

时代之河，奔涌湾区。2020年12月，在珠江东岸的东莞，南方报业与东莞市长安镇政府、东莞万科等合作共建茅洲河工业文明展示馆，讲述茅洲河流域区域发展、城市变迁和中国制造的辉煌故事。展馆总面积4000平方米，布展面积1300平方米，致力于打造展示茅洲河流域工业发展的第一门户、东莞首个以工业文明为主题的城市客厅、融合工业遗存活化与园区迭代的创新典范，建设一座以“茅洲河”为

2020年，茅洲河工业文明展示馆建成，该馆是东莞首个以工业文明为主题的城市客厅、融合工业遗存活化与园区迭代的创新典范

叙事线索，串联工业文明及场地记忆的展示馆。该馆由旧厂房升级改造而成，展馆建筑以“工业之河·河岸灯塔”为设计主题，分为“先河·一条河的岁月”“奔流·两座城的传奇”“潮起·江与海的对话”“向海·智造镇的进阶”等四大主题展区，包括双城风云、星光大道、光影回廊、莞声金句、造物空间等十二大特色展项。

3. 解码改革：奋进突围的时光长廊

南方报业扎根广东、观察广东、记录广东，其强大的内容团队持续观察新时代、讲述大故事，用思想、研究、创意、策划为城市提供更具开阔视野和深度视角的内容。在书写记录之外，提炼精神内核，梳理战法经验，雕刻城市地标，也成为其在城市空间探索上的又一方向。

为改革突围“立传”。一部顺德发展史是中国改革开放以来现代工业化的缩影。2020年，“奋进之路——顺德发展成就展览”在佛山市顺德区博物馆亮相，展览从“两家一花”到“八大支柱”“一镇一品”再到世界集群，系统地回顾了中国现代工业化进程以及顺德制造发展历程，展现了这座中国制造业重镇的初心与雄心。从这里，可以读懂“顺德制造，中国骄傲”强大的密码：从乡镇企业到民营经济集群，再到智造引领的世界级产业集群，培育出美的、碧桂园、格兰仕、万和、康宝等一批享誉国内外的知名企业、品牌。该展览分为四个阶段进行展示，包括“从一穷二白到初露峥嵘的巨变”“从农业县到工业县的转型”“从计划经济到市场经济的跨越”“从高速增长到高质量发展的探索”四个展区。设计上，展览创新性运用龙舟元素设计，用龙舟精神形象寓意顺德“敢为天下先”的精神气质。根据不同时期的主题内容，展区风格层次分明，从历史厚重感过渡到现代科技感、前沿国际风。

为光荣传统“作画”。2023年，三岳自然保护区科普·研学基地揭牌，基地重点还原荒山变林海的岳山造林大会战场景，展示了近半个世纪前这场史无前例的绿化荒山大会战的艰苦奋斗历程；同时，梳理近50年来肇庆接续荒山植树、护林养林到成立自然保护区的战略定力，彰显“忠诚奉献、艰苦创业、团结奋斗、久久为功”的“岳山造林”光荣传统。基地结合现代声光电技术和传统展示方式，以思想立意、以历史赋能、以科技塑形，还原万人大会战场景、岳山战歌、“树下听故事”口述史、20世纪70年代影片等。展示内容分为七大板块，充分展示“岳山造林”光荣传统在肇庆代代相传，彰显肇庆努力建设粤港澳大湾区西部生态屏障的探索行动，以及肇庆践行“绿水青山就是金山银山”理念的生动实践。

为地方经验“盖章”。2021年，由南方报业和佛山市委宣传部携手共建的佛山版权中心建成。该中心集成展示、教育、交流、服务、交易五大功能，在全国形成示范引领带动效果；打造四维空间、想象空间、案例空间、对话空间、知识空间五大亮点空间，带来精彩纷呈、高潮迭起的参观体验；致力于打造展示佛山版权发展的城市地标、文化高地、公共空间，成为全国具有示范引领意义的版权事业展示窗口。

肇庆市怀集县三岳自然保护区科普·研学基地展厅

4. 融入治理：党建引领的生动呈现

随着地方城市空间运营的诉求进一步增多，南方报业的城市空间项目向更多元领域扩散。

从地域分布上来看，项目从佛山出发，走向广州、东莞、珠海、江门、惠州，遍布珠江两岸，逐步向粤东西北复制；从项目类型来看，展馆类型覆盖了政治、经济、城市、规划、党建、文化、工业、科普、企业等全链条，垂直型展馆越来越多；从产品形态来看，从线下实体到线上展馆；从产品开拓来看，从《南方日报》单兵突进到南方网、《南方》杂志、《南方都市报》、《南方农村报》、289文投等集团各单位协同并进。

党建类项目多点开花。近年来，全国深入推进以党建引领基层治理，各地的党群服务中心应运而生。作为广东省委党报集团，南方报业传媒集团牢牢把握正确的政治方向和舆论导向，为展览展示构建起全链条的把关体系，这也让南方报业成为党建类展示项目的策划合作首选。

2017年，广州非公党建展览馆落成开馆。这是全国率先打造的非公党建展览馆，由南方杂志社牵头建设的南方党建智库，助力广州市非公有制经济组织党委共同升级改造而来。该馆力求打造践行非公党建思想的讲习馆、交流非公党建经验的见习馆、凝聚非公党员队伍的学习馆，打造具有广州特色的非公党建工作新名片，以及全国知名的党建品牌和党建示范基地。

此后从2019年起，南方报业在广州、佛山、惠州等地合作共建了多个党建类项目。2019—2020年，与广州市增城区镇（街）党委政府合作共建的新塘镇党群服务中心、中新镇党群服务中心和宁西街党群服务中心先后落成，这是南方报业在珠三角的首批党建空间运营项目，集科技表达、内容输出、场景体验、融合传播为一体，很好地实现了线上全媒体、线下多场景的交互。2020年，佛山顺德北滘党群服务中心建成，采用电子展示系统，可多频道切换展示党建、新时代文明实践等不同主题，实现有限空间、无限功能。2021年，由惠州分社承接的惠阳区“双中心”（党群服务中心、新时代文明实践中心）项目，成为南方报业在惠州区域建设的标杆性展馆项目。该项目开创了南方报业在惠州区域政媒携手、共促发展的新品牌，并通过直播、系列海报、短视频、宣传片、网文、户外LED大屏等全媒体传播方式进行广泛推广，形成城市新地标、打卡好去处。这些展示空间都成为党媒在区域壮大影响力的新型主流传播阵地和服务平台。

科普类项目纷繁多样。2020年，珠海母婴健康主题科普馆登场，以生命的起源、孕育、诞生、成长、保健为展陈主线，设有生命密码、母婴天地、青春启航、科学乐园、童心未来、科普沙龙等六大板块，建筑面积520平方米。馆内引入了可360度播放科普健康视频的球形全息投影设备，增强观展者的沉浸体验，还设置“科普沙龙”等休闲阵地，为开展专业化的科普主题培训搭建了平台。2022年，东莞松山湖科学城展览馆建成，这是用科技表达科学的先锋展馆，用思想致敬未知的精神地标，用一流定义先行的创新高地。该馆首创5G泉实业城市剧场，多维呈现一座“生长的城市”，创意打造“科技对话自然”Cave沉浸式体验长廊，一日看四季，一馆品松湖。

企业类项目首获突破。2020年，珠海龙头国企以及最大的综合性企业集团——华发集团40周年企业成就展馆交由南方报业策划推进，成功推动了首个非政府类展陈项目在珠海落地。该展馆占地面积约2000平方米，由珠海团队负责展馆全媒体内容撰写。整个展馆分为五大篇章——启航、传承、跨越、初心、远航，分别对应华发集团的整体介绍、发展历史、各业务板块介绍、党建和社会责任、未来规划。2021年，国泰食品汕尾海洋经济馆建成，以国泰食品的发展为观察窗口，深挖汕尾海洋文化，从微观到宏观，在展陈内容和展陈手段上双重发力，打造国泰食品和汕尾海洋经济产业“临海而生、向海而兴”的主题展厅，成为企业文化的互动交流场所，研学游、工业游的网红打卡地。

四、综合服务：拓展“传媒+”边界

主流媒体要践行融合发展，赢得更多用户成为关键。而其前置性条件则是，要通过优化内容生产方式，创新“传媒+”服务模式，来满足用户的多元化需求。

基于此，近年来，适配城市高质量发展所需，南方报业以“创造更多价值”为核心，在为广大用户提供充分信息内容的基础上，不断打破传统媒体的功能边界和思维局限性，真正实现功能边界的拓展和服务链条的延伸。

1. 并船出海：共建融媒体中心

2018年11月14日召开的中央全面深化改革委员会第五次会议，审议通过了《关于加强县级融媒体中心建设的意见》，对加强县级融媒体中心建设作出了全面部署，提出了明确要求，为促进我国县级融媒体中心建设与网信事业发展提供了政策支持和保障。

松山湖融媒体创新实验室5G演播室

南方报业敏锐意识到，对标加强新时代基层宣传思想阵地建设的要求，广大区县融媒体中心面向“更好引导群众、服务群众”的发展要求，需要应对一系列新课题、新挑战，需要用足用好深化改革这个关键一招，推动更深层次改革，着力从“融合”到“深度融合”，驱动媒体融合发展不断攻坚深水区，推出融媒创新成果，磨砺新质生产力。

2023年12月29日，松山湖融媒体创新实验室正式揭牌启用。该实验室由东莞松山湖管委会与南方报业携手共建，依托先进技术平台与前沿融媒理念，推动南方+下沉深垂与基层融媒体中心升级发展并船出海。该室通过在全链条宣传体系构建、全周期宣传队伍培养、全球化传播平台支撑、全渠道传播运营等方面高举深化改革大旗，实现线上线下全场景全链条全要素深度融合发展，带动当地多个南方+区域共建频道上线，多个线上线下全场景城市形象推广品牌活动落地，首个3D建模视频等众多自研融媒体产品上线，为南方报业打造出首个区域生态化发展样板间。

2024年以来，这一生态化下沉服务的探索，在粤港澳大湾区各重大平台、重点区域得到不断深化发展。从助力建设珠海横琴融媒体中心，到落地建设“两端一云”（深圳南山）传播基地，再到合作建设广东（南沙）“两端一云”融媒创新赋能中心，南方报业媒地共建走向深融的每一步，都致力于因地制宜，培育媒体的新质生产力。

如果说，基于媒地共建的区县融媒体中心，是媒地合作并船出海的全面探索，那么，基于主流媒体自有平台的媒地合作，则为主流媒体拓展服务提供多样化且可快速复制推广的“借船出海”选择。

一方面，南方报业适配数字政府建设的发展趋势，主动对接党政系统，将其资源纳入自有平台之上，并在此基础上落实政务信息公开、政务便捷办理等功能。同时以一种高度开放的方式打通媒体系统与政府系统的资源，让党员干部群众足不出户，就能办理各项业务。如2019年起，在党务政务类场景方面，南方+以佛山为试点，大力推广“党群通”智慧党建平台，打造“党群通”镇街矩阵，先后在大沥、九江等镇街启用。其中，大沥“党群通”导入大沥1.1万名党员数据，短短一年就有85个党组织通过大沥“党群通”平台开展各项工作，试点的党组织发布共计563个群众服务需求，共有11432人次通过平台认领任务。“九江先锋”党建云平台已录入九江约5000名党员和约380个党组织，累计近7000人次登录该平台。以“线上全媒体、线下多场景”为依托，佛山区域既做强了“喉舌”，也加快向融入城市治理现代化的“大脑”和“手脚”转变。

另一方面，南方报业积极为基层群众提供便捷、切身的民生服务，为所在区域内的其他部门提供信息化建设与数字化转型的指导，并为它们提供一种信息传输的对接端口，将保健医疗、娱乐休闲、就业教育、交通出行、生态保护等全方位、多领域的资源内容纳入自主可控的平台，支撑和助力多地智慧城市的转型和建设。如绿美广东公共服务平台建设运营项目。2023年2月28日，《中共广东省委关于深入推进绿美广东生态建设的决定》正式发布，为打造人与自然和谐共生的绿美广东样板，探索新时代“绿水青山就是金山银山”的广东路径划定了“路线图”。为加快推动绿美广东生态建设向纵深发展，同年，在广东省“百千万工程”指挥部办公室、广东省农业农村厅、广东省林业局指导下，由南方智媒云承建、运营的绿美广东公共服务平台正式上线。

以平台上线为抓手，南方报业持续推动全省各地绿美广东生态建设工作与省级公共服务平台有效联动，形成省市区镇绿美生态建设“大合唱”。

2024年3月12日，东莞松山湖举行2024年绿美松山湖生态建设暨松山湖全民义务植树活动。活动期间，南方+绿美松山湖频道同步上线。南方+绿美松山湖频道，是依托绿美广东公共服务平台在南方+客户端搭建落地的全省首个基层绿美广东生态建设全场景公共服务平台。平台运营从种下一棵树、认捐一片林等一点一滴开始，以“互联网+”赋能绿美生态建设，在线上线下持续引导发动广大市民更多参与到绿美广东生态建设当中来。平台进一步提高了全民参与度，助力绿美广东生态建设成为老百姓的“身边之事”，推动爱绿植绿护绿兴绿成为行动自觉，成为绿色文明生活新风尚。

平台还在微信号、视频号等城市资讯平台推出《绿美深处是松湖》《与绿美广东同脉而动》等融媒体精品视频，在国家、省、市媒体平台发布松山湖绿美生态建设相关报道140余篇。在线下，平台积极用好商业综合体、户外LED广告牌等载体，持续推出绿美广东主题宣传海报，同时启动松山湖首批绿美园区创建、绿美松山湖社会文明培育等系列活动。在创新助推绿美生态建设深入开展过程中，平台助力当地在2023年“绿美广东竞风华”大型主题活动中获得全省优秀宣传奖，赢得省政府颁发的200万元绿美广东生态建设专项奖励，实实在在让媒介成为关键时候雪中送炭、帮人一把的新质生产力，让人人成为绿美广东的参与者、受益者和建设者。

2. 连接政企：探索智库实体化

作为国内较早启动智慧型媒体转型的传媒集团之一，南方报业从2018年起便建立由南方城市智库等十大智库机构组成的南方传媒智库矩阵。目前各智库已经深度参与到广东改革发展的关键领域，围绕各自领域推出了一批代表课题和产品，构建起层级高端、规模庞大的专家库，形成媒体智库强大思想库和高参群，为广东推进治理体系与治理能力现代化作出积极贡献。

企业是推进大湾区经济一体化的主体力量，也是发展新质生产力的主力军。截至2024年4月，广东民营企业总量突破700万户，稳居全国第一，地位举足轻重。但与此同时，企业发展总是为信息不对称所困，特别是相比大型企业、龙头企业，中小民营企业与政府之间、要素市场之间的信息不对称更加明显。此外，更多专精特新型企业的成长，对政府服务能力提出新的挑战，政企之间的信息不对称也就进一步凸显。这为以传播信息为主业的媒体智库提供了广阔的舞台。

近年来，伴随着粤港澳大湾区建设深入推进，南方报业在持续深度融入城市治理格局的同时，探索为企业赋能，助推经济发展，在智库实体化进程中不断塑造发展新动能。

以佛山市南海区“隐形冠军”企业寻访活动为例。2017年，南海区委、区政府推动区工商联（总商会）联合南方报业传媒集团，在全国开先河，开展行业“隐形冠军”寻访活动，目前累计发掘评定三批共144家“隐形冠军”企业。

2019年，南方城市智库借此在南海成立了广东第一个以“隐形冠军”为主题的研究院——广东制造业隐形冠军（南海）研究院。研究院由佛山市南海区工商联（总商会）牵头成立，委托南方报业传媒集团和广东高成长企业发展服务中心承担日常运营服务。研究院致力于打造扎根区域产业集群、深度融入产业链条、沟通国际国内产业信息、汇集高端服务资源的具有较高影响力和较强权威性的产业和企业研究服务机构。

2020年9月14日，研究院正式启用。该院坐落于佛山市南海区千灯湖创投小镇核心区，坐拥创投小镇万亿级的金融集聚区、创新孵化区、生活服务区、商业配套区和院校交流中心、路演交流中心、展示服务中心“四区三中心”资源，院内配备多功能会议室、培训厅、隐形冠军企业展示厅。

自成立以来，研究院致力于集中建设“一平台四中心”的服务体系，为企业提供产业与企业研究、企业测评分析、企业提升辅导、国际交流、品牌传播等方面的服务。具体包括：

产业技术与信息情报——为企业提供行业月度运营数据、行业龙头动态分析、国内外前沿技术情报，以及最新政策、行业要闻，服务企业技术与产品创新、科学与理性决策，为提高企业及产业竞争力提供信息服务。

企业分纬度能力诊断测评——依托研究院企业数据库，以战略体系、研发设计、精益生产、市场营销、人力资源、财税管理、资本利用等多维度，建立企业诊断测评指标体系，对比企业与最佳实践之间的差距，帮助客户企业发现运营短板，实现精准提升。

企业培训体系——联合国内外知名高校、权威培训专家，致力于为企业提供财务管理、人力资源管理、数字化与自动化等企业培训课程，为制造业企业提供学习发展与人才梯队培育的专业服务。

企业发展投融资——为企业提供包括FA（财务顾问）、股份制改造、兼并重组、挂牌/上市等资本化方向的战略咨询，帮助企业沟通对接银行、租赁、担保、保险等金融机构，扩充企业融资渠道，打通进入多层次资本市场的通路，有效发现、放大和提升企业价值。

国内外企业研学交流——整合国内外优秀企业、高等院校资源，为制造业企业家群体、中高层管理者提供学习研讨、商务交流与对接服务，为资本、技术、人才、项目的国内外合作打造精准通道。

企业品牌与推广——依托南方报业传媒集团权威全媒体资源，系统推广企业与产业品牌形象，推动区域产业通过品牌化、品质化实现高质量发展。

从“冠军评选”到“冠军研究院”，这是主流媒体融入区域经济一体化的又一个鲜活样本，也是“城市”与“智库”共同成长、双向赋能的又一个生动实践。

3. 场景拓展：向细分领域深垂

以“线下多场景”打通“线上全媒体”，是南方报业深耕城市拓展“传媒+”边界的又一个重要方向。近年来，结合用户新需求及各城市特色，南方报业在多个细分场景中努力创新服务能力。

传媒+体育——大众媒介以传播速度快、传播范围广、传播信息多等优势在信息市场占有得天独厚的地位，大众媒介与体育传播的互相选择与天然合作，有利于助推体育运动发展。近年来，南方报业积极抓住各地打造城市新名片的发展契机，策划主办市民运动会、时尚运动节、篮球文化节、城市马拉松等群众体育新品牌，以媒体力量弘扬体育精神。

基于城市体育品牌活动的合作，南方报业积极发挥媒体的链接能力，为品牌赛事链接品牌资源，带动万科、碧桂园等知名企业加入群众体育赛事，让赛事质量更高、后勤保障更优。此外还专门开设体育文化等区域共建频道，开展“群众体育民星”评选等一系列互动传播，让“全民健身、全民健康”理念深入人心、惠及参与市民。

具有标志性的是对“亚马”和“莞马”的直播。2019年12月，第17届亚洲马拉松锦标赛暨2019东莞国际马拉松在东莞举办，南方报业东莞分社与赛事组委会开展独家直播合作，从“直播赛事、讲述城市”的角度创新开展立体传播、全景直播，不间断进行实时报道推送，做到图文视频混播，方便了用户实时了解赛事。该直播利用先进的5G通信技术，组织陆空共40多台直播机位以及100多人组成的直播团队进行了全景记录。直播在南方网、广东广电网络、东莞的多个户外大屏、12个指挥部大屏同步播出，最终各平台直播观看流量超1000万。

赛事的内容管理和运行是一个综合考虑和操作的过程，包括赛事的商业价值及转化。这就给媒体提出了更高的要求，以往内容出口的角色要前移到中间环节甚至入口，结合赛事本身去做更多内容运营和展示，创造更多的赛事价值。在第17届亚洲马拉松锦标赛直播过程中，南方报业东莞分社还策划制作了赛道VR全景展示产品，把赛事指引服务和城市风光宣传融为一体。

马拉松直播为东莞城市发展提供凝心聚力的精神力量，得到亚田联、中田联官员及东莞市领导的高度认可，组委会专程发函致谢，南方报业直播团队4人获评大赛

2019年12月，东莞分社独家承办亚洲马拉松直播，创新性地以直播赛事讲述城市

“突出贡献人员”。此后，南方报业东莞分社还被评为“2017—2020年度全国群众体育先进单位”。

传媒+美食——民以食为天，餐饮业跟广大人民群众的日常生活紧密关联，同时也是社会消费品零售总额中占比最大的一个品类，在促消费、惠民生、稳就业中发挥着重要作用。近年来，各地在美食文化品牌的打造上不遗余力，如何打好美食文化名片实现消费引流，让网络流量转化为发展力量，成为各地面临的共同命题。而南方报业凭借传播力、公信力的优势，自然而然成为众多城市的合作首选，无论是南方+客户端面向平台用户的“在+吃饭”，还是江门分社以挖掘深中通道开通后的江门新机遇为切入点的《好吃到镇》特色美食系列推荐探索，都无不指向同一个目标——激发“味蕾经济”，并让它持久“香”下去。

这其中，佛山“佛味鲜生”交出了一张系统性答卷。2019年起，为深入参与粤港澳大湾区建设，扩大内需，服务民生，引导消费，加快推进佛山市粤菜粤厨提升和餐饮上下游产业的发展，佛山启动“佛味鲜生”优质粤菜食材建设工程。此后三年间，佛山分社联合佛山市农业农村局围绕“佛味鲜生”工程展开全媒体传播。每年走访超过20个生产基地，挖掘了15种本土优质食材，经过系统性梳理，集结成15个短视频，全景展现食材特性、种植养殖技术和经典风味，食材视频制作精美、观赏性强，稿件耐读、传播性广，收获多方好评。结合“佛味鲜生”年度盛会持续制作的大会主题片、主题画册、网络展厅H5等高品质定制产品，得到了相关部门的高度认可，吸引读者广泛转发，打造出佛山农业系统视频产品新标杆。

传媒+教育——返校后如何做好疫情防控？学校里有人发热咳嗽怎么办？为迎接返学，学校、学生、家长应做好哪些准备？……2020年3月15日，由东莞市教育局联合南方报业东莞分社策划的首个校园“情景式”防疫演练在南方+客户端平台面向社会开放直播，为学校组织开展应急预案演练提供参考借鉴。广东省教育厅官方微信号“广东教育”发布预告，推荐全省师生收看。这一防疫公开课开播后仅15分钟的流量就突破百万，最终达成千万级全网传播爆款，也由此打响了南方报业线上公开课系列爆款产品的头炮。

疫情期间，广东省教育厅与南方报业合作打造南方+云学校，把南方+客户端作为“粤课堂”系列精品课的主要网络收看渠道，每天提供名师精品课程，向全省学生免费开放共享。广东各地也结合自身发展实际，先后推出亲子教育、家庭教育、心理健康教育、科学教育等主题公开课，都取得叫好又叫座的良好社会反响。

随着产品体系的日渐优化成熟，教育公开课的服务也加速向外延伸，依托南方+主平台及在各地的资源整合，教育部门与公安、消防、卫健、文体等部门强强联手，先后推出暑期防溺水公开课、寒假防火公开课、秋冬防流感公开课、青少年法治公开课、预防未成年人犯罪法治公开课、反诈骗安全教育公开课、食品安全公开课、全民健身体育公开课等精品课程，展现出党媒党端深耕城市、服务城市，拓展“传媒+”边界的服务能力和品牌影响力。

第三章

转型

向改革要效益

随着“深耕珠三角战略”的推进，以及移动互联网转型的深入，南方报业对驻地工作的组织管理，也呼唤来一次从理念到方式的改革创新。

向城市腹地挺进，让集团与当地的连接更加广泛，要求驻地工作的理念、方式都创新；而向移动互联网和城市智库的“双轮驱动”挺进，则直接打破了传统报纸时代一个人、一支笔的工作范式，要求培育更多具备“一专多能”的复合型人才。

如何答好下沉深耕带来的新课题？习近平总书记强调：“宣传思想工作创新，重点要抓好理念创新、手段创新、基层工作创新。”南方报业面向全省推进平台下沉、内容下沉、服务下沉和人员下沉，意味着集团在各地的基层站点要更好承担起密切联系广大人民群众和基层党委政府的重任，也担负起探索基层工作创新的使命。

结合各城市的发展实际，南方报业在珠三角区域的站点因地制宜、先行探索：紧扣“一条主线”，即传播力变革，抓牢“两个支点”，即组织变革与考核变革，探索“三条路径”，即知识专业化、内容产品化、传播融媒化，推动“四个转型”，即从信息生产走向知识生产、从连接信息走向连接资源、从以报纸为核走向报网端融合、从以业绩增长为导向走向以人才成长为导向。

由此，一场由向外拓展驱动的向内变革逐步展开。

一、一条主线：传播力的变革

当前，世界百年未有之大变局加速演进，媒体也处在一个大变革的时期。

报纸作为信息传播的媒介，自诞生以来的四个多世纪里，一直是人们获取信息、传递信息不可或缺的工具、渠道和载体，同时也是连通信息创作者与信息使用者的桥梁和纽带。由此形成了一条延续多年的“二次销售”发展路径：第一次销售是把报纸卖给读者，销售的是有独特价值的信息，落脚点是发行量；第二次销售是把读者的注意力卖给广告客户，落脚点是广告量。在国内，南方报业传媒集团高峰时期旗下拥有十一报八刊，是其中的佼佼者。

随着时代变迁，网络传播尤其是移动传播越来越占据主流，纸媒过去赖以生存的路径被打破，诸多固有观念在消解，新观念、新模式、新路径正在生成。

在传播格局深刻变化的时代背景下，传统媒体人都须思考：要在大变局中生存发展、赢得未来，最根本最核心的能力是什么？在千头万绪的事务中，做好什么工作，才是抓住了媒体融合发展的关键？

对此，南方报业在深耕城市、下沉拓展中得出的深刻体会是：媒体作为社会信息传递的中介，传播力是最根本、最基础的能力。传播力建设好了，在此基础上的平台建设、服务升级、经营拓展等，便可以水到渠成。

没有传播力，就没有一切。

1. 共性挑战：用户为本，重建连接

传播力之变，源自用户需求之变。

在互联网新兴媒体形成竞争力之前，传统主流媒体是区域受众市场的主宰，占有绝大部分广告市场，经营收入稳定增长。随着互联网的发展，新兴媒体不断迭代升级，形成了传统主流媒体和互联网新兴媒体的竞争局面。其中，最根本的冲击来自受众与信息连接方式的消解和再组合。一方面，信息的产生从传统媒体机构生产转向传统媒体机构生产与互联网用户开放生产并存；另一方面，信息的传播由以前主要依托报纸、广播、电视转变为依托互联网。

在深耕城市的进程中，传统主流媒体不可避免要回答互联网转型带来的共性命题：

一是生产模式如何优化？在传统媒体时代，记者和编辑是信息的重要生产者，社会流转的信息大部分由这些人所生产。而媒体的受众，基本上只是信息的使用者。互联网技术的出现和新兴媒体的崛起，打破了信息生产的固化模式，让原来的信息接收者也可以成为信息创作者，同时也赋予了他们对信息进行评价、传播的能力。这对新型主流媒体信息生产模式变革形成了倒逼，一方面使根据用户需要生产信息成为可能，另一方面也要更加注重用户开放生产。

二是传播模式如何创新？优质的内容需要精准的传播，精准的传播则需要传播模式的革新。长期以来，纸媒实行点对面的单向传播，存在重宣传、轻服务，重灌输、轻互动等短板。与之相比，互联网新兴媒体采用一对多的组播或一对一的精准

传播模式，形成了以社交传播为基础的新型传播模式。其带来的启示是，在建设新型主流媒体的过程中，必须打破路径依赖，遵从互联网传播规律，加快推进传播模式创新。

三是用户价值如何拓展？新型主流媒体必须充分满足用户的价值需求。有学者总结，用户的价值需求有四个层次，使用户能够“看见”（即信息触达），使用户能够“看下去”（即文化共振），使用户能够“看懂”（即减少信息解码中的偏差与文化折扣的产生），使用户“既能看懂又能用”（即认同基础上的行为发生）。其带来的启示是，传统主流媒体唯有重新满足用户的需求，才能留住乃至扩大用户规模，拥有做好宣传思想工作的基础。

四是盈利模式如何变革？传统媒体时代，用户高度分散又聚合，平台免费又价值很高。作为曾经传统报业“二次销售”模式的先锋，南方报业经营模式经受的冲击是革命性的。在立足区域建设新型主流媒体的下沉深耕进程中，如何扩大基于移动端的新媒体业务收入，创新“新闻+政务服务商务”的新能量，仍须继续探索。

2. 特色实践：带着移动端，挺进大湾区

受众在哪里，宣传报道的触角就要伸向哪里，传播力建设的着力点和落脚点就要放在哪里，主力军全面挺进主战场。以珠三角各城市为重镇，南方报业不断强化线上线下两个阵地建设，带着移动端，挺进大湾区，在基层一线建设新型主流媒体，提升现代传播力。

一是以“下沉”为基础。有效应对互联网新兴媒体的冲击和挑战，机构媒体需要秉持拓展和巩固党的舆论阵地的宗旨与职责。在广东实施“下沉策略”，扎根大湾区构建新型主流媒体是必由之路。

推动版面下沉。从2004年《南方日报》在佛山开办首份地市观察——《南方日报•佛山观察》，到逐步实现地市观察在珠三角九市全覆盖；从2005年开办首份区县视窗——《佛山观察•顺德视窗》，到区县视窗在广东区县级区域多点开花；从2008年在清远开办粤东西北首份地市观察，到梅州、汕头、茂名、潮州、湛江和云浮等城市陆续跟进，南方报业的版面下沉一直在路上。地市观察和区县视窗聚焦地方党委政府中心工作，关注关心百姓生活，并通过报纸发行网络，把传播力的触角延伸

到市、县（市、区）、镇（街）、村（社区），满足人们多方面、多样化、多层次的资讯信息与精神文化需求。

推动移动端下沉。开办南方+地方共建频道，占领地方舆论场，并通过地方频道激扬地方声音，这是南方报业在移动互联网时代下沉策略的“重头戏”。截至2024年上半年，南方+共建频道已超500个，不仅有效覆盖市、县（市、区），而且也覆盖了镇（街）乃至村（社区），并深入到企业、学校、医院、商会等各行业，以最有效、最直接的方法渗透到基层末端。在运维上，各共建频道舍得在人力、物力上投入，让合作共建频道活起来。

推动人员再下沉。相对于总部而言，记者站是前沿阵地，但这里所指的人员再下沉，是把驻扎在市一级记者站的部分人员延伸前移，进一步下沉到区县、镇街乃至村居中去，用最直接、最贴近的方式获取最鲜活的资讯内容，既走好了群众路线，也为人才成长提供丰厚的土壤。

二是以“内容”为根本。内容是媒体通往人心的钥匙。南方报业各地方分社（记者站）以南方+客户端为主平台，强化内容的专业生产、聚合生产、开放生产，按照“多快新近实”的原则，构建起既有南方特色又契合地方需求的优质“内容池”。

强化原创内容生产。目前，广州、深圳、佛山、东莞等地方分社每年原创发稿数量保持在1万条以上，形成了图文、视频、直播、动画、长图等多样化融媒产品，十万+、百万+乃至千万+流量的爆款稿件不时出现。其中，《南方观察》是南方+客户端重点打造的原创言论栏目，鼓励派驻在广东21个地级以上市的记者深入一线走访调研，创作既有理论高度又有现场感、网感的好评论，形成了“缘事而发、寓理于事、目光四射、行云流水”的独特风格。在选题上，《南方观察》关注经济发展、改革创新、社会民生等领域的热点焦点问题，从海量新闻中捕捉大众普遍关注的话题，并找到令人耳目一新的角度。在写作上，《南方观察》不追求宏大叙事，不满足就事论事，不流于俗气跟风，而是突出思辨性、观察味，在平实、渐进、理性的说理中凝聚共识、传递价值；在表达上，《南方观察》善于运用群众语言、生活语言、网络语言，文风清新朴实、通俗易懂，从细节中彰显精神，于细微处生发义理，实现润物细无声的传播效果。据统计，2023年《南方观察》在南方+客户端上

截至2023年年底，南方+入驻“南方号”超7000家。图为南方号运营者参加南方+上线8周年发布会

的阅读量持续走高，跟帖留言超5000条，全网阅读量突破亿次，取得了良好的融合传播成效。

抓好多元开放生产。截至2023年年底，通过南方号平台的搭建，全省已引入了超7000家政务媒体的优质内容，由于其发布主体权威，覆盖广东各地市及垂直系统，而且内容、角度、品质与南方报业作为专业媒体的传统有明显不同，通过强化两者的结合，借助用户生产信息拓宽内容的广度，专业生产信息维持内容的深度，使信息互动层面与产生层面融合贯穿，提升用户黏性。此外，南方+客户端在各地市通过融媒体中心的中央稿库，及时抓取合规来源的全网热点。原创稿、南方号、全网热点三者有机结合之后，为用户提供了丰富且及时的新闻资讯。在资讯类别上，既有时事资讯等新闻，也有发生在用户身边的街头见闻、健康美食等泛新闻。从某种程度上来说，这些“软内容”比“硬新闻”更容易形成黏性。因此，南方+各地市频道除了新闻频道之外，还开设健康、娱乐、美食等垂直频道，力争为用户提供多样化的内容选择。

三是以“抵达”为目标。“酒香也怕巷子深”，有了好的内容，还要能够将内容送到用户手上、留住用户，才能形成传播的闭环。这也是媒体转型过程中的一大挑战。要连接用户、留住用户，还是要借助场景思维，通过“线上全媒体，线下多场景”的方式，发挥媒体特长。

这在广东重大事件宣传中屡屡应用，实现“每逢大事、盛事、要事必有南方”。以2019年东莞国际马拉松为例，为做好赛事直播，南方+投入了超百人团队，配备两台大型直播车、一台拍摄马车、十辆跟拍摩托车、三架无人机，四十多台陆空直播机位进行全景式记录。从呈现效果看，通过架设消防车云梯机位，全马、半马和迷你跑、欢乐跑的跑者们分流状况一目了然，不仅能够俯拍看到人群乐跑的身影，还能够准确反馈实时的跑步出发情况；通过无人机航拍机位，让东莞城市景色也一览无遗，既展示了三万人共同参与“莞马”的盛况，又能充分通过画面展示城市魅力；通过南方+记者出镜采访，从赛道沿途地标、美景的生动介绍，延伸到东莞经济社会发展成就、历史文化底蕴和都市生活潮流的方方面面，既是一场赛事的精彩呈现，更是一次城市的全景宣传。整场直播时长超过三小时，仅在南方+上观看人数就达到200万人次，全网传播量超千万，成功展现赛事精彩、城市精彩。

在地市和区县层面，南方+依托南方报业各记者站对共建频道进行运维。由于记者站常年深耕基层，对当地情况十分熟悉，因此挖掘出来的新闻都是接地气的“活鱼”。某些新闻可能在全省层面不算重大事件，但是因为贴近当地，却可能引发强烈反响，甚至成为垂直地域的爆款，比如《擅给“老赖”发分红，村主任被拘留，南方+直击禅城法院执行现场》的直播稿件，单稿流量超百万；某些内容可能不是传统意义上的“硬新闻”，但南方报业各地方分社（记者站）高度重视内容的分发和推广，运维得力也能成为爆款，比如《东莞十大最美铁骑手》《十大最强铁骑大队》评选，系列活动稿件总流量近千万。

四是以“研究”为赋能。在广东各地市，南方报业各分社（记者站）拥有一支扎根市县镇、熟悉政经主流圈层需求的传播队伍，不仅可生产优质新闻内容，也可提供高品质、专业化、特色型的智慧服务，这构成了“城市智库”转型的基础。在此基础上，媒体功能由单纯的信息传播向思想挖掘、战略研判、方案供给、价值传递延伸，实现“传播与研究并重”，而“研究”发挥了对“传播”进行赋能的作用。

在广州，《南方日报》广州新闻部2019年与从化区委宣传部携手发起从化乡村振兴调研行，通过调研报道、人物故事、融媒体展示等方式形成了系列智库产品，包括一部十万字的《希望的田野——城乡融合发展的乡村振兴•广州从化实践》专著、《美荔同行　逐梦湾区》《老温泉　新活力》《格塘村》等一组乡村振兴主题推广视频、一份《广州从化乡村振兴实践》评估报告，为广州支持从化创建全国乡村振兴示范区提供重要的决策参考。

在深圳，结合治理体系和治理能力现代化的时代命题，南方日报社连续六年举办“圳治”——深圳治理现代化榜单评选及经验交流分享活动，累计评选出具有先行示范价值的案例数百个，覆盖了深圳经济治理、社会治理、生态治理等方方

“智媒工坊”矩阵交流营为地市南方号传播力建设赋能

面面，为推动深圳治理体系和治理能力现代化起到积极推动作用。一批权威专家、基层治理实践者通过活动走到聚光灯下，为深圳治理现代化工作凝聚共识，贡献智慧，展示了媒体智库建设的丰硕成果。

在佛山，南方日报社联合北京大学国家发展研究院周其仁教授组建专题调研组，以佛山为中国制造业发展的典型样本，连续五年聚焦“品质革命”，为全国地级市开品质革命跨国调研之先河。2018年，调研组深入佛山34家企业，高度提炼“品质革命”十条战法；2019年，走访北京、深圳、青岛、长沙，对标荷兰、丹麦、德国等全球标杆力量，为中国制造品质革命提炼发展路径；2020年，结合“育新机、开新局”，以品质革命与市场突围为新命题，立足佛山为中国制造探索新形势下的突围之道。“品质革命调研”“周其仁佛山演讲”“其仁夜话”已经成为享誉全国的南方智库品牌、佛山城市品牌。

3. 变革成效：此长彼长，此优彼优

通过重塑传播力，与用户重新建立起有效连接，南方报业在各地总体上实现传统业务与新兴业务、事业发展与人才成长“此长彼长”的态势。

一是主业稳中有进。经过多年持续努力，截至2024年，南方报业已构建起包括五家报纸、九种期刊、十家网站、六个客户端、一家出版社及3000块互动触控屏、10000平方米户外LED大屏等在内的报刊网端微屏全媒体传播体系，打造了南方+客户端、N视频、GDToday等自主可控、传播力强的新型传播平台，传播力、影响力、营收力持续提升，实现了“旧业还在，新业初成”“此长彼长，此优彼优”。其中，《南方日报》发行量居高不下，已连续38年居全国省级党报之首；南方+下载量突破1.8亿，2023年发稿超100万篇，全国新型主流媒体建设第一方阵的优势进一步巩固。

二是产品更加多元。主业稳中有进的背后，实现了内容产品与服务的多样化呈现、多介质推送、多元化传播。以佛山为例，近年来，佛山分社积极实施多元化发展策略，在报端、智库稳步发展的同时，率先探索将纸媒的内容生产能力向实体的城市空间迁移，以展示展览为形态，加快打造城市空间内容产品线，推出多个城市展览展示内容产品，涵盖城市规划、产业规划、改革创新、党建引领、传统文化等

多个主题。这些展示展览不仅成为党媒输出内容能力的新载体，也成为党媒在区域壮大影响力的新型主流传播阵地和服务平台。

三是线上线下融合。南方报业扎根城市，在线上顺应移动互联网传播移动化、平台化、可视化、智慧化趋势，借助个性化、差异化的精准推送方式，统筹报、刊、网、端、微、屏、图书出版等多种传播渠道，实现资源共享、信息互通、传播互补；在线下则通过会展、讲座、论坛、评选、颁奖等开展多种形态的体验式传播。由此形成线上线下相互协同、密切联动的传播格局，构建起聚合多类内容、多种渠道的立体传播平台。其中，南方报业在各地紧扣“新闻+政务服务商务”模式，在政务咨询、商业营销、教育服务、医疗服务、社区治理等场景下沉深垂，得到党委政府和社会各界的高度评价。基于这些场景，精品内容生产能力也得以提升，大大提高了主流舆论、主流价值的传播力、引导力和影响力。

四是人才同步成长。通过实战练兵，一批复合型高素质人才在地方分社（记者站）接连涌现。他们具备舆论引导能力，能站在全局高度围绕中心、服务大局，认识、理解、传递所在地党委中心工作，发挥了省委机关报公信力强的优势；具备议题设置能力，能够引起读者共鸣，调动用户注意力。比如，珠三角多个分社任命骨干记者担当各个工作室负责人，牵头策划统筹一系列大型调研类、智库类新闻产品，在党政、企业圈层持续输出记者个人品牌，推动多名年轻骨干记者成为备受当地主要领导关注的媒体智囊，多次受邀在机关礼堂就调研成果作报告，为市、县（市、区）有关部门巡回讲课，展现了事业发展和人才成长的“此长彼长”。

二、两个支点：组织变革与考核变革

随着媒体的生产力发生深刻变革，媒体内部的生产关系也需要紧跟新形势进行积极调整，适应全新的生产要求、安全要求、传播要求、竞争要求。

近年来，为了加快推动融合转型走向纵深，南方日报要求编辑部以及扎根一线的各个团队，在牢牢把握正确政治方向、舆论导向和价值取向的前提下，围绕转型总体方向，立足各地实际，对原有体制机制进行改革创新，以适应媒体融合发展要求。其中，融媒型、知识型、学习型成为团队重要的转型方向。

目前，南方报业各分社（记者站）已形成了“组织变革”与“考核变革”两个主要支撑点，探路体制机制创新，有效支撑转型发展。

1. 组织变革：采编一起转，报端一体化

在不同的发展阶段，作为省委机关报、集团旗舰媒体的《南方日报》，其创新具有风向标的意义。自2015年10月南方+客户端上线起，组织变革成为南方日报各编辑部、各地团队在制度创新方面的主要内容之一，走出了“采编一起转，报端一体化”的路径。

一是编辑后台的就地转型。对报业集团的组织变革而言，编辑部是非常关键的一环。这是传统媒体一次前所未有的转型尝试，体现的是“移动优先”“深度融合”理念，实现报网端融合、移动优先、编辑全员转型。

《南方日报》珠三角新闻部全媒体编辑部是其中一个典型。在融合传播层面，截至2023年年底，南方日报珠三角新闻部全媒体编辑部主要负责运营珠三角九份地方《观察》、若干区县《视窗》，每年出版3000多个版面；同时，运营300多个共建频道，年发稿总量逾12万条，报端平台实现了市、县（市、区）、镇（街）三级覆盖。

这样的融媒成果是如何一步步形成的？2015年年底以来，《南方日报》珠三角新闻部全媒体编辑部从小范围试点到全员转型，进一步将编辑力量前移到网端，更好地服务好采访部门、调度好采访部门。为实现深度融合、移动优先的要求，编辑部全员整体改变了以往以报纸稿件为中心组织运作的工作方式，进行全新的组织运

作，按照流程来规划整个部门、各个小组和每个编辑的工作。

从架构上，《南方日报》珠三角新闻部全媒体编辑部按照原有的报纸版面分工，将编辑成员分配在广肇组、深圳组、佛山组、莞惠组和珠中江组，同时设立推送审核小组、直播报题小组等小组，全体编辑就地转型成为全媒体编辑，同时负责《南方日报》各地市版面、南方+城市频道的内容编发，实现了报端一体化采编审发。

在这轮组织创新中，《南方日报》珠三角新闻部全媒体编辑部也成为国内省级党报中最早面向全媒体、实现全员转型的编辑部之一。

二是编辑职能的下沉前移。在组织创新中，南方报业在珠三角九市先行探索，各分社（记者站）的制度创新加快围绕"移动优先"推进，陆续建立了专职化的新媒体部门，实现了编辑端的下沉前移。

以佛山记者站为例，在2016年后逐步升级为下设5个工作室和5个区域全媒体平台的全媒体新闻部，推动报网端一体化运营。其中，首次对新媒体团队进行升级，更名为"场景运营和用户连接工作室"，即把原本只设在广州总部的编辑职能、运维职能等，延伸下沉到了记者站。

佛山场景运营和用户连接工作室由新媒体产品编辑、摄影记者、美编设计等人员组成，主要负责南方+稿件的编辑工作、融媒创意生产工作。在日常工作中，记者投稿后，该团队第一时间对稿件内容进行初步编排、沟通，并交由珠三角新闻部全媒体编辑部进一步编辑、审核、优化，完成严格的"三审三校"并正式发布。此外，由于南方+各城市频道对短视频、海报等视觉类产品需求大，超出了文字记者的处理能力，该团队需要作为主力参与到相关设计、拍摄、剪辑等环节中，前后方协力推出视觉类精品产品。

三是频道主编的融合落地。随着融媒转型步伐加快，各分社（记者站）开始了以南方+为主平台的"第二次深耕"，进一步把各项业务从市级向县级乃至镇街村居等末梢延伸。

珠三角是中国县域经济、镇域经济的重要发源地，一大批人口超过50万、GDP超过500亿元的大镇、强镇，是广东经济的重要单元，蕴藏着鲜活的基层新闻，同时也有大量用户。在纸媒时代，记者站内部虽然重视镇街新闻，但报纸容量有限、发稿限制多，因此对镇街新闻的投入力度相对有限。

南方+客户端的诞生和“下沉策略”改变了这个局面。近年来，在珠三角各地，南方+试点围绕重点区县、镇街，任命了一批频道主编，并以更大力度匹配记者、编辑，以及摄影器材等方面资源，强化观点类、视觉类新闻以及服务类信息生产，在县（市、区）、镇（街）层面进行了供给侧结构性改革，为南方+收获了大批基层用户，拉动了南方+的下载量，提升了党媒党端在基层党员干部、社会各界中的影响力。

四是网红记者的尖兵引领。适应全媒体时代的传播力要求，南方报业各地方分社（记者站）以多种形式进行全员培训，要求全体采编人员掌握全媒体技能，特别是文字记者既要能写，也要会拍、会讲、会剪；同时配备充足的新媒体设备，搭建录影棚，并且依托骨干记者开设出镜栏目，适应全媒体时代对优质内容的要求。其中，要推动记者团队能力整体转型升级，需要培育尖兵，让少数优秀记者率先突破，形成新的能力，探索新的模式，为其他记者作出示范带动。

为此，南方报业在各地遴选了一批南方名记者培育对象。集团总部对这批记者的期待是，要做深耕主业的尖兵，成为内容生产传播的行家里手；要成为开拓创新的尖兵，带头创新新闻理念、内容、体裁、形式、方法、手段；要成为融合发展的尖兵，创造性地生产优质全媒体产品。

在广州、深圳、佛山、东莞等地，各分社（记者站）为了南方名记者培育对象的成长，改变了传统单打独斗的工作模式。以往名记大多是“写手”，以“个体户”的面貌出现；而现在各分社（记者站）实行“南方名记工作室”制度，带动形成一批灵活作战的创新团队。

除南方名记者外，不少分社（记者站）还加快实施内部管理创新，培育骨干记者。如通过设立“主笔制”，在站内设立若干主笔，赋予更高的激励，同时也予以更严格的考核。主笔与南方名记者一样，不是管理岗位，而是一种类似“技术带头人”的荣誉称号，需要在融媒转型、精品内容等方面真正发挥带头作用。围绕这些主笔，多地打造了一批自营南方号和品牌栏目，专注时政、产经、教育、健康等领域的深度报道、融媒产品，在当地形成了影响力，塑造了南方+供给采编精品的良好口碑。

“南方名记者”在精品内容、融媒转型上发挥带头作用

五是全员培训的标准沉淀。长期以来，南方报业各分社（记者站）进行了大量创新，但很多创新经验掌握在相关团队或少数骨干记者的脑海中，没有成为被普遍掌握的显性知识。推动这种隐性知识成为更普遍的共同方法、共同认知，对一个团队的集体成长非常重要。同时，各地在生产智库产品、提供知识服务方面，也面临类似情况。分社（记者站）在这方面的痛点在于，智库型服务迫切需要形成统一标准，这也需要这些创新经验从少数人掌握的知识转为全体人员的共有积累。

为了实现这样的目标，佛山分社2021年重点创设了“人民路大学”这一机制，开展全员系统培训，将分社长期以来积累的分散的隐性经验，转变为系统的显性知识，全面提升团队执行力、战斗力。“人民路大学”的课程主要聚焦新闻写作和智库产品生产的主要类别，包括消息、通讯、评论、内参、调研报道等等。每堂课程聚焦其中一个题材，导师均由骨干记者担任，须总结相关经验、精心编写PPT教案，进行现场教学。

全员学习也有以外援为主的公开课模式。江门分社开设了“五邑大课堂”系列公开课培训，邀请了不少当地公务员作为讲师。例如，邀请统计局总经济师解读区域经济分析指标、政研室副主任讲政策调研写作等，让记者迅速丰富了对党政部门实际运作的了解，实用性很强。

2. 考核变革：激励“移动优先”，鼓励“知识生产”

组织变革的推进，离不开考核变革的支撑。考核变革是一系列管理机制中的核心环节。随着生产节奏发生变化、组织变革加快展开，考核制度不能继续采用纸媒时代的要求，必须围绕媒体融合发展实施考核制度创新。同时，由于各地面临的实际情况不同，南方报业支持各分社（记者站）进行符合自身需求的探索。

在深圳、佛山、东莞等地，围绕南方+主平台，率先建立了适应“移动优先”的全链条管理体系，设立了新的考核规定，原则上要求“先端后报”，抢首发，改变了传统记者的写稿习惯和发稿节奏；同时，引入流量权重，对记者、编辑进行激励。此外，为适应“城市智库”的转型，多地加大了对智库类内容产品的考核激励，鼓励知识型生产，培育研究型人才。

一是创新移动端考核。在南方+客户端创立后，考核制度改革面临的首要任务，就是引导记者把采写工作的重点从报纸转向移动客户端。2016年，南方报业在佛山率先试行名为“新六条”的考核制度改革，其中最重要的特点就是旗帜鲜明地要求记者遵循“先端后报”原则，并进行了相应的流程调整与考核调整。

“先端后报”即指除非特殊情况外，所有新闻稿件均优先向南方+客户端投送，而不能直接投向报纸。同时，《南方日报·佛山观察》报纸版面选题安排，一般由佛山新闻部值班主任、珠三角新闻部全媒体编辑部值班编辑每天傍晚从当天已经在南方+发布的稿件中进行重点遴选，将其中适合的选题安排在报纸版面上。而当天有稿件须登上报纸刊发的记者，需要根据版面安排，以及报纸对稿件等方面的要求，完善稿件后进行二次投稿。

实施“先端后报”后，佛山记者站要求“先端”稿件在导向、选题、文本方面保持与报纸稿件同等水平，不能因为移动客户端有理论上的“无限版面”而放松导向把关要求，降低新闻质量。同时也非常鼓励记者根据移动端的平台特点、读者特点，在稿件标题、文本等方面进行创新。

在计分上，南方+稿件与报纸稿件稿费标准基本看齐，但设置了流量门槛。在跨过一个最低限的“流量门槛”后，才能按字数打分；同时设计了流量激励，对于超过一定流量标准的稿件，在稿费之外予以流量奖。

这就要求记者在提供南方+稿件时，必须进一步“抢首发”，文本上避免套话、官话，多写立足用户角度、有传播力的高质量稿件。这一考核创新也鼓励记者除了提供以文字为主的新闻稿件外，也要提供更多图片、视频，乃至新媒体创意产品，这些产品均可以根据具体情况进行考核计分，获得相应的激励。

此外，由于报纸版面承载量有限，很多稿件存在只发南方+的情况，这些稿件同样可以考核计分。如果同一稿件既在南方+上发稿，此后又在报纸上见报，则只计算一次稿费，根据端与报的刊发字数“就高不就低”。

目前，南方报业在各分社（记者站）都进行了以“先端后报”为核心原则的稿件考核创新。原本只习惯写报纸稿件的记者，已把南方+客户端作为主平台，提高发稿速度，实现24小时全天候发稿，并且下力气转变文风，创作出了更多深受群众喜爱的新闻作品，推动南方+在各地市的传播力迅速提升。

二是优化报纸端考核。围绕南方+客户端进行考核创新的同时，各分社（记者站）也优化了对报纸的考核，这两项工作有着紧密联系，不能只改一端，必须同时推进。报纸考核创新的核心原则，就是比以往更加强调精品报道、深度报道、观点类报道，尽可能把“零碎”的短消息、快讯放到南方+上去。

以往，虽然《南方日报》不断强调对精品新闻、深度报道的要求，但由于缺乏其他发稿途径，因此报纸仍然要承担各种短消息、快讯发布的任务，很多事件性的短消息仍然要发在报纸上。而在南方+创立、实施“先端后报”的考评制度后，这一局面出现了改变。

相比之下，南方+在发布短消息、快讯方面，有着报纸无可比拟的优势：发布速度快，往往在新闻事件发生后不久，就已经能够第一时间发布相关消息，且视频与图文并茂。

随着南方+全面下沉覆盖，各城市频道承接了各种快讯、即时新闻的发布任务，并且迅速培育了新的读者群体、读者习惯，在各个地市出版的《广州观察》《深圳观察》《佛山观察》《东莞观察》等报纸版面得到了“解放”。各个《观察》不再必须发布短消息，从而可以把版面尽量向精品新闻、深度报道和特稿倾斜。

因此，各分社（记者站）也在报纸考评上重点向精品新闻、深度报道、全省头版作品倾斜。以特稿为例，一篇见报的特稿，在一些记者站的稿费可达同等篇幅普通稿件的3—4倍。由此，各个《观察》的稿件质量也得到了提升，新闻选题的深度化、精品化趋势更加明显，进一步向“杂志化”的方向发展，成为更加耐读、更具决策参考价值的“深度纸”“观点纸”。

三是把非见报内容纳入考核。在移动传播时代，大量非见报内容在南方+出现了。这类内容既不是传统的报纸稿件，也不是仅仅从报纸上改为在南方+发布的直接“转场”，无法用字数标准衡量。

例如，一项围绕大型活动进行的视频+图文的直播，既需要导播、编辑在电脑前进行后台支撑，也需要前方的摄影记者、文字记者进行直播、摄影，乃至主持、采访、更新文字等工作。而传统的纯粹按字数计算的考核办法，无法对此进行准确的评价，需要树立新的考评标准。

与此同时，在“城市智库+移动传播”的双轮驱动转型过程中，各分社（记者站）在加快围绕移动端转型的同时，智库类产品也越来越丰富。如佛山分社与当地有关部门联合开展了“广佛同城发展研究”等智库类产品，相比普通见报内容，需要付出的劳动量更大、难度更高，如果把产品字数作为考核记者稿酬的主要依据，则可能无法准确衡量、激励记者的研究投入和知识生产。

针对这些新的问题，各分社（记者站）进行了改革，对采编人员薪酬考核管理办法予以多次修订，重点体现和激励非见报生产。例如，针对视频产品，把时长、流量作为主要衡量指标，同时也兼顾视觉效果、题材等因素；对于智库类产品，则主要考虑相关调研、撰写的难度，以及党政部门的反馈评价等。如深圳分社加大对智库产品、新业态产品的激励，以及对知识型产品过程导向的报酬保障，每个项目都专设“智库项目全媒体绩效申报表”，对采编人员的过程劳动予以即时体现，鼓励记者向适应全媒体智库的人才成长方向努力。

部分地方分社（记者站）还成立了考评工作室，明确实行日考核公示、周考核公示、月考核公示制度，让每个人的付出和激励都清楚明白，做到公平公正公开。

三、三条路径：知识专业化、内容产品化、传播融媒化

在一条主线和两个支点的支撑下，南方报业在各地逐步形成了知识专业化、内容产品化、传播融媒化三条路径，有效提升思想影响力、生产服务力、内容传播力。

1. 知识专业化：构建知识体系，提升思想影响力

虽然在社交网络的加持下，“人人都是传播者”已经成为一种事实，但文字书写作为一种数千年传承的表达体系，本身蕴含着专业化的逻辑与标准。因此，当文字仍然是传播信息、观念、思想与意义的主要工具时，并非每一个参与者都可以成为有效的传播者。有研究表明，在微信、微博上得到广泛传播的文本中，95%的文本是由3%—5%的专业人士生产出来的，而95%的普罗大众在这一平台上的角色，依然只是阅读者、转发者和简单的点评者。

同时，移动传播让信息传播的速度与范围呈现爆炸式增长，却无法对信息进行有效的筛选，致使各式各样的信息充斥网络环境，削弱了人们对有效信息的筛选和判断能力。

谁能够以用户为中心生产优质信息，并促进信息的流动和精准送达，谁就有巨大的社会价值和未来发展的空间。这要求机构媒体不断增强从业人员的知识储备和专业能力，包括独立思考的能力、去伪存真的专业调查能力、缜密的论证思维、开放的互联网思维等。

南方报业扎根城市、研究城市，率先在珠三角区域逐步构建“一主题、三课题”的研究和观察体系。“一主题”指“城市”研究，并提炼为“新时代的规模经济和集聚规律研究”。改革开放以来，珠三角是中国城市规模经济的“先行者”，进入高质量发展阶段，珠三角如何形成新经济的规模效应，这是南方报业城市智库的核心研究主题。在此主题下，南方城市智库进一步拆解出三个课题：制造业变革研究，重在探寻产业集聚规律；城市比较研究，重在探寻城市集聚规律；基层治理创新研究，重在探寻社群集聚规律。基于这一研究体系，南方城市智库先后推出制造业“问策全球”调研、“十城演义”城市对标调研、“圳治”治理案例评选等，

提升了在珠三角的思想影响力。

这个知识体系，是南方报业在珠三角地区区别于其他媒体的核心竞争力，是立足城市转型城市智库的支撑。这个知识体系的构建，重视依靠在实战中练兵、在“借脑”中升华、在分享中普及，由此形成了心往一处想、智往一处谋、劲往一处使的闭环。

以实战积累知识。目前，南方报业在珠三角已基本形成大型调研、思想研讨、全案营销、报告内参等城市智库产品线，这不是一个一蹴而就的过程，而是源自一次次实战和长期积累，一步步实现从城市发展记录者向城市发展观察者、研究者、参与者的转变，媒体功能也由单纯的信息传播向思想挖掘、战略咨询、方案供给、价值传递延伸。

以“借脑”丰富知识。构建知识体系，不仅有赖于南方报业对珠三角城市长达十数年的深耕，也与善于对外“借脑”关系密切。一方面，重点围绕城市改革发展重点议题，加强一线调研，丰富知识结构，常态化推出城市研究内容产品，集结外部城市观察员队伍，进一步探索政经报道互联网表达；另一方面，注重从专业领域垂直系统出发，深入整合构建市、县（市、区）、镇（街）一体化的观察体系和研究专家队伍，以及重点围绕城市主题开拓品牌活动、课题研究、榜单评选等综合性智库型产品体系，通过“借脑”提升服务城市治理的能力。比如，佛山分社连续多年与经济学家周其仁对佛山制造业开展联合调研；广州分社注重加强资源整合，广泛联动外部政府资源和新媒体内容生产资源，提升广州团队整合生产能力。

以分享扩散知识。佛山分社知识体系的构建还注重全员培训和分享，通过创办“人民路大学”、组建特稿小组、管理团队读书分享等举措，实现了显性知识与隐性知识在内部的流动和转化。针对两头大、中间小的哑铃形人才队伍结构，即从传统纸媒时代走过来的老记者和刚工作一两年、缺乏经验积累的年轻人居多，具备融媒体生产创新运营人才偏少的现实挑战，东莞分社坚持以提高人才效能、提升融媒传播能力为核心，由小团队负责人和采编骨干担任年轻编辑记者的入职导师，在传帮带中引导年轻人树立远大抱负、练就专业技能、潜心产业研发，让他们找到团队归属感，形成职业荣誉感，快速成长为能独当一面的综合型媒体人才。

2. 内容产品化：实施精益管理，提升生产服务力

传统媒体转型，关键在于服务能力的转型。在具体实践中，南方报业在各地引入产品化思维来管理内容，尝试将之前复杂、随意的知识生产实现标准化，解决效率、流程把控与可复制的问题。

在深圳，南方报业率先发起改革创新观察团，以独特的姿态深耕区域，成为南方城市智库的重要品牌。从观察深圳各区到深入街道，从关注改革议题到创新议题，再延伸到党建、基层治理、生态治理、土地整备等细分议题，改革创新观察团作为一项智库型产品，已经在深圳全市各区、各局、各街道累计开展超过100场，受到各界广泛好评。观察团活动通过引进专家、观摩调研、把脉问诊，在观察团成员与政府部门的“碰撞”过程中，不仅挖掘、传播了一批亮点，为区域工作营造了良好的舆论氛围，同时也为基层一线提供了智力支持。所到之处，观察团成员提出的意见建议常常让被观察的区、部门、街道受益匪浅。因此改革创新观察团活动也在

南方报业连续多年在深圳举办“圳治”深调研

基层充当了“南方智囊团”的角色。

在佛山，经过对“新闻+政务服务商务”模式的多年探索，南方报业构建起以跨国大调研为代表的大型调研类产品，以佛山企业大会等为代表的思想研讨类产品，以西樵山“最岭南”区域品牌营销为代表的全案营销类产品，以《超级城市》《品质革命》为代表的图书专著产品，以《珠三角企业欧洲并购报告》为代表的报告内参类产品，以党群通、升学通等为代表的融媒类产品，革新了传统媒体以报道作为单一核心的产品形态，提升了集团在佛山的生产能力和服务能力。

3. 传播融媒化：践行融合发展，提升内容传播力

传播力是根本。提升全媒体传播力，既是内容产品化的保障，也是知识专业化的目标。以南方+为主平台，各分社（记者站）积极践行线上线下融合传播，探索构建“线上全媒体、线下多场景”传播格局。

各分社（记者站）依托南方+链接各类资源，延伸服务半径，借助集纳了直播、投票、征稿、打卡、答题等工具的“云端百宝箱”，打通线上线下应用场景，丰富互动传播产品形态，优化用户体验和使用习惯，形成了鲜明的自身特色，成为服务基层群众和助力党委政府的重要平台。南方+还配置了在“+”上课、在“+”看展、在“+”招聘等在“+”系列功能，满足用户在云端的服务需求。其中，在“+”上课频道的1万多节名师线上精品课，成为广东学子在云端上课的主要选择，获得过亿级流量关注。

基于线上全媒体矩阵，各分社（记者站）打通线下多场景，打造榜单评选、发展指数等系列产品，在更深层次、更广层面、更高水平上助力基层治理体系与治理能力现代化。其中，教育服务场景是融合传播的典型场景。比如，从2018年开始，南方报业在深圳每年重磅推出教育改革创新大会，邀请市、区教育局、教科院领导，以及教育界名家欢聚一堂，回顾过去一年深圳教育改革发展优秀成果，为未来发展集思广益，表彰优秀改革创新项目；此外，进一步延伸推出寻找深圳教育改革创新项目征集活动、深圳科技创新教育大会、改革创新特刊报道等产品，持续加大影响力。目前，该项目已成为南方报业在深圳教育界的品牌项目。

四、四个转型：从实践到理念的系统变革

紧扣传播力这一主线，推进组织变革和考核变革，探索以上“三条路径”，其底层逻辑是南方报业在各地推进“四个转型”，尝试从实践到理念的系统性变革。

1. 从信息生产走向知识生产

过去，很多党报党媒对信息的处理，往往停留在信息整合、信息生产等传统路径。在转型过程中，各分社（记者站）逐步让自身的功能从信息生产走向知识生产，并建立以知识生产为核心的新型运营模式，转型全媒体城市智库。在传统模式下，党媒主要进行各类信息的采集、整合和传播，是信息的中转者、生产者，但还不是知识的生产者。在这样的氛围下，虽然每个地方团队都有一些“老记者”、专家型记者，但是仍然没有建立“知识生产”的产品体系，分社（记者站）也没有成为智库型机构。

随着珠三角经济发展、区域竞争走向新的阶段，地方党政部门对调研型内容、智库型内容、知识型内容的需求越来越大，党政用户对带有原创性、知识性新闻产品的要求也越来越高。各分社（记者站）发现，自身作为省委机关报，有着广泛的信息网络、优质的记者团队，以及更高的站位与视野，有条件满足党政部门新的需求。这些新的需求，就是主流媒体转型的新机遇。

在转型发展过程中，各分社（记者站）充分用好自身贴近各级党委政府部门、长期接触各类一手政经信息的优势，不断开发智库型产品，向智库化组织靠拢。比如，前文多次提及的佛山记者站，自2012年以来先后推出了“八问八策”、中国大镇调查、致佛山市的十封信、“佛山制造　问策全球”跨国大调研、“十城演义”、品质革命大调研等一系列智库项目，开始从传统的信息生产输出，转向构建知识体系、进行知识生产，提升思想影响力。

与传统的“信息生产”相比，这些产品的共同特点，就是由分社（记者站）基于地方经济社会发展的趋势和需求，进行前瞻性、专业性的策划，生产出兼顾可读性、知识性、实用性的内容。以“十城演义——佛山探寻高质量发展之道”大调研为例，南方报业根据地方党政部门最关心的课题，一年一度设定相关主线，从佛山

出发，奔赴符合课题需求的全国十个城市进行调研，对标找差，总结先进经验，为佛山各级各部门提供参考。这类调研，既是“替城市出差”，同时也能够发挥媒体自身的传播优势，构建起观察高质量发展体制机制的全国坐标系，生产出了一系列有传播力的产品。

知识生产要展现出强大的影响力，其中一个关键是打开时空、跨越地域，在全国乃至全球视野观察城市、研究城市。

2019年，南方报业携手佛山市南海区开展“寻访全球南海会馆”跨国大调研，前往亚洲、非洲、大洋洲、美洲四大洲10个国家进行调研采访，走读分布在全球各地的南海会馆，采访了上百位侨领和专家，形成了深度报道、报纸特刊、创意网文、视频、家书、海外媒体传播等多种形式的全媒体产品，面向全球挖掘和展现一个“世界的南海、南海的世界”。此次调研获得多国侨领和佛山市、区领导的高度肯定，成为全省地级市外宣工作和华人华侨文化传播的一个创新举措。同时，调研成果也成为南海区打造华侨文化主题展示空间——“南海会馆”实体项目的内容支撑。

这种知识型生产，超越了传统的新闻采写模式，甚至从时空上也与过去的驻地记者站业务完全不同，不再是本地党政部门和企业、民生等领域信息的整合包装，而是带着更加贴合地方决策参考需要的专业视角，到更广阔的天地里采集资源、进行生产。相应地，分社（记者站）也以知识生产为引擎，形成了大型调研、思想研讨、全案营销、智库研究院建设、企业智库服务、数据化智库服务等新产品，不断扩充产品库，不断提升服务能力。

知识生产的另一个关键是，需要同时用好“三种语言”，即新闻语言、政治语言和学术语言。在实际操作中，这三种语言成为支撑南方城市智库的知识型产品的核心支点。凡是“叫好又叫座”，兼顾传播需求、知识性并贴近主流读者的新闻产品，都符合这一特征。在形成知识体系和“三种语言”后，《南方日报》在地方就有了区别于其他媒体的核心竞争力，成功转型全媒体城市智库。由此，各分社（记者站）逐渐培育出了一批能够解读阐释“政治语言”、创新改革“新闻语言”、融合引用“学术语言”的全媒型、专家型记者和城市智库团队。与此同时，地方分社（记者站）也逐步构建和积累了一个关于珠三角制造业、城市发展、区域比较研究和全球化路径的知识体系和传播体系。

2. 从连接信息走向连接资源

传统主流媒体转型，关键在于服务能力的转型。过去，主流媒体重视连接的是传播资源；而要实现服务能力的转型，则要求学会连接其他多类资源，而深耕城市提供了这样的机会。

通过连接城市资源，南方报业在大湾区初步形成了三大业务板块，这些板块均以“城市”为逻辑主线：首先是城市传播类产品，主要是以“两端”（南方+、GDToday）为主阵地的共建频道类、视觉创意类、互动活动类、治理工具类产品线，助力大湾区城市品牌“走出去”；其次是城市研究类产品，主要是跨国跨省对标类、课题报告内参类、论坛研讨活动类、全案营销策划类、政企学习观察团类、指标指数研究类、主题丛书专著类等产品线，助力大湾区城市思想“打开来”；再者是城市展示类产品，主要是展览展陈类、展馆策建类产品线，如珠三角工匠精神展示馆、佛山顺德工业发展馆、东莞茅洲河工业文明展示馆等，助力大湾区城市人气“请进来”。三类产品线形成了南方城市智库在大湾区的服务力优势。在拓展三大业务板块的过程中，南方报业各分社（记者站）始终尝试担当起城市资源连接器的功能，成为城市内部资源聚合的平台和外部资源进入城市的出入口，并据此构建供应链系统，探索传统媒体的产业转型。

在广州，南方报业与广州市黄埔区委宣传部联合推出两季黄埔区“埔公英”基

广州市黄埔区“埔公英”宣讲品牌标识发布暨“百千万工程”主题宣讲活动

南方报业联合江门市政务服务数据管理局共同启动“为民服务解难题·政务服务无堵点’观察团活动

层百姓宣讲品牌，从培训授课到举办宣讲大赛，从宣讲人物塑造到党的理论传播，充分发挥党媒优势，打造探索出了一套宣讲培训服务体系，构筑了“专家讲理论、干部讲政策、百姓讲故事、学生诵经典、党员忆初心”的立体多元品牌传播格局，打通理论传播“最后一公里”。

在深圳，南方报业一年一度广邀来自深圳教育行政部门、学校的负责人及院士、教育专家，举办深圳教育高质量发展大会，围绕教育领域的重要主题展开深入交流探讨，分享教育高质量发展探索实践，为深圳教育先行示范及高质量发展建言献策，已经成为在深圳教育界享有盛誉的重要活动。

在江门，联合江门市政务服务数据管理局共同启动“为民服务解难题·政务服务无堵点”观察团活动，邀请人大代表、政协委员、企业家、媒体记者、高校专家、市民等多个群体代表组成第三方观察团，对全市政务服务改革创新进行走访、调研、宣传，并将相关成果编印成书，受到江门市领导高度肯定。此后，南方报业还策划了江门市社会治理观察团、新会区村级规划观察团、垃圾分类市民观察团等项目，成功构建了观察团产品矩阵。

在珠海，联合珠海市委网信办连续五届举办“五个一批”网络正能量培育行动，吸引珠海众多企事业单位、个人的关注和参与，培育出一批网络正能量先进个

南方报业联合珠海市委网信办连续五届举办“五个一批”网络正能量培育行动

人（珠海好网民）、先进集体（优秀新媒体）、创新项目、传播精品和传播“金点子”等。

在东莞，通过链接有关党政部门和机构资源，南方报业先后主办了第四届东莞市民运动会、2021年东莞户外时尚运动节、首届东莞体育消费节、中国旅游日东莞旅游推荐、东莞共享文化年暨品质文化创投大赛、大湾区综合性国家科学中心先行启动区（松山湖科学城）全面启动活动、品质制造东莞论坛、海外华裔青少年东莞线上夏令营等一系列大会、活动，全面树立起“有盛事，找南方”的品牌形象。

深耕城市带来了城市资源的汇聚。从连接信息走向连接资源的转变，使各类外部资源通过南方报业的产品化进行释放和再汇聚，实现了社会效益和经济效益的“双提升”。

3. 从以报纸为核走向报网端融合

过去，报纸是南方报业开展各项工作的核心，各项业务、各种产品都围绕报纸进行；而在转型发展中，各分社（记者站）积极拥抱新技术新变革，在努力巩固影响力的同时，始终坚持“移动优先”“用户优先”，走向“报网端融合”。通过“报网端融合”，南方报业在多个城市的垂直领域扩大了影响力。其中，在教育、医疗等用户广泛关注的重要民生领域，以“报网端融合”为核的打法显示了强大威力。南方报业打响了惠州教育“云课堂”的品牌，2022年1月推出了安全教育云课堂，直播+点播稿件总流量约177万；同年5月推出了惠州防溺水云课堂节目，直播+点播总流量超过241万。

传承弘扬红色文化是很多城市的新课题。2023年，南方报业旗下《南方》杂志与广州市越秀区联合打造“红色文化传播工作室”，聚焦红色文化传承弘扬，利用各自优势，在互通互融中加快发展。根据计划，该工作室将有力促进政媒联动，共同推进红色文化资源保护、管理、传承和利用，对继承与弘扬革命精神，提升越秀红色文化品牌知名度发挥重要作用。

在新的模式下，各分社（记者站）形成了新的服务能力。2020年，面对突如其来的新冠疫情，肇庆市线下求职几乎全面停滞，当时的肇庆产业招商落地开展得如火如荼，用工需求水涨船高。以此为契机，肇庆记者站与肇庆市人社局开展“肇工作 职等你”网上直播招聘系列。记者走进20多家企业，通过与企业家畅谈的形式，走访工作环境，把招聘做得更加有趣、更加到位。

也是在2020年，东莞记者站与东莞市文化局共建了全国首家媒体文化馆——“南方+东莞云上文化馆”，通过建设人气互动新场景，把文化馆已有的线下品牌进行升级包装，打造出更加丰富、立体的线上文化体验。该项目受邀在2020年中国文化馆年会专题分享，得到国家文旅部专家高度肯定。

同年，由梅州市政府、广东省农业农村厅、南方报业联合主办的梅州市梅州柚产业发展工作暨网红直播动员会在梅城举行。由梅州市政府与南方报业共建的南方+“梅州乡村振兴”频道同步上线。依托该频道，梅州记者站建立起乡村振兴的传播矩阵，及时传播梅州乡村振兴好经验，讲好乡村振兴好故事，推介遍布优质农特产品，挖掘具有市场影响力的好品牌，为推动梅州乡村振兴营造良好舆论氛围。

由此，南方+也在各垂直行业得到了深化发展。在深圳，南方报业为拓展商业合作，向各商业垂直领域发力，采用合作共建的方式向商业垂直领域和商业市场下沉，陆续开设了金融、科创、保险、地产、健康深圳、公益、企业+、家居、生活、

南方报业与东莞市文化局共建了全国首家媒体文化馆——“南方+东莞云上文化馆”

产园、珠宝、竞技、农副产品等十余个商业共建频道，进一步扩大了南方+在深圳商业领域的影响力。

4. 从以业绩增长为导向走向以人才成长为导向

创新是第一动力，而人才是第一资源，这对主流媒体更加重要。主流媒体要成功转型，必须牢牢依靠人力资源的转型。在深耕城市的过程中，城市和基层为南方报业的人才成长提供了更加广阔的舞台，也由此逐步形成了以人才为宝的发展导向。

此前，各分社（记者站）更关心如何推出精品新闻内容、完成各项任务。而在融媒转型中，各分社（记者站）更强烈地意识到，最宝贵的资产是人。其背后的原因在于，在“报网端融合”为核的模式下，各分社（记者站）对人才的需求发生了很大变化，这呼唤人才培育更新路径、加快节奏、加强投入。

多个分社（记者站）任命骨干记者担当各个工作室负责人，牵头策划统筹一系列大型调研类、智库类产品，在党政、企业圈层持续输出记者个人品牌，推动多名年轻骨干记者成为备受主要领导关注的媒体智囊，多次受邀在机关礼堂就调研成果作报告，为市、县（市、区）有关部门巡回讲课。同时，一批记者通过《南方视评》等新媒体栏目长期出镜，既亮出新闻观点，也亮出个人形象，成为各地知名的时事评论员。

为充分激发团队的创造力和活力，多个分社（记者站）进一步优化激励机制，向重点项目倾斜，奖励精品力作，根据日常表现进行工作内容优化调整，努力做到“人岗相适、人尽其才”；同时，加大培训力度，包括“走出去”和“请进来”等，鼓励团队成员参加各种学习培训，特别是让全员集中精力深入系统研究，培育出一批行家里手。

在此背景下，南方报业在一些分社（记者站）尝试“一张总表管全局”的管理理念，具体构想由“一张总表”“五张分表”组成，总表与分表之间，以及分表相互之间实现环环相扣、互有交叉。其中，“五张分表”对应五个维度，全面打通团队的项目执行、产品运营、新闻采编、学习培训和人力资源管理；在日常运作时，既方便团队管理者横向查阅，掌握全局方向，也方便每个团队成员纵向查阅，掌握个人方向。“一张总表”“五张分表”的核心，就是实现从业绩增长转向追求人才成长、人力增值。

通过一系列制度建设和组织变革，各地方分社（记者站）从培养记者走向培养研究员、分析师和全媒型产品经理，努力从以业绩增长为导向，转变为以人才成长为导向，构建事业与人才的成长共同体。

第四章

下沉

挺进新战场

推动主力军全面挺进主战场，以互联网思维优化资源配置，是媒体深度融合发展的必由之路；推动新型主流媒体资源和建设下沉，则是参与国家治理体系和治理能力现代化的必然要求。

南方报业自2003年提出“深耕珠三角战略”以来，由珠三角辐射带动粤东西北，向全省21个地级以上市下沉。2022年开始，依托南方+客户端进一步明确实施的“下沉策略”，则是南方报业在移动互联网时代一次新的深耕，也是一次向大湾区主战场、移动端主战场的“双挺进”。

立足城市、下沉深耕，南方+客户端致力于成为信息发布的载体、民生互动的平台、基层治理的工具。2023年11月，“两端一云”建设方案发布，南方报业面向未来作出了一次更加系统的布局。

生产更优质的内容，打造更广泛的覆盖网络，建设更强大的传播力——南方报业立足大湾区，向全新的战场挺进。在这一过程中，集团在各地的分社（记者站）事实上担当着“先行者”和“主力军”的双重使命。

一、移动优先：从“两微”到“两端”

2009年8月，新浪微博上线；2011年1月，微信上线。

2012年7月中国互联网络信息中心（CNNIC）发布的第30次《中国互联网络发展状况统计报告》显示，手机首次超过台式电脑，成为第一大上网终端。由此，互联网“移动”场景凸显，导致了一系列系统性变革。

在移动互联时代，传统媒体是被动适应潮流，还是主动破局，拥抱新技术、新玩法？南方报业的答案是：开启传统媒体的移动化转型！若干个记者站率先行动，试水微博、微信“两微”平台，发出省级党报移动化转型的先声。

2015年起，南方报业明确提出移动优先战略，将最核心的生产力转移到移动互联网，自主“造船”创办南方+客户端，推动采编人员向全媒体转型。2023年11月15日，“两端一云”建设方案发布，南方+、GDToday两端并立，内宣外宣并起，内容技术并重，打造以“两端一云”为代表的新型传播矩阵。

作为“两微时代”先行者的集团记者站，承担起了“两端时代”主力军的角色。

1. 传播转场，试水“两微”平台

“终端随人走、信息围人转”，是信息传播的新态势。中国互联网络信息中心发布的第53次《中国互联网络发展状况统计报告》显示，截至2023年12月，我国网民规模达10.92亿人，互联网普及率达77.5%。手机屏幕逐步取代了报纸，移动互联网成为信息传播主渠道。

当用户可以随时随地轻松获取资讯、与内容生产者无缝连接互动时，其所传达的不只是读者阅读需求和品位之变，更是舆论传播场景之变。移动化正是一系列变革的起点。相比于报纸的单向度传播，移动端平台化充分展现了在内容聚合和服务连接等方面的巨大潜力。

在这样的背景下，媒体融合转型势在必行。作为集团的旗舰，南方日报社开始了移动化转型，试水“两微”平台。而身处广州总部外围的记者站，成为其中的一支先行部队。以珠三角区域为例，2014年起，珠三角各个记者站就开始借力微博、微信，加强用户互动，使“两微”成为有效的内容分发渠道。

佛山记者站运营的“佛山微观察”微信公众号，努力传递一手政经消息，独家解读政经新政，与同城媒体错位竞争。这一试水颇有成效，在2015年已经产生了多篇爆款文章，受到当地公务员、高收入人群的青睐，与南方日报读者群“高素质、高影响力、高消费力”属性相契合。

深圳记者站几名年轻记者运营的“南方会”微信公众号2014年8月开设，在创新之城深圳全民创业的氛围中，聚焦政经领域的新风向，以轻松有趣的视角和表达，圈了一波忠实粉丝。

在教育垂直领域，2015年起深圳、佛山、东莞等记者站以“小记者、大课堂”模式，深耕各地教育垂直市场，成效初显。以深圳为例，“南方超级学堂”微信公众号上线，开发出微课、“南方小记者”训练营线下活动。其中，微课与各区教育局合作，半个月举办一场，在线上以语音+课件+文字图片的形式，为家长提供在线指导，其间建立微信读者群逾百个，有效发展了超过3000名高黏性有效用户。

借力“两微”平台，顺应互联网的强开放性和连接属性，加强与读者、用户的互动，“佛山微观察”运营得有声有色，“南方超级学堂”影响力和社会效益并进，《南方日报·佛山观察》《南方日报·深圳观察》实现向“两微”移动端“小而美”的转型，而“两微”客观上为记者站提供了一个向移动互联网转型练兵的小切口。

不过，借力“两微”平台难以摆脱“依附者”的角色，受制于第三方平台，无法施展拳脚。一方面，运营者不掌握“两微”尤其是微信公众号内容发布的主动权；另一方面，完全借力于“两微”平台，无法实现聚集用户、留住用户的目标，更谈不上后续对内容、经营、技术的一体化统筹和多元开拓。

由此，南方报业下定决心打造自主可控平台，开辟主流舆论新阵地。2015年10月23日，在《南方日报》创刊66周年这一天，南方+客户端应时而生，正式上线。这为南方报业在全省的下沉深耕提供了全新的平台。

2. 全员转型，报网端一体化生产

人在哪里，工作的重心就要跟到哪里；主阵地在哪里，主力军就要在哪里。移动优先，就要优先建设移动媒体，形成载体多样、渠道丰富、覆盖广泛的移动传播矩阵。

“移动优先”战略提出后，南方报业加快推进《南方日报》、南方网、南方+客户端体制机制改革创新，优化调整部门设置，让原本分散在不同主体的同类资源进一步整合，形成此强彼强、此优彼优的融合新生态，全面推进以一支队伍、一个“厨房”服务报网端微多个介质，生产多类产品为核心的“内容一体化生产”。

媒体深度融合，是生产流程的再造。2016年，南方报业“中央厨房”1.0（“采编一体化平台”一期）建成，在稿件抓取和一体化稿库等方面实现了突破。2017年，“中央厨房”上线2.0版本，大部分选题可实现在线交流和实时沟通，实现多端口编辑与一线记者直接交流，以及部门内多团队、跨部门多线作战，减少了大量的中间环节和沟通壁垒，为改造传统采编流程提供有力支撑。

以技术变革为基础，珠三角九市的新闻部率先转型为“全媒体新闻部”，锚定“先端后报”“移动优先”，从优化岗位分工、完善考评激励等方面入手，制定了报网端采编工作流程与机制。记者站按“先端后报”的流程向融媒体中心供稿，编辑部同时负责地市观察版面、南方+城市频道、南方网地方频道的内容编发。

从生产端到播出端，以“优化流程、强化协作、做强中枢、提质增效”为原则，制定了值班主任制、轮值总监制、报网端一体化把关和发稿机制等内容。通过标准化流程，构建新型的协同生产模式，推动报网端融合传播的信息流、采编审发全过程的工作流、线上线下一体化的产品线实现更好衔接，从制度设计层面保障“移动优先”贯穿生产全流程。

媒体深度融合，是人员的融合。南方报业打造南方+客户端，并不是另外拉一支队伍，另起炉灶，而是把原来的队伍转到主战场去，把新闻生产力拓展到移动端去，推动报、网、端一体化发展。

珠三角九个记者站的采编人员扎根九座城市，是报社采编力量的重要组成。自2015年10月南方+客户端上线起，《南方日报》珠三角新闻部几经努力，走出了“采编一起转，报端一体化”的路径，采编人员全部转型成为全媒体记者和全媒体编辑。这是传统媒体一次前所未有的转型尝试。

而“非珠”地区（珠三角以外12个地级市）紧随其后。2022年年底，地方新闻部下辖的各记者站成立全媒体新闻部。从2023年开始，地方新闻部在原有编辑部的基础上，逐步完善全媒体编辑部的建设。至此，南方报业完成了对全省21个记者站的全媒体升级。

在记者端，“交稿”不是报道的终结，而是传播的开端，记者全链条地对新闻事件进行跟踪报道和运营分发，身份也从单纯的内容生产者转变为产品的运营者、生产的连接者、传播的管理者，须完成思想观念、身份角色、叙事表达、传播方式的多重转变。在编辑端，整体改变了以报纸稿件为中心的运作方式，改为按照流程来规划整个部门、各个小组和每个编辑的工作，进一步将编辑力量前移到网端，更好地服务好采访部门、调度好采访部门。

移动转型之初，南方报业采编队伍是典型的哑铃形结构，两头大，中间小，从纸媒时代走过来的老记者和新入行一两年的年轻人居多，具备融媒体生产和全场景运营服务的综合型人才偏少。以南方+客户端上线为契机，各部门进一步研究表达、研究传播，大力引进、发现、培养具备良好网感、掌握新表达能力、能驾驭新传播方式的融媒人才。

如珠三角成立智库工作室并在南方+主打《珠三角观察》品牌栏目，注重使用强网感、接地气的语言，探索重大政经报道的网文化表达、智库型创作；珠三角成立融媒工作室挖掘热点选题、创新表达方式，通过九城“同题作文”，联动打造了一批融媒精品，产生“9地相加大于9”的传播效应。

2023年12月，南方报业与东莞松山湖管委会共建的全省首个融媒体创新实验室正式揭牌，南方+松山湖频道成为引领东莞下沉高质量发展的核心引擎。松山湖融媒团队学习华为等企业的先进做法，向组织力要发展力，聚焦“策采写编拍剪运”于一体的“六边形战士”培养目标，提供贯穿人才发展全周期的组织培养方案。近年来，团队成员先后获评省“五一”劳动奖章、报社“年度最佳员工”等荣誉。“下沉也大有作为”，愈发成为人才队伍扎根基层发展的共识。一批从松山湖成长起来的新生代，已经能够为集团在当地勇挑大梁，带动团队向更多区域下沉深耕。

3. 两端并立，内宣外宣双轮驱动

南方报业建设南方+客户端，始终着眼传播力建设，不断在内容生产、覆盖能力、体制机制变革、技术创新以及服务能力提升等各方面进行全新探索。经过多年的发展，南方+已建成集App、手机站、小程序、数字报、两微于一体的移动产品矩阵，截至2023年底总下载量近2亿，年发稿超百万、年营收超5亿的新型主流媒体，牢牢占据广东第一权威移动发布平台的地位。

以南方+为主平台，南方报业在广东各地实现了传播力和营收力的“双提升”。2023年，在传播力上，珠三角新闻部全年流量5.29亿，地方新闻部全年流量超2亿，合计7.29亿，占全端全年流量的过半；10万+以上的爆款，珠三角新闻部、地方新闻部分别为287条、160条，合计447条，在全端占比超六成；珠三角新闻部共建频道总数突破300个，地方新闻部共建频道243个，占全端共建频道数量的超九成；在营收力上，2023年珠三角区域为南方+全端贡献了一半的营收，加上省内其他区域，集团在各地创造的营收占了全端超八成。

依托南方+这个主平台，集团在各地扩大了下沉深耕，而依托“下沉策略”，南方+也实现了长足的发展。由此，挺进移动端主战场与挺进大湾区主战场相互促进，实现了能量共振。

粤港澳大湾区既是我国向世界展示改革开放成就的重要窗口，也是国际社会观察我国改革开放的重要窗口。粤港澳大湾区具有独特的地缘优势和丰富的传播资源，对外宣传有迫切的需要，有良好的土壤条件，也有广阔的发展前景。

在此大背景下，2023年11月，南方报业重磅发布“两端一云”，集中优质资源建强平台。其中，一手推动南方+客户端提档升级，全力打造升级版，坚持扎根广东、深耕湾区、辐射全国、面向世界，建设成为在全国具有强大影响力的广东传播主平台，切实发挥对全省媒体的示范引领、支撑服务作用；一手建设今日广东国际传播中心（GDToday），着力构建以优质内容为牵引、先进技术为支撑、优秀团队为基础、创新管理为保障的外宣传播格局和全媒体发展生态，努力打造广东对外传播主平台、世界了解广东第一端、粤港澳大湾区外宣旗舰媒体。

2023年11月，南方报业重磅发布“两端一云”

GDToday在成立不到一年的时间里，海外网络社交平台矩阵粉丝超过600万，累计创作超4万条原创英、葡、法等外文以及粤语方言产品，生动讲好中国故事、大湾区故事、广东故事。

与此同时，GDToday复制南方+的频道共建成功经验，落实集团“下沉策略”进一步深入腹地。2024年5月，东莞成为全省首个省地共建GDToday频道的城市，带动在中山、云浮开通共建GDToday合作频道，以及在深圳南山共建第一个“两端一云”传播基地。各分社（记者站）已与GDToday初步建立联动机制，各分社也组建了可向GDToday供稿的虚拟团队。

如今，广东、粤港澳大湾区已成为央媒、省媒、外媒和地方媒体的必争之地。如新华社在南沙已设立大湾区国际推广中心，前海则有包括中央广电总台等八家央媒、大公报等若干港媒，东莞、中山等地市也以市级融媒中心为基础建立了成编制上规模的海外传播中心。GDToday通过加快推进“下沉策略”与地市共建外宣频道，既是大湾区发展的需要，也是党媒党端履行职责使命、壮大主流舆论阵地的需要。

两端并立、内宣外宣并起，以“两端一云”代表的新型传播矩阵重磅出击，南方报业依托下沉持续破阵进阶。

二、阵地迭代：从“观察”到“频道”

2003年12月南方日报社实施“深耕珠三角战略”，成立珠三角新闻中心，让这份省级党报在中国经济最发达的地方进一步落地，并由珠三角向粤东西北辐射。经过20余年的发展，以《南方日报》为旗舰，南方报业在大湾区实现了党报品牌公信力、权威性的强势扩张，品牌影响力倍增。

2015年南方+客户端上线，探索构建报、网、端一体化的内容生产模式、产品运营模式和人才生态系统，形成了全新的导向管理机制、内容生产和传播机制，传播精准度不断提升。其中，南方+客户端设立城市频道，并推进各地既有的《观察》《视窗》版面，以及与各地的人才团队一体化生产，是南方+客户端在大湾区巩固壮大发展阵地的关键。

从纸媒时代靠“观察”深耕，到移动端时代靠“频道”下沉，这是南方报业“城市战法”的延续与迭代。

1. 建党端：衔接“纸”与“端”

在“深耕珠三角战略”的引领下，依托新组建的珠三角新闻中心，《南方日报》的《观察》《视窗》版面实现珠三角九市全域覆盖，并从珠三角向粤东西北辐射。在不断丰富这两级新闻平台的同时，还适时衍生出第三级平台，即针对一些重要内容推出特刊报道。

此后，《南方日报》通过多次改版，在区域市场取得了政治效益、社会效益和经济效益的三重飞跃。更重要的是，《南方日报》的党报品牌以“权威+贴近-服务”的姿态，在区域市场不断衍生、强化、整合、扩张，逐步探索出一条在区域市场的链式扩张之路，形成了整体党报品牌统领下的品牌链：市级《观察》品牌、《视窗》品牌、专刊品牌、杂志品牌、特刊品牌、论坛品牌。

经过20多年在区域市场的开疆拓土，南方日报社在地市发展了一批成熟的记者站、储备了一批高素质人才、圈定了一批核心读者，为移动互联时代的开拓打下根基。随着2015年南方+客户端上线，南方报业开启了新的深耕，下沉主战场也从“观察”向“频道”迭代。

2015年8月，南方+与广州、深圳、东莞共建的市级频道上线，并迅速复制铺开。不到一年时间，共建频道覆盖珠三角九座城市，同时向粤东西北地市拓展。沿着报纸时代的“观察—视窗”链条，南方+共建频道一路下沉：2017年4月，南方+顺德频道作为全省首批区县级频道上线；2019年5月，佛山市三水区下辖7个镇街共建的7个南方+镇街频道上线试运行。以佛山为样本，市级频道带动区县级、镇街级共建模式在21个地级以上市铺开，南方报业的下沉实现了从观察到频道的迭代，在移动互联时代有了参与竞争、挺进主战场的抓手。

同时，南方+共建频道还在垂直领域发力，围绕全省的中心工作和粤港澳大湾区“一点两地”全新定位，ESG、乡村振兴、“百千万工程”、绿美广东建设、规划改革。以建设为载体，实施南方+的深耕下沉，推动新型主流媒体资源下沉到区域，通过建设频道、地方版，深入区县、镇街乃至村，南方+具备其他区域性媒体所不具备的优势，可谓水到渠成。

通过加快推动南方+建设的重心不断下移，全面挺进县（市、区）、镇（街）、村（居）和各垂直领域，截至2024年8月，南方+已经共建省市区县镇街、商业类等频道500多个，其中珠三角区域超320个，来自区镇的共建频道占比近半。佛山率先实现了全市5个区32个镇（街）的共建频道全覆盖，东莞则在村（居）一级实现了突破，上线南方+松山湖生态园片区频道。这充分展示了南方+向县（市、区）、镇（街）下沉的力度和深度。

南方+共建频道依托各分社（记者站）进行运营。某些新闻可能在全省层面不算重大新闻，但是在当地却可能引发强烈反响，甚至成为垂直地域的爆款，比如《这才叫港式开学！围餐晚宴、帅气乐队、经典歌剧……眼睛不够用啦》的直播稿件，单稿流量超百万；某些内容可能不是传统意义上的“硬新闻”，但是由于记者运营得力，也能成为爆款，比如佛山频道联合佛山市教育局开展“校长运动达人”评选活动线上点赞，总流量破千万；某些项目未必具备全省性的影响力，但是记者站用好南方+作为省委机关端的权威性和影响力，借助当地政府主管部门的支持，如深圳分社跟政府部门合办的治理能力现代化、教育高质量发展等主题评选活动，产生了巨大的传播力。

回顾南方报业的融合发展历程，通过“下沉策略”，推进平台、内容、服务、

南方+共建频道下沉到镇街

人员下沉，构建省市县镇村五级融合传播新生态，为拓展“新闻+政务”服务能力提供了有力支撑。实践证明，在“下沉”上持续下功夫，必将给主流媒体带来无限空间。

2. 做大端：聚合内与外

南方+客户端的发展历程充分证明，建设自主可控的新媒体平台，是传统媒体构建现代传播力的必由之路。在这一进程中，以平台号为主要形式的内容及用户生

《南方日报·东莞观察》创刊20周年融媒作品展，体现了南方报业在东莞“从报到端”的下沉深耕

态建设，成为必要的平台基础设施之一。平台号作为一种聚合大量内容生产者的生态平台，能够有效整合分散的政务新媒体资源，提供统一的发布和传播渠道，从而提升信息传播的效率和覆盖面。

依托南方+客户端，南方报业重点打造了权威新媒体内容分发平台南方号。2016年上线以来，南方号吸引了广东省超过7000个政（党）务机构入驻，实现了省直、地市、区县政务机构的全覆盖，把开放生产辐射到下沉的广阔天地。

造大平台，凝聚新媒体时代“通讯员”。对传统媒体来说，几百人的通讯员队伍已算庞大，而南方号聚集了1.5万名运营者，为南方+内容池注入了汩汩活水。

南方号运营者既是信息的发布者，也是信息的传递者，更是连接用户的桥梁。他们了解账号订阅用户的实际情况和具体需求，能够在区域有针对性地推送内容，使传播更具精准性和有效性。佛山地区南方号矩阵就孵化出了不少“大V”，如“南海老班长”一年365天保持日更频率，聚焦辖区内退役军人的就业创业、技能培训、学历提升等民生实事，通过“开拓信源+资源整合+精准推送”方式将政务服务做实做细，为辖区退役军人提供暖心服务。“大沥镇委党校”将线上党课与线下培训相结合，还发动社区以社区党支部的名义在稿件评论区留言打卡。经过一年的运营，该号订阅量超10万，已成为大沥镇基层党组织的学习阵地。

南方号平台非常重视与运营者的连接，通过定期联络、荣誉激励、培训赋能等，不断激发南方号运营者参与到平台传播力共建中来。如“遂溪政法”的运营者建立了以全县近800名政法干警、1900多名综治网格员为主力军的分发网络，充分发挥干警专业优势、网格员上门服务作用，做到全县16个镇（街）350个村委会1960个自然村全覆盖。发布的内容不仅具有权威性和准确性，而且通过生动的案例，向群众传递了交通安全的重要性。

开放生产，壮大主流价值传播圈。为了实现平台生产力最大化，南方号通过内容生产流程的再造，激励入驻机构在平台上多发稿、多发声，下沉共同壮大主流价值传播圈。

由于南方号平台每天并无发稿量限制，一些优质的内容可以第一时间向南方+首页推荐，一旦被首页收录就能够加大传播量。比如，“惠州发布”已将南方号作为重要信息的首选发布平台，借力南方号传播惠州好声音；“惠州交警”专门组建了南方号运营团队，与全市各大队组建“素材报送群”，让大队每日报送近期发生的典型案例素材，从中筛选并进行精改，通过南方号首发大量稿件，并发动各大队积极转发相关作品。

“同题作文”是南方号开放生产的一大法宝。它针对不同主题和社会热点向已入驻的南方号派题征稿，鼓励各地南方号结合自身优势、提炼优质资源，在议题框架内进行个性化创作。例如，2023年广东省高质量发展大会后，21个地级以上市的南方号参与到“广东21地市高质量发展‘拼’图”同题作文活动中，以地区发展为核心议题，展示各地在推动高质量发展方面的具体成果和未来规划；聚焦“百千万工程”，《百千万的“秋”》系列融媒策划下沉到广东的县（市、区）、镇（街）、村（社区），展现基层一线敢闯敢试、实干争先的火热现场。

有了“题”之后，如何有效地组织“号”完成生产？通过南方号矩阵深垂运营，能够迅速调动和整合多种资源，形成开放生产大合力。从2019年起，“东莞慧教育”联合南方+开展了持续9个月的品牌学校培育对象校园开放日直播系列，直播触角从民生走向校园。东莞分社利用这一契机，将开通学校南方号纳入传播链条，在“东莞慧教育”的基础上，引导各学校使用南方号发布相关信息，实现直播前后的多层次、立体化传播。系列直播共引导30所学校入驻南方号，其间“东莞慧教育”联动各学校发布相关文章百余篇。此举也为东莞分社进一步下沉学校奠定了基础。

传播共建，下沉培育智媒人才。政务报道如何“活”起来？怎样让南方号有料又有颜？“百万级”栏目如何炼成？南方号实施全链条运营策略，整合人员、市场、技术等多方力量，通过跟踪指导、智媒工坊、榜单评选等手段，既支撑区域南方号做优做强，也为各地政务新媒体人才培育赋能。

如佛山矩阵南方号运营团队精准聚焦头部号，走访摸底多个头部号的运营痛点难点，同步开展系列举措，做优服务。一是在严格遵守把关规则的前提下，与总部联动，为有需要的南方号开设审核“绿色通道”，保证涉时政重点稿件安全推出，时效强、关注度高的稿件及时推出。二是点对点精准服务，提前介入南方号的选题策划，在风险预测、标题打磨、推广形式等方面给出建议，助力内容提质。三是加大精品稿件的选稿和分发力度，联动总部资源强化推广，助力流量提升。

东莞分社从记者跑线到平台发布环节层层细化、贴身追踪，与“东莞慧教育”深化协同生产，注重信息传播全链条设计，共同在教育信息发布策划、制作、深加工上深度合作，以直播、网课、投票、征稿活动等方式创新传播形式。其中，以东莞教育“慧政策”、家庭教育与心理健康教育名家论坛、“三防系列（防溺水、防诈骗、防近视）”为代表的直播产品发力政务民生服务，受到广大师生和家长的认可，屡创百万+爆款，在东莞地区实现“教育有南方”，成为政媒共赢的典型。

3. 强我端：联动上与下

下沉是为了拓展，更重要的是为了做强内容，形成强大的传播力，占领更广阔的阵地，为基业长青奠定基础。下沉已成南方报业上下的共识，分社（记者站）各擅胜场的同时，和总部部门共同寻求结合点，做大增长点，在总部和分社（记者站）合力联动下，不仅新闻、活动流量高，主题宣传也实现了“破圈”传播。如南方+组织近百名采编人员深入广东21个地级以上市，策划推出“21城·21问——广东城市微调研报告”，为城市画像，为发展助力，为时代特写，取得了“正能量+高质量+大流量”的良好效果；推动可复制产品在地市、区县频道落地，广州、中山、云浮多个频道上线地市版抗疫服务平台H5，集中体现“新闻+服务”的硬核能力，其中广州抗疫服务平台单稿流量超37万，专题流量合计超3000万。

“县委书记打擂台”是上下联动、双赢的又一典型案例。县域是实施广东“百千万工程”的主战场，南方日报、南方+客户端聚焦县级党委“一把手”，于2023年推出了“县委书记打擂台”全媒体报道。全省共有122个县（市、区），哪些县（市、区）委书记适合上节目“打擂台”，这是节目成

南方号同题作文“广东21地市高质量发展‘拼’图”海报

功的前提保证，也是节目初期的最大难点。节目依托分社、记者站在当地的深耕，经济新闻部和珠三角新闻部、地方新闻部紧密联动、各个突破，秉持“一县一策”，个性化设置核心议题。一年来，全省有24位县（市、区）委书记登上“擂台”，每一期都突出各地发展特色，推动各县（市、区）在实现县域振兴过程中担起主责、唱好主角。系列融合报道既扩宽了党媒主题报道的深度和广度，让融媒传播与平台建设相得益彰；也极大密切了分社（记者站）与当地党委政府的联系，为南方+进一步下沉赋能。

“县委书记打擂台”让主旋律报道传播走入基层一线

“两端”并立，内宣攻城夺寨，外宣也加紧跑马圈地。目前，GDToday与地市共建外宣频道已确立几个区域样本，已有共建频道覆盖了国际制造名城、知名侨乡、全省经济第一区、全省最年轻的地级市，起到了较好的带动作用。

GDToday共建频道的推进，出现了多种合作形式：东莞频道上线一个月后，即举办GDToday在地市首个“走出去”推介活动——“中国潮玩之都·东莞”国潮产品走进美国，7月又助力广东荔枝走进马来西亚；随着共建合作的推进，东莞、中山及深圳前海、大鹏等地通过GDToday在《南华早报》刊出英文宣传专题。此外，不少未共建的地市通过分社、经营

东莞频道助力东莞潮玩产品走进美国旧金山

公司与GDToday开展外宣和专题合作，如珠海分社与GDToday推出中葡双语动画《90秒带你读懂横琴封关运行》，面向内地、港澳和葡语系国家传播；揭阳办事处与GDToday合作《海外红人打卡揭阳》。

走出去，也引进来。南方报业加快推进GDToday与地市共建外宣频道，是基于内部下沉的推进；共建外宣频道又将助力地市多维度高水平对外开放，反哺南方报业在下沉区域的深耕。

三、垂直服务：从“客户”到“用户”

“客户”与“用户”，一字之差，语境千里。客户强调“交易”，而用户强调“使用”，强调与媒体的共生关系。

近年来，南方报业不断拓展“新闻+政务服务商务”的新功能，为政府、企业等圈层的用户提供决策咨询、信息服务和活动运营等融合式服务。作为以“互联网+”为理念的综合服务型平台，南方+客户端以先进技术为支撑，通过连接各类资源，不断拓展服务边界，围绕三个圈层用户步步进阶，打通连接和服务群众的“最后一公里”。

城市频道依托区域下沉，在各垂直领域进行了卓有成效的探索，从内容张力到形式创新，吸引更广泛的用户，从小闭环走向大社会，到达更广泛的用户，将党端的影响力从党政核心圈放大到广阔的产经圈层和民生领域。

1. 受众精准定位，用户深度连接

新媒体时代，媒体传播力建设的关键就是顺畅有效地抵达用户。重点围绕医疗、教育、金融、地产、消费领域，按“有用有效”的原则，珠三角各城市频道转型为一揽子综合服务的新型主流媒体，内容形态百花齐放，传播渠道全面下沉。

近年来，珠三角九个分社全面挺进县（市、区）、镇（街）和各垂直领域，加强与基层用户全方位深度连接。广州的街镇频道和片区/垂直频道不断探索新的服务领域和应用场景，力争成为基层治理赋能平台。深圳在教育、法治、党建、国资、保险等垂直频道全面发力，借助爆款策划实现快速、高效下沉。如2022年的“以人民为中心——党建引领基层治理”优秀案例评选活动就带来近400万流量，28万人次参与投票背后是核心用户群的深度互动。东莞在教育、文体领域深度下沉，云课堂、积分入学、招生摇号、家心论坛等教育互动内容和品牌栏目爆款频出。此外，借助实施“供需”工程，注重资讯下沉，东莞还在多个共建频道推出了健康快讯、校园短波、莞邑文旅周汇等10余个民生资讯专题栏目，内容更有烟火气、市井味。中山深耕医疗领域，2022年医师节期间联合市、镇两级五家医院举办名医评选活动，策划援非医疗队回家系列报道等，总流量700万+，全市广告大屏“亮灯”。惠

州、肇庆把乡村振兴作为下沉的重要抓手，惠州与农业系统、多个区县和镇街强化在多领域合作，肇庆怀集举办的2022年乡村振兴大擂台网络投票活动总流量846万，20多条镇委书记、村支书打call视频反响热烈。

借助“下沉策略”，各分社纷纷扩频道拓长尾强互动，加速向用户意识、市场思维转变，通过找准自身定位、拓展自身功能、加强特色服务、满足差异需求，加速由单向内容生产者转型为提供一揽子综合服务的新型主流媒体。

2. 多样场景延伸，多元价值开发

随着南方+客户端深度融入珠三角各城市，其形式和内涵也呈现出新的形态：以新闻报道为底色和基石的综合信息服务，以“有用有效”为标准的泛内容生产。在此基础上，党端影响力从党政核心圈逐步放大到广阔的产经圈层和民生领域。

2019年12月，依托南方报业传媒集团智慧党建团队研发设计、《南方日报》团队专职运营后台的南海“九江红”党建云平台上线，能帮助九江镇更加精准地实时掌握基层党组织、党员履行党员职责义务情况和群众需求，更加高效直接地实现镇党委及各党组织工作任务的实时调度，更加便利地实现了党群和党员的互动交流。

2020年席卷佛山商圈的一场活动则是开拓商业领域的代表。这场名为“一起撑消费——南方佛山消费季”的活动，启动了四大行动计划，分别为上线南方+佛山消费频道、启动千万元推广资源扶持计划、战“疫”助农直播和消费指南，佛山频道为佛山市内各商家（消费终端类）免费提供营销推广服务，以“专题+海报”“线上传播+线下推广”的形式推出各大商圈优惠信息，为用户提供最新最具针对性的消费资讯，刺激用户消费欲望，助力佛山消费复苏。活动吸引了六大商圈超十个商场参与，涵盖超过300家商铺参与。同时，商场还强化与南方+合作推广，不仅转发南方+链接集赞送福利，还在线下商圈LED大屏轮播“南方佛山消费季”广告，南方+品牌获得了有效推广。

在更广泛的民生领域，珠三角的垂直下沉既有以市民运动会、村居篮球赛、徒步为代表的基层体育赛事，也有以积分入学、招生摇号、网络课堂、名校探访等为代表的教育互动，以及以厨房直播为代表的食品安全监管等品牌栏目或活动。

社区也是抢占“最后一公里”流量的必达之地。如佛山分社与碧桂园服务江中

南都“最美逆行者”海报在各地市户外大屏展示

佛山区域达成战略合作，携手为佛山地区100个碧桂园物业小区、13万户业主家庭搭建民生服务新平台。党媒、党端进社区，开创了“党媒+物业”的社区服务宣传新模式。

这些多维度的场景服务或活动，通过满足所在城市的个性需求、匹配多元化的传播场景，从小闭环走向大社会，到达更广泛的用户，实现了南方+在珠三角区域影响力的提升。

3. 内容形态创新，运营服务“出圈”

从做报纸到做客户端，“网感”是一道必须跨过的鸿沟。通过从内容张力到形式美学的升维，是南方+共建频道吸引更广泛用户的必由之路。

近年来，珠三角各分社制作的视频、MV、海报、H5、条漫、动新闻、3D全息动画等产品大幅度增长，新的表达形式尤其是短视频已成为主流传播方式之一。佛山分社的《南方视评》让一批主力记者、网红观察员出圈，“大事要请南方评”成为佛山标配；深圳分社联合深圳市国资委推出《大城大企——深国资践行社会责任深调研》系列全媒体报道，视频产品被搬上机场、地铁、巴士、产业园区等移动及户外大屏滚动播出；东莞全力升级打造短视频评论产品《南方莞评》，为东莞的中心工作、热点事件提供正确的舆论支撑。惠州分社在市两会期间，打造推出了惠州首支融深融湾城市主题歌曲MV——《融深融湾惠更幸福》，在惠州数百块户外屏幕上播放，形成广泛影响力。

融媒体时代，只有努力打造内容和形式兼具的作品，尤其是加快探索将内容、视觉、设计、版面语言协调兼容，为“好内容”找到“巧形式”，才能打造群众喜爱、刷屏热传的作品，吸引更广泛的用户、留住更忠实的读者。

以前文提到的“县委书记打擂台”全媒体报道为例，该节目同时推出通讯、评论、海报、H5等融媒作品，节目传播实现破壁出圈，在南方+客户端的阅读量超过1000万，全网阅读量超过6000万。

相比娱乐性的视频节目，重大主题报道视频节目实现爆款难度更大，需要深度运营。报道团队采用下沉式传播，充分发动省、市、县、镇、村“五级联动”深入核心圈层，让主旋律报道传播走入基层一线，推动南方+建设的重心不断下沉。每期节目都有镇委书记、村干部参与，镇、村两级转发积极性高。下沉效果明显，累计带动南方+新增下载100万，让党的声音传导到基层末梢。节目还带动各驻地分社（记者站）同频共振，如肇庆分社复制推出“镇委书记打擂台”，传播力进一步辐射到镇域基层。

四、走向大众：从“头部”到“长尾”

长尾效应（Long Tail Effect）的存在提醒我们，从人们需求的角度看，大多数需求集中在头部，可称之为“主流”，而分布在尾部的是个性化、零散的需求。做强长尾效应，可形成一个比主流市场更大的市场。

南方+城市频道紧扣用户所盼所需，精准切入长尾市场，为用户提供吃、住、行、游、乐、购等方面的及时服务；通过重新规划内容产品，重构“触点”，与当地社区、企业、学校、商业体、医疗机构等各类主体建立联系。同时，通过拓展下沉传播力网络，推动南方+用户“破圈”，从政务人群向大众人群迁移。

占领长尾，是下沉的必经路、主战场。通过优质的内容传播和活动开展，此举可带动提升南方+在基层的下载量，努力提升日活和流量，提升南方报业在区域市场的影响力和传播力。

1. 产品长尾：重构“端相”，全面触达大众

媒体在高速扩张时，往往会采取以量取胜的策略。南方+下沉频道现有内容以政务资讯、商务资讯和消费资讯为主，需逐步改变这些内容的形态，增加高质量、有价值的新闻，努力打造良好的端相。好的内容才有生命力，才能产生更大的影响力。

2022年，南方+佛山区域以南海区大沥频道、顺德区容桂频道为试点，结合镇（街）作为最小共建单位、五脏俱全的特点，实行内容、生产、把关、运维等十大环节的全流程试验，开展重点人群、重点栏目、重点样式、重点活动专项攻关，探索可见、可复制、可收益的下沉模式。

内容的重构，正是“触点”的重建，实现从报纸到移动端的迁移。佛山试点围绕下沉区域的信息需求，规划了国内省内要闻、当地政经要闻、民生类信息、商业资讯、南方+重点产品、视频产品六大类别内容。其中，国内省内要闻、当地政经要闻可视为“头部”，南方+重点产品、视频产品为“腰部”，民生类信息、商业资讯均属“长尾”，所占数量最多。

下沉频道通过与当地社区、企业、学校、商业体、医疗机构等各类主体建立联系，强化生活、商业、服务等长尾资讯来源。例如，以区级共建为核心，三水

频道瞄准三水区政务服务、医疗保健、生活资讯、青少年群体，分别设置“益硒你”“淼健康”“享生活”“致青春”“便民通”五个服务专题，探索区域内容长尾开发新模式。

往下到镇街一级，下沉频道的生产规划更为精细。例如，顺德容桂频道，对应社区治理、产经动向、生活资讯、学校动态，分别构建了“善治容桂”“财经眼”“容桂时光”“校园资讯站”专题，以期深度融入镇街品牌体系，联动镇街基层人群，开拓镇街商业长尾。

为做好六大产品在前端的呈现，让下沉内容规划“可见”“可感”，下沉频道对界面进行了重构。通过“单稿+按钮+专题”模块灵活配置，按照动静结合、上下结合、头尾结合、文字视频结合、统分结合等原则，优化日常界面设计，让长尾多起来、页面动起来、地气腾上来。

动静结合，是以日常信息流呈现为主，穿插滚动信息栏和专题瀑布流，让端相动起来；上下结合，“上”是指全国、全省乃至全市要闻，“下”是指贴近下沉区域的本地政经要闻；头尾结合，头部信息指重要原创政经新闻，长尾信息指商业、民生、服务等本地资讯；文字视频结合，在以文字为主的同时，加大视频呈现力度；统分结合，则是在设置按钮集中呈现的同时，也要按照单条信息的热度、鲜活度，及时打捞到首屏等重点位置呈现。

立足六大类别产品，下沉频道丰富内容供应，提升“日更”信息数量，确保每天“前三屏”都有丰富、鲜活、贴近当地的资讯，夯实与下沉区域用户的黏性。在此基础上，佛山下沉试点进行了靶向式的探索，通过重点研究基层人口结构，找寻大众圈层的“组织方法”，每个试点镇街重点经营“两公共一特色”三种人群。“两公共”是以教育为重点的家校人群和以物业为重点的小区人群；“一特色”是根据每个镇街的产业和施政特点，锁定一个特色人群。如大沥主攻党建、石湾聚焦文化、容桂主打村居、乐平研究园区，目的就是要形成既有广泛覆盖又有精准分发的渠道体系，提升到达效率，让传播更加确定。

2. 内容长尾：拓展“头尾”，兼顾“上下”

南方+作为新闻客户端，新闻服务是立身之本。下沉首先要从丰富新闻内容入手，既要拓展“头尾”，也要兼顾“上下”。要抓好重大主题宣传、重大报道战役，抓大稿；也要抓好日常报道、即时新闻，抓小稿。重大主题报道政治性强、影响面广，新闻操作技术含量高，固然需要投入更多的时间精力精心打磨；日常报道也是做新闻的应有之义，需要认真对待，要做好看的新闻、有用的新闻。

相比其他移动端，南方+客户端的核心优势在于依托《南方日报》“高度决定影响力”的办报定位，多年来深耕、观察、研究区域的内容生产优势。从试点看，基层支持下沉，但也非常看重南方报业对外和向上的传播优势，这就要求下沉做优两个内容：一是保持原有长处，在强化消息快发、首发的基础上，进一步形成构建南方观察为主的述评体系，并催生一批短视频、直播、H5、点赞、征文等新产品；二是贴近基层民众需求，增加商业、便民等内容，加大开放生产，做强长尾资讯，深入县（市、区）、镇（街）、村（居）拓展资讯内容和市场

珠海分社和珠海市商务局联合多个行业代表性企业，推出珠海消费互动地图，为港澳游客提供消费指南

服务。

对于党端而言，重大主题报道的策划运营、内容的审核把关，仍然需要围绕党的新闻舆论工作要求开展，需要依靠专业力量、保持专业水准。

近年来，在狠抓专业内容建设和品质管理上，珠三角区域下沉频道进行了深入的探索。2022年11月，广州直面“三年来最复杂、最严峻疫情”，珠三角新闻部和广州分社依托区镇频道，紧扣“多、快、新、近、实”五字诀，解读硬通告借力强下沉，进驻第一线传播正能量，实现单月流量超2000万。

其间，广州各区分别划定中高风险区、封控区等，不同区域发布了不同的防控政策。区镇频道围绕就医买药、外卖物资、上班出行等用户关心的话题，自采“疫情服务问答”回应关切，积极进行正面舆论引导。例如，2022年11月9日，番禺区发布新一轮防控政策后，番禺频道运维小组通过读者群搜集用户需求和提问，结合官方发布的有限解读，通过话语转换编写了十个问答，形成《今天能上班吗？私家车能不能上班？番禺疫情防控十问十答来了》。该稿件发布后迅速在番禺乃至全市用户中刷屏，24小时内获得流量174万。同款焦点问答在海珠区、白云区等陆续铺开，紧抓当地用户痛点，形成多轮强有力的下沉传播。“服务问答”从内容生产开始，就带着强烈的下沉思维，真正地贴近和服务本地用户，通过传播用户看得懂、愿意看的新闻，传达政府不好说、不直说的信息，为基层政府有效化解舆情、引领社会共识提供了平台和支撑。

下沉频道原创生产，既要抓大稿，也要抓日常。既要抓好重大报道，也要抓好日常报道、即时新闻，首发快讯、评论、点赞、视频，这些常见于市级、区级频道的大稿和策划。顺德容桂频道就是通过扎实下沉，丰富频道的日常内容供给。例如全年围绕不同节点、面向不同圈层，频道策划了容桂“时光十二景”、2022年“容桂好人”之星、容桂名师工作室主持人风采展等线上点赞活动；同时，能“下”能“上”，勇当本地意见领袖，容桂频道在重要事件上发布深读和评论，收获不俗反响。

一手抓专业生产，一手抓开放生产。多数商业平台都是开放生产，让用户用好平台去生产海量内容，为平台增加流量、广告和吸引力。南方号是开放生产的平台，在强化管理、抓好导向的同时，也要建立共建频道通讯员队伍和拍客队伍，让他们更多地参与到内容生产中来，丰富平台内容形态，促进流量提升。

为此，下沉区域以共建频道为主阵地，按照“强原创、强抓取、强关联、强发动、强监测”的原则，进一步优化原创新闻与开放生产流程，提升生产效率。

强抓取，是依托南方+后台技术支撑，强化对当地官方微信、主流媒体、重点机构、地方“大V”等网络内容的抓取，进入媒资库后批量转发；强关联，指强化南方号与下沉频道的关联，将南方号的内容及时在频道更新；强发动，以节点或热点为依托，面向外部单位定向征集主题内容，发动社会参与，在南方+平台上进行展示或呈现，如征文、报料、拍客等；强监测，是强化对地方动态的监测，及时查漏补缺，更新地方资讯。

3. 传播长尾：巩固“主动脉”，打通“微血管”

南方报业一心一意建设南方+，就是要把南方+打造成为目标用户每天获取信息资讯的必选渠道。应该说，在延伸传统媒体服务能力，覆盖“三高”（高素质、高影响力、高消费力）人群方面，南方+已经做到了，但是对于基层群众的覆盖力还做得不够，所以要进一步下沉，把工作做得更细、更贴近、更有新意。

根据信息的来源和特性，政府和企业信息主要依托官方渠道分发。头部“主动脉”能辐射主流圈层，但难以触及社区居民、垂直群落等长尾市场和“毛细血管”，传播空白亟待填补。在民生热点中，下沉资讯通过满足最强烈的用户需求，迅速形成流量磁场，吸引大量用户，既接通了毛细血管，又强化了资讯养分供给，构筑长尾用户市场。

内容生产和渠道建设如车之两轮、鸟之双翼，必须想方设法做强南方+发行网络，线下强触点，线上强服务，让南方+在基层铺天盖地，无处不在。

分发的背后是要推动南方+用户破圈，从政务人群向大众人群迁移。与政务人群相比，大众人群比较分散，缺乏组织，传播效率低。珠三角区域通过强化圈层推广，以“屏、端、微、群”为主要路径，构建面向不同用户的分发体系，提升南方+信息在下沉区域的到达率和覆盖面。一是精准分发，针对镇街主官、重要干部、重点社区负责人精准点对点分发；二是定向分发，细分下沉区域受众需求，围绕教育、商业等不同人群，建立读者微信群，进行有针对性推广；三是地推矩阵，选择人流密集地和重点社区活动场所，合作开发一批户外大屏、村（居）信息栏等，强

春节越秀花市上南方+地推活动

化南方+品牌日常推广。

如果说平台、内容、形态创新是抢占“公域流量”的重要抓手，那么发展与黏性互动的用户，开拓私域流量则是实现传播力积极裂变的有效抓手。而在私域流量里，最常见的就是社群运营和垂直领域读者群运营，通过与一群共同属性的用户产生互动，进而达到精准化传播和营销目的。

依托各城市频道、区镇频道、垂直频道，珠三角已建立了上千个各种类别的读者群。佛山传播圈层从产经领域拓展至民生领域，就与组建各种社群工作部专门向社区和学校渗透密不可分，组建了超过150个微信群，在66家学校开通小记者站；广州借鉴兄弟分社经验，2022年以来建立了近百个读者群，传播效果显著；东莞建立了超过200个微信读者群，吸引读者近5万人，覆盖全市各镇街和主要垂直领域；惠州频道常成为流量黑马，一个重要原因就是近百个读者群，形成了市、区县、镇街、村居四位一体的传播运作体系，读者群消息源甚至比媒体通讯员还早；珠中江等区域读者群近年来也在区域和垂直领域精准发力，培育出一批专业人士和意见领袖。

第五章

共舞

城市实战方法论

一、《南方》杂志：紧贴基层实际，开拓服务新局

2003年创刊以来，《南方》杂志忠实履行省委机关刊的职责使命，围绕中心、服务大局，高举旗帜、引领导向。秉承着“深度凝聚力量”的办刊理念，南方杂志社长期坚持有思想、有温度、有功用、有综合传播力和可持续发展能力的“四有”智慧型党刊探索，把服务人民作为出发点、落脚点和着力点，忠实履行党的新闻舆论工作职责。

《南方》杂志的发刊词提出“必须在办刊的指导思想、内容和方式上充分反映人民群众的愿望和要求，反映人民群众的智慧和创造”。广大基层党员、干部、群众是《南方》杂志最坚实的后盾，目前，《南方》杂志月发行量达128万份，是全国发行量最大的省级党刊之一，全面覆盖全省各地各领域的基层党组织。杂志的报道重点在基层，杂志的力量来源也在基层。

坚持下沉基层、创新服务，南方杂志社凭借高端影响力、专业研究力、大众传播力、舆论引导力等优势，以融合转型提升、创新服务体现主流媒体的新价值，为各级党委部门提供决策参考，得到了广大机关、企事业单位等机构和广大党员干部的一致认可，走出了一条“中国特色，南方气质”的党刊智慧转型道路。

1. 厚植为民情怀，走好新时代群众路线

了解基层、贴近基层、服务基层，是党刊最大的特点，更是党密切联系群众的重要桥梁和纽带。习近平总书记将“用党的创新理论武装全党、教育人民”作为宣传思想文化工作的首要政治任务。一直以来，《南方》杂志聚焦中心工作、注重调查研究、深入基层一线，以思想力度和报道深度体现“四有”智慧型党刊的温度。

《南方》杂志通过理论季刊、评论专栏、观点频道、微信公众号等“南方理论高地”建设，让党的创新理论飞入寻常百姓家，不仅突出了《南方》杂志的思想性和功用性，也为提升服务党建工作的能力奠定了坚实基础。

《兄弟扶贫记》《笔从溪碧来》《蹲点老区访初心》《蹲点乡村问振兴——广东驻镇帮镇扶村周年调查》等一大批具有良好社会影响的深度报道，获得了多项国家、省级荣誉，受到各界读者的欢迎和好评。杂志“端庄、大气、雅致”的悦目观

感也多次获得“中国最美期刊”荣誉奖项和基层读者好评，其“红色视觉设计”理论，也成为提升服务党建工作品质的有效方法。

纪录片《江望》、系列短视频《最美第一书记》、文化短视频《时节广东》栏目、“党员干部微信表情包”、“吾土吾乡·红色村VR巡礼”、南方直播等新媒体产品，以多样化的优质新闻形态面向大众传播，进一步提高了党刊的传播力和服务党建工作的能力。

贴近基层的一次次生动实践，凸显了《南方》杂志始终不变的为民情怀。切实走好新时代群众路线，俯下身子倾听一线声音，才能如习近平总书记所说的“真正把群众面临的问题发现出来，把群众的意见反映上来，把群众创造的经验总结出来”。

2. 提升党刊功用，开创服务党建事业新局面

宣传党的政策、总结党建经验、助推党建工作，是党刊的职责使命。《南方》

《时节广东》栏目深入各地一线，图为《南方》杂志记者在江门新会区睦洲镇石板沙村取景

杂志上联中央省委，下接基层地气，为新时代党建工作迎接新挑战、解决新问题、完成新任务提供各种方案，在提升“四有”智慧型党刊的“功用性”上，走出一条探索创新之路。

《南方》杂志聚焦改革发展、转型升级、自主创新、区域协调发展等重大主题，为党委政府提供决策参考。多篇领导参阅稿件获得省委书记、省长等省领导批示，其中相关经济改革报道被报送中央；与广东省社科院连续多年推出《赢在后劲——独家发布广东竞争力报告》特刊，为广东继续领跑全国提供决策参考，在省委全会、广东两会、全国两会上引起关注。

《南方》杂志对各级机关、企事业单位领域进行精准传播，将党的政策的执行者、经济发展的决策者、公共事务的管理者等定位为重要受众群体。将重大主题报道延伸至课题研究、案例遴选、会议论坛等产品中，担当各级党委政府的参谋和助手，以创新服务提升党媒的传播力、影响力。

《南方》杂志还坚持强调读者意识，致力于可读性的建设，在深入、正确领会解读上级指示精神的同时力求做到“必读”“实用”“好用”，努力成为称职的学习平台。在加强全媒体传播矩阵建设方面，南方杂志社找准“专注政治、政坛、政策，分享思想、理论、观点，服务广大党政干部”的定位，坚持用户思维，创新表达方式，以党刊特色吸引受众流量，让党的声音传得更开、更广、更深入。

习近平总书记对新闻舆论工作者的角色有着深刻定位。新闻舆论工作者不仅要做党的政策主张的传播者、时代风云的记录者，还要做社会进步的推动者、公平正义的守望者。“有功用”，意味着党刊不仅是信息的供应商，也是思想的供应商，要以服务力度拓展党刊智慧转型新空间。

3. 发扬优良传统，开拓以“南方党建智库”为抓手的智慧转型新格局

习近平总书记在党的十九大报告中阐述“牢牢掌握意识形态工作领导权”时，把“加强中国特色新型智库建设”和“提高新闻舆论传播力、引导力、影响力、公信力”紧密连接在一起。推进国家治理能力现代化以及经济社会发展各领域对于决策的科学化、数据化、信息化的要求，蕴藏着对智库服务的巨大需求。

“敢为人先”始终是《南方》杂志的精神气质。2014年起，南方杂志社响应南方报业传媒集团融合转型号角，拉开转型帷幕。2015年以来，南方杂志社开通南方杂志微信公众号，打开杂志新的媒介窗口，承办的观点频道和党建频道相继在南方+客户端上线，推出一大批“正能量+大流量”的媒体融合精品。2017年11月起，南方杂志社鼓励以下沉带动服务、以转型拓展空间，通过南方党建智库等新抓手持续发扬贴近基层、服务党建的优良传统，围绕党建传播、党建研究、党建服务这三大核心任务，不断延伸以党建为核心内容的智慧化产品线，提升党刊可持续发展能力。

一是党建传播，为基层党建创新传递更多正能量。党刊在党建传播领域的独特优势，是南方党建智库的核心竞争优势。南方杂志社全力打造广东最专业的党建全媒体传播平台，党建新媒体项目入选“全国报刊媒体融合创新100佳优秀案例”。同时，努力拓展党建传播渠道，为基层党建创新传递更多正能量。2019年，南方杂志社在全国率先组织召开“全国党刊基层党建创新案例暨首届广东基层党建创新案例交流会”，发起成立“全国党刊红色教育联盟”，发布《强自基层——广东基层党建创新力报告》，这也是省内党建智库在该领域推出的首份研究报告。活动征集到诸多广东乃至全国基层党建创新的优秀案例，体现了各地基层党组织的最新成果。2021年和2023年，又成功举办了两届广东基层党建创新案例征集遴选活动，并重磅发布广东基层党建创新力报告，系统梳理了广东基层党建的创新经验。2019—2023年，连续参与承办“粤治——治理现代化”党建引领社会治理创新优秀案例征集遴选活动，邀请专家深入基层观察指导基层党建。

这些成果，为广东各地创新党的组织体系，创新党服务人民的举措提供了有益参考，为深入实施新一轮基层党建三年行动计划、提升基层党建质量提供样板典范，同时，也为广东向全国展示基层党建实践经验提供了高质量范例。

二是党建研究，高水平队伍推出高质量研究成果。研究能力，是南方党建智库的核心资源优势。南方党建智库汇聚了广东乃至国内一流党建学者，并依靠高水平的研究队伍推出高质量的智库研究成果。同时，南方党建智库自建研究员队伍，密切研究关注全省乃至全国党建领域的实践与创新。2022年，南方党建智库被广东省委组织部推荐为省党建研究会理事单位。

2018年4月，南方杂志社首次与南雄市委共建“南方党建智库基层党建南雄研究基地”；2019年3月，与广州医药集团合作成立首个以国企党建为研究主题的基层党建研究基地；2021年9月，与江门市委组织部共建“南方党建智库基层党建江门研究基地”。2021年，以研究基地下设工作站的形式，进一步向基层延伸研究触角。近年来，南方党建智库已在广东各地市与组织部门和企事业单位联合共建了18个基层党建研究基地，围绕城市党建、农村党建、国企党建等领域开展党建研究，推出了一批研究成果和融媒体传播产品。

目前，南方杂志社立足基层党建研究基地，重点围绕广东基层党建三年行动计划要求，推出了国家级、省级和地市级党建研究课题并深调研120余个；邀请省内外党建专家实地调研，有针对性地梳理基层党建的经验、问题和提升路径等，持续为各级党组织加强党的建设提供决策参考。同时，南方党建智库还承接了大批来自省、市各级组织部门的课题研究，形成了《广东省镇街党校建设与管理研究》《城

南方党建智库已成功举办三届广东省基层党建创新案例交流活动，并以《强自基层》为主题，持续推出基层党建创新案例分析智库报告

市基层党建引领基层治理创新效果研究》《新时代领导班子政治建设提升整体功能研究》等一批重点研究课题成果，获省党建研究会表彰。

南方党建智库还牵手外部单位组织了系列研讨会。与广州市委组织部、广州市委党校等联合举办“羊城村官上大学”工程专题研讨会；在深圳市龙华区民治街道联合举办党建引领基层治理创新论坛；与潮州市委党校联合举办党史学习与文化自信研讨活动；与潮州市茂芝会议研究会联合主办“茂芝会议精神研讨会”；邀请专家走进江门新会，召开创新党员教育工作研讨活动，探讨农村基层党员教育载体创新……一系列研讨会的举办，既是南方杂志社“智力输出”的党建研究服务新渠道，也为南方党建智库积累了丰富的研究资源。

三是党建服务，构建智库服务产业的新格局。为党的建设新的伟大工程服务，为各级党委决策服务，为基层党组织解决党建难题服务，是党建智库的鲜明特色。

“羊城村官上大学”工程农村基层工作实务知识竞赛

南方党建智库结合自身资源和优势，精准制定智库服务发展策略，在党建领域突出“参谋、助手、平台”等角色：一是做上级党委部门决策党建工作的参谋。南方党建智库受广东省委组织部委托承担领导班子政治建设、物业管理党建、镇街党校建设等多项调研课题，并撰写研究报告、制定指导意见。二是做机关企事业单位研究党建工作的助手。南方党建智库与多地合作共建18个基层党建研究基地，组织“党建专家观察团”下沉一线，研究基层党建经验和问题，为各级党组织提供决策参考。三是做党员群众参与党建工作的平台。南方党建智库推出了一批红色出版物、红色视频、红色空间等党建服务和产品。

在推进中国式现代化进程中，各级党委政府部门、企事业机关单位邀请南方党建智库合作共建，涌现出了一批成功服务案例。比如广东省人民政府地方志办公室委托的“改革开放再出发”省级党政展览馆项目，高度凝练梳理概括了党的十八大以来广东牢记习近平总书记的殷殷嘱托，推动经济社会全面发展的探索实践，得到中组部、广东省政府领导高度评价；广州市非公党委委托的“广州市非公党建展览馆”升级改造项目，深入调研挖掘广州非公经济和非公党建的探索和经验，将其打造为目前全国省会城市最大的非公党建展览馆，成为全省非公党建领域的重要红色阵地；江门市委组织部还委托建设了“南方圆”红色智慧终端、开展党建专家调研活动、全媒体宣传推广江门经验、共建农村党员教育培训基地等一系列重点项目。同时，南方党建智库编辑出版了《广东交通集团开路先锋》等系列专刊和党建出版物；提供以全国党刊红色教育基地、党建培训、舆情培训、红旅等为代表的“党建培训”；围绕“英雄花开英雄城”主题，邀请原中央党史研究室副主任李忠杰领衔“越秀红色专家智库”，发起广州地区红色文化战略联盟，开展越秀地方党史挖掘研究；打造广州市荔湾中心医院党建全媒体矩阵，大力推动区域高质量医疗服务建设；把握党建工作核心内涵，高质量拍摄制作基层党建视频，推出大量红色主题音视频、直播及动漫产品。此外，南方党建智库还开展了红色交通线大潮高速策划项目、广药劳模图书出版项目、白云山中一劳模工作室策划设计项目、省水利厅动漫视频制作、立白集团党建画册出版等项目服务。

通过贴近基层、服务党建的智慧化探索，以专业化、定制式、个性化为特点的智库服务产业新格局初步形成，更好地满足了政府、企业、公众等多方的深层次、多元化需求，成为南方杂志社高质量发展的新抓手，实现社会效益、经济效益“双丰收”，成为党刊可持续发展新的增长极，智慧转型成效初步显现。

4. 坚持守正创新，在变与不变中把握好使命和责任

时代在变，媒介在变，南方杂志社在进行技术更新、平台多元、内容提升、形式丰富的探索中，坚持党的领导不会改变，坚持以人民为中心的导向不会改变。习近平总书记强调“着力加强党对宣传思想文化工作的领导”。作为党刊，要始终坚持守正创新，把握好转型发展变与不变的辩证统一。

建设南方党建智库的初心，就是在应变而动中更好履行党刊职责使命，助力全面从严治党。只有持续保持党建特色优势，围绕党员干部这一核心用户资源，提供更专业、更有针对性的党建智慧服务产品，才能使党刊在变化中突出重围，重塑传播影响力、形成发展增长极、增强人才凝聚力。

探索以南方党建智库为载体的智慧化转型路径给了南方杂志社一些启示：一方面，必须源源不断地产出高质量的原创党建类产品，才能巩固、提升党刊在理论宣传方面的核心竞争力，智库产品就是高质量原创内容的代表；另一方面，必须聚焦基层党建核心圈层，强化用户意识，不断创新服务模式、改进服务方法，才能实现党刊主流价值影响力与自身可持续发展的有效转化。媒体深度融合实际上是媒介生态系统再造的过程，党刊只有不断挖掘培育新技术、新平台，着力提升原创能力、服务能力、聚合能力，才能闯出一条通过智慧化转型提升党刊可持续发展能力的路子，不断开创新时代宣传思想文化工作新局面。

习近平总书记在新时代文化建设方面的新思想新观点新论断，形成了习近平文化思想。这一重要思想，为我们做好新时代新征程宣传思想文化工作提供了强大思想武器和科学行动指南。党的二十届三中全会擘画了进一步全面深化改革的蓝图。在百舸争流、千帆竞发的媒体融合新格局下，南方杂志社以“守牢宣传思想工作主阵地，积极开拓新领域；突出党建全媒体传播主平台，提升传播和服务新水平；加强深融智转主动性，激发高质量发展新动能”的思路进一步推动全媒体深化改革和智慧转型提质升级，为巩固壮大奋进新时代的主流思想舆论贡献更大力量。

二、南方新闻网：城市数字化治理的“升维”战法

近年来，南方新闻网深度参与数字政府建设，充分发挥国家高新技术企业和国家鼓励的软件企业技术优势，自主研发“南方云媒”数字生产平台，为广东省包括广东省人大网、广东省人民政府门户网站、广东省政协网、广东省委政法委网站群、粤省事等5000多家党政机关、人大机关、政协机关、群团组织、企事业单位的官方网站及新媒体提供数字平台支撑赋能。每天平均生产、发布、汇聚权威政务动态、政策原文、政策解读、理论文章等稿件、推文达20000多篇，接收和回复群众建议留言2000多条，日均产生流量超过2亿，存储动态大数据超过500TB。平台打通数据链路，同时支撑广东省委机关网南方网、粤学习客户端，共同组成广东省传播最广、覆盖最全、影响最大的权威官方媒体矩阵，为全面反映广东贯彻落实习近平新时代中国特色社会主义思想的具体举措和生动实践，讲好广东故事、大湾区故事、中国故事，为广大网民了解政策、建言献策、交流观点、展示美好生活、弘扬正能量网络文化提供了强大的技术平台赋能。

在此基础上，南方新闻网进一步将“内容+技术+服务”经验势能下沉地市，从内容、传播到技术、产品，全面融合新闻与政务，深度介入数字与服务，通过“以媒体深度融合为依托、以数字化产品为途径、人力算力结合、云端线下并重”的服务城市数字化治理的“升维”战法，为广东21个地级以上市共5000多家各级党政机关提供信息化服务及一站式解决方案，助力广州、深圳、佛山等多个市、县（市、区）在多个全国政府治理绩效评估中获取佳绩，探索出一条新型主流网络媒体高质量发展的数字化之路。

1. 内容升维：新闻力“升维”政务信息公开

坚持以人民为中心的发展思想，是习近平新时代中国特色社会主义思想的重要组成部分。推行政务公开，是政府服务人民、依靠人民，对人民负责、接受人民监督的重要制度安排。习近平总书记强调，要用制度安排把政务公开贯穿政务运行全过程，权力运行到哪里，公开和监督就延伸到哪里，以公开促落实、促规范、促服务。

基于“南方云媒”数字生产平台，南方新闻网建设了广东省政府网站集约化平

台，其为广东全省21个地级以上市5000多家各级党政机关发布政务信息提供系统支撑，日均发布信息公开稿件超过1000条，拥有存量数据数十万条，是体量巨大的新闻“富矿”。同时，南方新闻网为广州、茂名、湛江等20余个市、县（市、区）政府门户及部门网站提供信息发布、宣传策划等内容运营服务。

围绕政务信息公开及信息服务，结合网民信息需求，南方新闻网充分发挥专业服务能力，运用新媒体手段，生产出一大批内容丰富、形式新颖、可读性强、传播广泛的政务新闻产品，为地市政务信息公开“升维”。

2022年9月起，联动广东全省21个地级以上市推出高清海报，聚焦党的十八大以来在以习近平同志为核心的党中央指引下，广东各地级以上市取得的突出发展成就。该系列海报一共21张，每张海报以广东不同地市的标志性景观为背景，结合该地市最具代表性的数据及关键词，用符合互联网传播的风格特点进行精心设计，获得众多网民点赞转发。

聚焦粤港澳大湾区建设成效，结合《粤港澳大湾区发展规划纲要》正式发布五周年，推出《飞“5”大湾区》大型网络专题，记录大湾区建设奋斗历程，展望未来发展机遇，致敬伟大新时代。此外，从宏观发展、科技创新、现代产业、基础设

南方新闻网自主研发“南方云媒”数字生产平台，为广东省5000多家党政机关、人大机关、政协机关、群团组织、企事业单位的官方网站及新媒体提供数字平台支撑赋能

施、优质生活圈、重大合作平台等大湾区重点工作领域开展深调研，推出《大机遇　大文章》系列报道。其中，《飞“5”大湾区｜小人物VS大时代：凡尘微光　逐梦湾区》《大机遇　大文章｜与科技深融共舞，大湾区现代产业体系“新”风扑面》获全省推送。同时，联合GDToday、粤港澳大湾区门户网推出《“湾”事顺利》系列报道，面向港澳人士讲解大湾区内地民生政策、办事流程（如购房、参保、自驾“北上”）等内容，体现港澳群体“有所需”，大湾区政策举措“有所应”，促进粤港澳软联通、心相通。其中，《“湾”事顺利｜自驾经“二线”通道进出横琴，这三点很关键》获全省推送。

2. 传播升维：传播力“升维”联系群众桥梁

党政网站及新媒体在互联网传播生态上具有非常重要而独特的地位，是权威信息的第一来源，又是传播链条上的重要一环。

南方新闻网利用参与广东“数字政府”建设，研发“政府网站集约化平台”的优势，在该平台上加入“数字政府供稿中心”模块，向平台上21个地级以上市约500家政府网站及约3000个政务新媒体提供可供转载的安全信息稿件。地市政府网站及政务新媒体成为南方新闻网及南方报业优质原创内容产品的重要传播链条，集团各媒体的原创精品内容通过地市政府门户网站及政务新媒体的转载使用，获得了传播力、影响力加成，进一步扩大了传播动能。“数字政府供稿中心”自2019年上线以来，集团原创新闻稿件、图片、视频等各种内容产品被地市政府门户网站及政务新媒体转载使用超过10万件。

同时，利用自身运营20余家市、县（市、区）党政网站及新媒体的天然优势，围绕党委政府中心工作、时政热点以及主办单位的主责主业，通过稿件供给、并网直播、联名生产等多种手段，在南方新闻网、南方报业传媒集团与广东党政网站及新媒体之间搭建起一条新闻信息数据链路，将党和政府的声音传递到千家万户。

2024年六一儿童节，广东省高院联合南方新闻网推出系列互动海报《当法官碰上萌娃，会发生什么？》，梳理各地法院审理的涉未成年人权益保护的案件，如潮州饶平法院发出的全省首份关爱未成年人提示卡、珠海香洲法院的家庭教育指导、茂名电白法院的维护上学权益等各类举措，以全省司法之力守护“少年的你”。

为切实提高群众和企业对重要政策及重点工作的知晓率和参与度，打通政策落地“最后一公里”，南方新闻网运营的广州市政府网邀请各单位主要领导人通过在线访谈形式为广大市民答疑解惑。2023年邀请了广州市生态环境局、民政局、工业和信息化局、司法局、住房公积金管理中心等单位主要领导参与在线访谈，吸引了广大市民积极参与。

为了方便市民了解《荔湾区促进非物质文化遗产保护事业高质量发展扶持办法》政策内容，策划制作两分钟MG动画视频，创设“醒狮少年”作为政策宣讲人，形象生动活泼、朝气蓬勃，同时注重场景营造，突出荔湾韵味，语言通俗易懂、有温度，拉近了政策与市民之间的距离，拓展了政策传播的影响力，“活力”个性的IP形象也充分展现荔湾探索非遗精准扶持机制。

创新推出“大潮起珠江——广东改革开放40周年网上展馆”“港珠澳大桥网上展览馆”“为了美好生活——广东全面建成小康社会网上展馆”“广东省反邪教警示教育网上基地”“广东公安八大专项行动网上专题展览”“广东省反腐倡廉教育基地网上展厅”等10多个融媒体网上展馆，通过交互电影、游戏、三维、全景、CG、VR、H5、航拍、音视频、动画等形式，全面展示广东包括各地市建设成就，将党和政府的声音传递得更广、更深、更远。截至目前，各展馆全网点击率超7亿，获

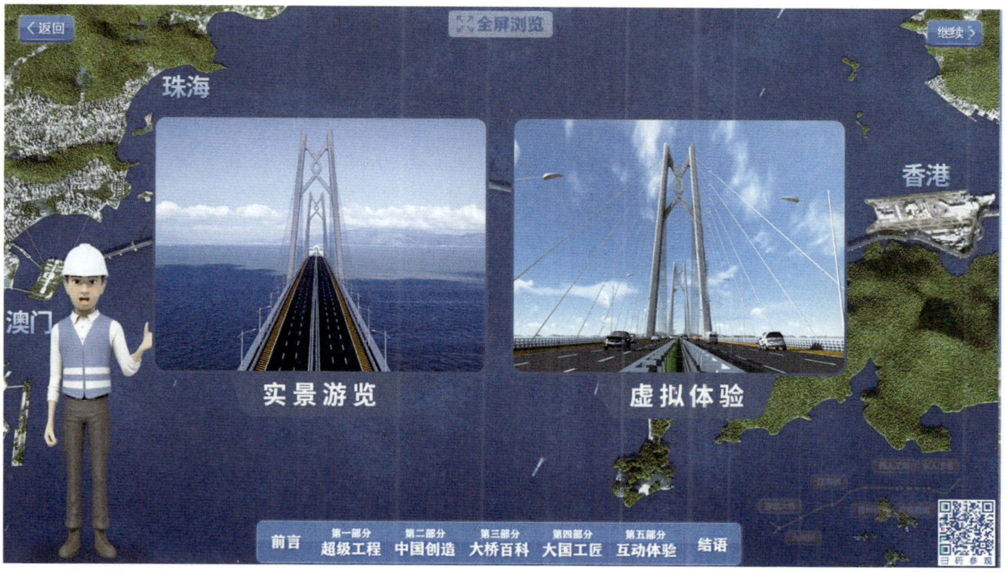

港珠澳大桥网上展览馆

广东省反邪教警示教育网上基地

中央网信办“全国网上群众路线优秀创意案例”、“广东新闻奖（融合创新）”等重要奖项。

3. 技术升维：技术力“升维”政务服务能力

业务和技术的关系从概念的诞生开始，就注定是紧密相连的。业务的发展离不开技术的支持，而技术的发展，又必然落实到具体的业务上。技术平台基于业务需要而诞生，为了发挥最大效用、提供最优体验，在建设及运营过程中，也需要业务的深度介入。

一方面，南方新闻网苦练技术内功，不断加大技术研发投入力度，以“媒体迫切需求、市场需求旺盛”为原则，遵循“以客户为中心、产品为导向，以市场投入为主、适度超前投入为辅”的技术创新路径，通过自主研发和产学研合作相结合的方式，建立起聚焦媒体深度融合发展的技术研发体系，并瞄准“数字化生产和智能化把关及传播”“多媒体数字转换及识别”“大数据挖掘及分析”“国密安全及信创”四个领域进行技术攻关，与高校和科研单位开展产学研合作，取得了包括国家发明专利、软件著作权、ISO、CMMI3等一大批资质认证。

另一方面，南方新闻网坚持以业务引领技术发展，以更懂业务的技术，升维政务技术平台。通过深入分析南方新闻网业务与当前新技术之间的契合点，深度加强业务与技术的融合，优化升级了“广东省政府网站集约化平台”的信息公开、智能搜索、征集调查、互动交流等功能，进一步提升广东全省包括地市近500家政府网站及约3000个政务新媒体的服务能力及建设水平，助力21个地级以上市全面提升政务公开水平，畅通与网民的沟通。

全面研究广州关于政策文件的特殊业务需求，为其定制开发了行政规范性文件库，全面集纳、分类展示广州市及各区制定的行政规范性文件及解读，方便市民查询、搜索了解相关政策，便于政策的落地实施。

深入研究深圳涉企政策落地情况，推动深圳市人民政府门户网站初步对接“深i企”，通过一站式汇聚国家、省、市、区2万多条涉企政策，构建涉企政策精准分析与服务体系，实现“政策一站通、服务一网汇”，推动全市企业服务和营商环境持续优化、整体提升。

针对佛山将党务网站纳入集约化一体管理的需求，深入研究其党务网站服务及功能，在政府网站集约化平台进行升级扩容，强化了一体化技术支撑及安全防护，打通了党政之间的数据隔阂，提升了一体化服务市民的能力。

目前，南方新闻网正在探索政策智能推送服务，以广东省政府网文件库为圆心，建设完善全省及各地市分类分级、集中统一、共享共用的规章规范性文件库，构建智慧政策知识图谱，对入库政策数据进行智能化、标签化重构，使政策知识关联得到可视化描述。同时以此为依托，为粤省事政策推送小程序提供数据基础。通过采集分析个人画像、搜索行为、办事记录等信息，为各地市政府预判用户潜在需求，靶向分发办事服务及政策内容，为用户提供个性化、精准化的服务。

4. 产品升维：产品力“升维”群众用户体验

总体来看，政务服务功能主要集中在市、区两级。政务服务给人的印象是死守规矩，缺乏柔性。而互联网思维的本质和核心是用户思维，站在用户的视角和思维逻辑来看待、处理问题。二者似乎无法统一，甚至有些对立。而提升互联网政务服务水平，需要的恰恰就是互联网思维。

南方新闻网深入研究网络用户的真实需求、思维习惯、行事逻辑，用更具互联网思维的产品为政务服务“升维”。

以用户为中心，运用AI人工智能、大数据技术专门为政府网站打造了“千人千网”个人专属页面（政务网站智慧助手），全面应用于广州市、区政府门户网站。通过个人专属页面，市民可以订阅、收藏自己感兴趣的信息，可以查询自己发布的

以用户为中心，运用AI人工智能、大数据技术专门为政府网站打造了“千人千网”个人专属页面（政务网站智慧助手），全面应用于广州市、区政府门户网站

咨询留言及回复、参与的投票及调查，可以查询自己发起的办事服务进展等，实现一号登录为网民提供个性化、便捷化、智能化服务。

针对党政企事业单位在公文草拟、通稿撰写、信息发布中关于政治提法、政治术语等方面准确性的需求，专门研发了内容智能识别与错误筛查工具“内容安全卫士”，为党政企事业单位用户提供成熟的、一站式服务的内容安全解决方案。“内容安全卫士”将南方报业传媒集团70余年省委机关报导向把关能力和南方新闻网服务全省6000多家党政机关积累的知识数据进行智能化、数字化转化，实现对文本、图像等多媒体内容的智能审校和导向把关。“内容安全卫士”拥有5项国家技术发明专利，具有机器自我学习进化能力，可根据最新文章自动更新语料库，查错准确率、纠错精准度业内领先。目前“内容安全卫士”已服务广东全省所有地市政府网站及政务新媒体。

针对网民一站式政策服务需求，建设运营“政策咨询综合服务平台”，整合省级及各地市政策文件、“粤系列”应用、12345热线、各级政务服务大厅等渠道功能，为群众企业提供“一站通达”“一键查询”“精准推送”等政策咨询综合服务，得到国办政务公开办肯定并向全国推广。

针对老年人、视障人士等特殊群体上网不方便的痛点，自主研发智能工具“长者助手”，提供智能导航、智能盲道、实时读屏、大字幕、大鼠标、界面放大等功能，仅需简便的语音交互和一次点击，就可以在电脑、平板、手机等各种终端“无障碍上网”，让党的理论和声音、政府的政策和服务更快更好地触达老年人、残疾人等特殊群体。目前广州全市54个政府网站均已安装“长者助手”，中山市19个政府网站也已实现“长者助手”的规模化应用。广东省政务服务网、湛江市政务服务网、番禺区政府服务网等多个政务服务网站也已通过“长者助手”为老年人群体和视障人士提供服务。

南方新闻网通过“升维”战法服务城市数字化治理取得良好成效，服务范围已覆盖广东21个地级以上市，业务类型包括政务信息传播策划、平台系统开发及运维、政府网站内容运营与安全运维、数字技术产品云服务等，助力地市“数字政府”改革建设不断进步，有力提升企业和群众获取政务信息及办事服务的便利度，为优化营商环境和政府治理能力现代化发挥了重要作用，社会满意度进一步提升，群众获得感进一步增强。

三、南方都市报："三个优先"推动智媒转型

《南方都市报》的LOGO是红底黄字，内部人士常常自我调侃为"西红柿炒鸡蛋"。从诞生之初，其旁边就一直紧跟着一行小字：办中国最好的报纸。字虽小，却与"西红柿炒鸡蛋"一样色彩鲜明、心志毕现。

有一天，《南方都市报》报头作了一个改变，红底黄字之下，增加了一行小字——"做中国一流智库媒体"，与原先的"办中国最好的报纸"对称而立。这个改变并不显眼，却意义重大：南方都市报（以下简称"南都"）的融合转型路径以这种形式高调铭刻。

这一天是2019年4月10日。

事实上，在此之前，南都已经按照南方报业传媒集团"移动优先、数据优先、用户优先"发展战略，在新方向上摸索前行了两年。在这一发展战略指引下，南都结合时代主题，立足自身实际，明确提出了融合转型的全新的方向、定位——数据型智库媒体。新方向新定位大体上可以概括为：以优质化、差异化内容建设为根本，以大数据、云计算、人工智能等先进技术为手段，以体制机制创新为保障，发挥媒体资源聚集力、社会动员力的优势，因应新时代治理体系的新需求，推动内容智库化、传播智能化，以此实现与用户、客户的强连接，最终将自身的内容生产力、用户连接力、舆论引导力、治理服务力转化为党的执政资源，巩固壮大主流舆论。

1. 移动优先：重塑流程+再造平台

2017年4月，在南都新闻奖颁奖典礼上，南都管理层作了"重组·再造·融合"的演讲，全面阐述了南都移动优先的方向和路径，正式吹响了南都全面移动化的号角。

一是内容生产移动化。内容产品适应这个时代的阅读体验，才能真正与时代同行。内容生产的移动化，改变的不仅仅是生产的方式、产品的形态，不是把原来给报纸的内容直接搬到移动端，而是从生产理念、手法、形态上都彻底移动化，包括更原生态的互联网内容、更高效的生产效率、更生动的话语方式等。

在生产流程上移动优先。自主研发推出南都采编指挥平台，从线索收集分发到采访、写稿、交稿、编审、签发，日常采编工作都在移动端上完成，建立起记者编辑24小时随时随地的工作平台。

在发稿机制上移动优先。组建全新的采编指挥中心，作为日常内容生产的发动机和最强大脑，发挥资源协同和策划调度的中枢作用。通过采编指挥中心，在新闻内容的采访源头就同步规划和组织内容在移动端的传播方案，实现了各种媒介资源、生产要素有效整合，做到了“一次采集、多种产品、多次分发、及时分析”。

在内容产品上移动优先。南都新闻的讲述方式早已经超越了报纸媒体的图文报道阶段，用视频、音频、动漫、数据可视化、H5交互产品来讲述新闻的手法已经成为南都日常新闻内容生产的常态，也是内容传播竞争力的体现。如今南都每周生产的内容产品在移动端都稳定获得2亿以上的传播阅读量。

在资源配置上移动优先。通过采编人力布局，南都团队生产力整体向白班转移，向移动端转移，引导主力军挺进互联网这个主阵地，从而把优质内容、先进技术、专业人才、项目资金向互联网主阵地汇集，使得生产效率得到极大提高、传播效能得到极大释放。

二是传播平台移动化。没有强大的媒体平台作为阵地，很难实现“主力军挺进主战场”。南都坚持移动优先策略，建设好自身移动传播平台，充分用好第三方商业平台。以南都客户端、N视频客户端、南都两微为代表的南都新媒体矩阵，正朝着推进内容生产供给侧结构性改革，确保主流媒体做大做强舆论话语权、主导权的目标砥砺前行。

追求更快更新更准的南都客户端。南都客户端是南都基于机构媒体专业生产能力和资源优势全力打造的资讯服务平台，追求以更快的传播速度、更新的表达方式、更准的分发手段，更加有效触达受众，持续释放和扩大南都的影响力，服务用户。截至2024年6月，南都客户端总装机量超过2000万，注册用户数800万，日活约40万，用户遍布全国，主要集中分布在东南沿海及中部省份，广东省内的用户集中于广深。

用N种方式打开世界的N视频。2020年9月23日，在广东省委宣传部大力支持下，由集团重点打造、南都负责研发运营的N视频客户端正式上线。N视频客户端打造新型年轻态社交圈，致力成为广东最权威视频发布平台、中国一流视频平台。N是News，新闻及时发布、多屏传播；N是New，以年轻人为目标受众，新锐主流、新鲜有趣，打造新型年轻态社交圈；N也是NanFang，N视频风起广东，潮涌湾区，是南方媒体基因下的传播能力迭代升级；N更是Niú（牛），以N种方式，实现N种可能。N视频以N种方式打开世界，它生而不同，坚持技术赋能，完善服务生态，以自身迭代应对挑战，用品牌传播不断尝试出圈。截至2024年6月，N视频客户端总装机量超过2100万，月活用户55万，引进入驻账号超过26000个。N视频技术应用创新案例好家风照相馆获得广东新闻奖一等奖，“N视频智能服务平台”获全国报业技术赋能媒体融合十佳案例，N视频客户端入选中国报业媒体融合案例优秀奖、“用得好”案例库名录。

N视频客户端打造新型年轻态社交圈，致力成为广东最权威视频发布平台

长期霸榜的南都官方微信。南都两微包括以官方微信、官方微博、深圳大件事、咩事为代表的新媒体账号矩阵，总用户数超过2500万。其中，南都官方微信公众号粉丝超过310万，长期在全国主流媒体新媒体公众号排行榜中位居前列，与人民网、中国新闻网等一起入选“2023中国经济媒体微信公众号影响力指数TOP10”。南都官方微博是媒体蓝V，拥有超过1964万粉丝。

2023年，南都新媒体平台全网总阅读量超过390亿，日均传播量超过1亿，累计新媒体用户数超过1.8亿。移动优先，让南都实现了从传统报纸媒体到移动互联网媒体的转型，在信息无处不在、无所不及、无人不用的全媒体生态格局中，实现了媒介资源、生产要素的有效整合，形成了独特的内容优势和传播优势。

2. 数据优先：数据治理+数据服务

传统媒体时代，生产要素是文字和图片，移动化后多了音频、视频、H5、海报、动图等。数据优先的导向，则要求把数据作为核心要素，建立起媒体生产与智库生产相融合的数字化生产机制，建设数据驱动型的智能传播平台和传媒智库。

一是构建四大数据业务矩阵。2018年2月8日成立的大数据研究院，是南都实施数据优先的标志，是南都打造数据型智库媒体的核心支点、关键抓手。南都以“一切业务数据化、一切数据业务化”为目标，开发多形态数据产品，探索数据生产服务新模式，现已逐步构建起以数据测评、数据治理、数据服务、数据生态为依托的四大业务矩阵。

数据测评：建立标准，以评促建，开展政务服务“好差评”，量化城市服务感知度，传导公众期待，达成治理共识，为城市高质量发展注入新动能。

数据治理：推进共享，助力合规，打破数据壁垒，推动跨界融合，激发城市活力，平衡效率和风险，捍卫隐私与安全。

数据服务：融入产业，链接资源，深耕垂直领域，激发资讯价值潜能，延伸服务场景，服务美好生活。

数据生态：构筑平台，精准触达，打造智媒时代的知识图谱和用户圈层，融入数字政府、智慧城市发展格局。

二是用三种方式开展协同共治。用数据辅助决策，用智库赋能治理，南都通过课题研究和智媒服务精准响应政府管理和社会治理的需求，2023年年初在全国媒体中率先成立的高质量发展研究院，正是南都创新“新闻+政务”智媒应用场景的最新实践。当前，以南都大数据研究院、南都高质量发展研究院为代表的南都智库内容生产平台，以传播力为基础，以数据分析为抓手，不断探索和构建新型研究能力和服务能力，逐步形成智库媒体发挥协同共治的三种渠道，助力政府决策科学化、社会治理精准化、公共服务高效化。

治理渠道：不断拓展治理参与维度，搭建治理平台，汇聚治理共识，推动治理进步，例如“广州城市治理榜”、区域营商环境研究等代表课题和特色栏目，不仅能够发现问题和差距，还能够进一步探求问题的解决之道，展现出智库媒体独特的研究力和服务力。

指数渠道：在研究领域构建评价体系，形成独立第三方观察视角，成为公共政

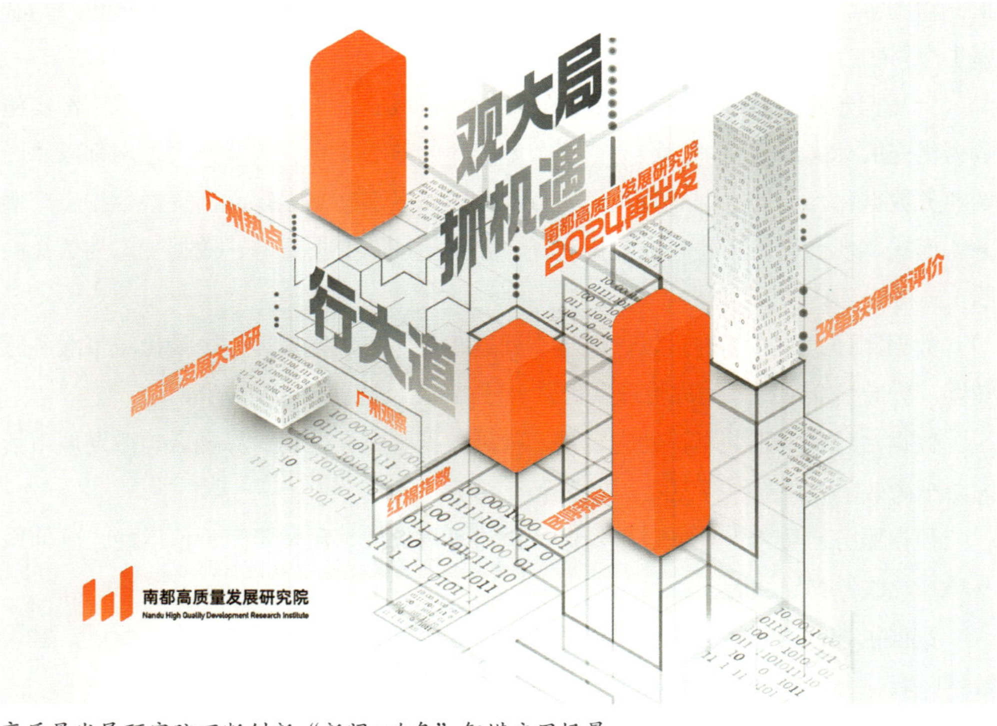

高质量发展研究院不断创新“新闻+政务”智媒应用场景

策评估的重要参考。在市域社会治理、区域经济发展、科技创新等领域，指数产品可以多维度反馈研究成果，已经成为南都数据产品的典型代表。例如与广州市政法部门联合研发的广州市域社会治理“红棉指数”产品，写进了2023年广州市政府工作报告，获评全国报业技术赋能媒体融合创新优秀案例。

咨询渠道：充分运用民意调查、案例调研、创意传播等特色产品，为公共治理提供定向咨询服务。政府部门可以充分用好智库媒体的连接作用，搭建城市治理的共建、共治、共享平台。南都高质量发展研究院在广州全市范围内开展的“最具获得感”改革案例评估，被业内广泛评价为媒体智库促进城市治理评价转型优化的一次典型创新。

三是做最懂行业的智库媒体。数据是数字经济的动力之源，善用数据是数字经济合规建设和互联网平台健康发展的必答题。南都智库内容生产平台围绕新经济新业态开展行业治理研究，构建起智库媒体的新型研究能力和服务价值，与监管部门和企业形成合力，助力行业规范发展。

发挥数据的调查力和监督力。从问题入手，用数据监督，让新闻调查和课题研究互为补充，及时发现数字经济发展的行业短板和合规漏洞。为研究互联网个人信息保护问题，南都测评了2000多个客户端；为监测新经济企业声誉变化，南都入库20亿条数据；为净化网络内容生态，南都在国内率先开展网络青少年模式量化测评。南都在互联网内容生态治理研究中的工作成效多次获得上级主管部门和社会各界高度认可，南都曾因此获评“全国‘扫黄打非’先进集体”称号，“青少年网游之患”系列调查报道获评中国经济新闻奖一等奖，网络内容生态治理课题获评“全国网络安全传播典型案例”。

在大数据时代释放数据价值。在数字经济时代，数据正在成为驱动经济社会发展的重要力量。南都很多课题项目正是促进行业数据的潜能价值发掘，用数据洞察行业趋势，用数据构建评价体系，用数据赋能行业创新。例如，依托南都鉴定评测课题，南都在制造业领域连接供需两端，收集分析消费者的用户体验和消费评价数据，通过行业研讨和质量榜单发布，探索形成消费评价对质量提升的驱动作用，用大数据帮消费者筛好货，用大数据帮制造企业探查市场需求，让企业更好地理解和满足用户需求。

提供趋势研判和决策参考。南都课题生产，有不少和传统新闻操作完全不一样的场景。例如：对新经济企业建立声誉监测数据库，南都课题研究员走上智库论坛发布讲台；个人隐私保护研究中心的研究员，面向互联网公司隐私政策制定者开展培训授课；南都鉴定的课题研究员，组织消费者开展室内空气质量鉴定评测。这些新场景还有很多，已经成为南都内容生产和服务供给的新常态。通过数据赋能，南都在行业研究中不断拓展新场景和新服务，为行业发展提供趋势研判和决策参考。从发现问题到探讨问题，再到提供解决方案，正在让南都成为最懂行业的智库媒体。

3. 用户优先：圈层运营+平台连接

相对于移动优先、数据优先，南都对用户优先的理解和认识也有一个过程：从一味追求公域流量，到追求私域“留量”，再到有意识谋划运营精域“鎏量”。也就是说，从一味追求高阅读量的爆款，转化为有意识沉淀积累聚合用户，以实现精准传播、有效互动、可控运营的有效闭环。只有拥有精准的用户，媒体才有价值；只有将公域转换到私域，媒体的价值才能“1+N”。

一是从大众传播到精准传播。在当今传播格局下，针对不同群体进行个性化内容生产供给，已经是一种必然趋势，责任编辑决定所有读者阅读内容的时代一去不复返了。

用户优先的内容生产，建立鲜明的用户思维和用户意识是关键。在移动互联网时代，传播从同质化走向分众化、差异化，需要对目标用户进行群体细分、用户画像，实现精准传播。从识别用户到感知用户，从响应用户需求到收集用户反馈，是用户优先需要构建的闭环操作模式。

通过数据技术，南都开展用户画像，完善用户数据库，借此实现对移动端用户群体进行分级分类分区管理，形成了精细的用户圈层，构建了精准的分发渠道，让南都找回了曾经模糊或失联的用户。

以N视频客户端为例，站在用户的角度做策划，从用户的需要出发做内容，面向高校学生、粤港澳大湾区青年KOL、职场年轻人、县级融媒运营者等，成功推出校园发光者工作坊、湾区青年MAX计划、N次方伙伴计划、N视频创作者学苑等社群产品，引发年轻用户群体的共鸣，取得了显著的传播效果。

二是从提供信息到提供服务。南都不满足于浅层信息供给，而是延伸媒体信息服务的链条，致力于信息的精准服务、持续服务、增值服务。

近年来，南都围绕教育、健康、文化、娱乐等多个垂直领域，在移动端建立起多个用户群，形成多个社群运营平台。南都教育联盟的牛娃养成群，基础教育的常见问题和非虚构写作培训课程成为备受家长欢迎的服务内容；南都读书俱乐部的用户群可以获得南都最新推荐的书单，还有机会参加南都组织的各种学术讲座和作家读者交流活动；正点观影社群每日活跃度高，定期举办各类观影团活动，为热爱电影的小伙伴提供多元互动体验。

从提供信息到提供服务，南都的用户黏性在进一步增加，内容价值也在不断提升，从而有力推动信息用户向消费用户转化。

三是从汇聚资源到构建生

南都娱乐“正点观影”平台定期举办各类粉丝福利活动，用户互动活跃

态。围绕垂直领域建立平台是南都开展用户连接和用户服务的重要渠道。连接产业带，南都夜试整合多方资源，从内容传播延伸至品牌全案营销，塑造城市夜经济特色品牌；连接科创企业，南都创客联盟在为大湾区创新载体赋能，调研成功孵化经验，聚合产业创新资源；连接消费新业态供需两端，南都直播电商精准触达C端，有效拓宽广东企业销售渠道，满足市场多元消费需求；连接金融机构，南都金融联盟推出的金融安全盾评选活动在为金融行业的规范发展赋能，开展金融科普教育，守卫公众钱袋子。

通过平台连接，南都正在扮演超级联系人的角色，不仅汇聚平台资源，而且构建平台生态，形成行业发展和平台参与者成长的共同体，相互赋能，共生共赢。

从纸媒到智媒，南都的转型探索得到主管部门和各界的充分认可，中央有关部门肯定南都“在经济发展、公共治理和社会热点话题等方面发挥独特作用，有效提升了媒体服务能力和品牌影响，为传统媒体创新发展提供了参考路径”。

从纸媒到智媒，南都初步建立了智库产品全新标准体系，逐步形成了与媒体同行之间的供给差异，新闻舆论传播力、引导力、影响力、公信力得到显著提升，社会效益、经济效益取得丰硕成果并实现有机统一。

四、南方周末：第二内容生产车间的城市方法论

国内传媒业正经历快速变革。社会群体的变迁与数字技术的进步叠加，受众的兴趣点发生转变，新的议程设置、新的组织架构和新的内容生产模式不断被探索。以城市和地方政府为对象的内容生产也出现转变。一方面，体现戏剧性、贴近性和人情味的中微观叙事更能打动受众，以往突出绩效的全景式叙事遭遇“流量劫持”；另一方面，随着城镇化推进、经济转型的加速和网络热点的转向，包括新一线城市、小县城在内的国内城市发生巨大变化，迫切需要讲述新故事。对机构媒体而言，如何准确而饱满地呈现城市和地方政府的形象，既是责任，也是在新的舆论场重构影响力必须回答的现实问题。

作为南方报业旗下的媒体品牌，《南方周末》以城市和地方政府为对象的内容生产，自2020年以来发生着较大转变，出现一批文本和深度有别以往、影响力较大的作品。发生转变的关键变量之一，是南方周末研究院架构下新组建了城市智库，即南方周末城市（区域）研究中心（以下简称“南方周末城研中心”）。在报社内部，南方周末研究院被定义为“第二内容生产车间”。作为研究院下设机构的南方周末城研中心，需要不断拓展城市和地方政府议题内容供给的可能性边界。

自2020年创建以来，南方周末城研中心探索为南方周末注重人文关怀的理念寻找理论依据，并“翻译”为理论上站得住脚的论断。团队借鉴人民城市、服务型政府和参与式治理等前沿理念，提出“人是城市的根本尺度”和“发现城市的唯一性”两大价值主张。前一句指的是，以满足最大多数人该享有的基本权利和日常需求，而不能片面地以物质财富来衡量城市的价值；后一句指的是，不同的群体需求具备多样性，一座城市始终有满足市民需求的、有别于其他城市的美好一面，这种唯一性必须被发现被增强。这两大价值主张，作为选题立意的标准，用以推动日常的内容生产。

传媒业的智库建设热潮中，智库产品与传统的新闻报道这两种文本的本质区别和边界划定，不断被思考和摸索。一般认为，智库产品应在表达方式和内容要点上与传统的新闻报道有所区别。由于两种文本都是由媒体主导的内容生产，加之不少媒体采取记者兼研究员方式运作智库，因而智库产品的内容生产时常比照传统媒体

的新闻生产。具体实践中，南方周末城研中心从人在城市的权利和具体需求出发，整合应用国内外前沿研究成果，通过跨学科分析框架与大数据手段，回答城市和地方政府在当前和未来面临的实际问题，形成了一套独特的“城市方法论”。

1. 基本方法论：跨学科分析框架+大数据

在南方周末城研中心内部，选题的筛选围绕着“城市的唯一性”展开，而立意、角度的选取则注重表达人的“城市权利”。稿件在讲求公共性、贴近性等新闻价值的同时，也注重创新性、示范性和可操作性等人文学科强调的研究价值。储存于新闻报道的人文气质，被前沿理论加以解释和重塑，在城市和地方政府领域获得更扎实的理性表达。它既是新闻的，也是研究的。运用研究的思维，重新审视以往新闻报道关注的那些现象、话题和事件，重新发现和定义城市的某些方面，渐渐变成一种“研究敏感”，变成“研究价值判断”的业务自觉。

这种研究价值判断，最初被认为是必须从属于某个学科领域的。研究员被鼓励深入某个学科如经济学、公共管理学，被要求建构必要的理论知识储备，动用某个学科的理论工具重新审视以往新闻报道出现过的现象和问题。

自2020年创建以来，一些反响较为热烈的稿件可以看出某个学科理论影响选题的痕迹。比如《黄埔的突围时刻》关注大院大所“扎堆”入驻广州市黄埔区的现象，侧重呈现研发者如何穿越科研成果转化的“死亡之谷”，动用的是创新链理论的分析工具。

但智库团队也清楚地意识到，单个学科论断用于分析难以完全奏效。城市和地方政府的运行是复杂的，其显现和遭遇的问题往往也是复杂的，往往需要融合多学科、多领域的创新成果才有可能发现真相真理。

一些因角度独特和深度被党政领导干部批示的作品，大多动用了至少两个学科的理论分析。比如《天津：津门消费的挑战和重振》既从经济学角度分析天津消费数据疲软遭遇的挑战，又从城市形象传播的角度分析天津如何动用近代建筑和老字号提升消费活力，属于经济学和传播学的融合；再比如《广东荔枝出海记》关注广东荔枝实现对欧美日韩出口“零的突破”这一事件，直接跳出了就农业说农业的窠臼，以将荔枝作为商品放进国际贸易竞争的角度陈述，展示互联网思维对农产品国际市场营销的影响，报道的深度来源于多学科的跨界和交融。

跨学科的分析框架，已帮助研究员们变成“专家型的内容生产者”。从实践来看，研究员们最常动用的理论工具来自区域经济学、公共管理学和传播学。从某种意义上说，“专家型的内容生产者”依然没有脱离采编业务的传统语境。这与南方周末研究院作为“第二内容生产车间”的定位还有些距离。真正让研究员们变得更加完整的，造就真正媒体智库团队的，是大数据分析手段的引入。

大数据分析，或者说量化分析，本是经济学、传播学等学科常用的研究工具。它包含指标体系的编制，数据的挖掘、清洗和处理等技能。以往的新闻报道中，统计数据以及一些机构、专家编制的指数，时常被记者引用以陈述或分析某些现象或问题。在媒体智库的内容生产中，研究员需要提供原创的观点洞察。研究员们被要求编制评价城市某些方面的指标体系，独立完成数据的挖掘、处理和分析全过程，将指数报告（大部分情况下有更通俗的名字“榜单”）作为重要的内容供给。研究员们一方面借助量化模型分析某些城市议题，譬如出行的压力、生活舒适度等；另一方面则从指标体系特征反常的数据中挖掘选题。

实践证明，指标体系就是媒体智库的大型选题库。源源不断的选题，可以从指标体系中“龙生龙”“凤生凤”。日常的报题标准和内容生产流程，渐渐摆脱了追热点、盯线索和接爆料等传统操作。

迄今为止，南方周末城研中心编制了两套指标体系——评价城市幸福感的“理想之城榜”和评价城市经济活力的“宜商之城榜”。两套指标体系均以国内57座重点城市为评价对象。“理想之城榜”浸润着团队对“以人为中心的城市”的追求，是南方周末气质的延续；“宜商之城榜”体现团队对企业家这类人群的关注，是一份帮助地方政府优化营商环境的建言报告，其评价结果也时常被拿来同“理想之城榜”的评价结果对比，用以讨论城市幸福感和财富力之间的关系。这两套指标体系作为母题库，为研究员们提供源源不断的选题。从总报告、子报告、专题报告到样本城市分析、围绕指标涉及的话题拓展的专家专访，相关稿件数量已突破100篇，其中不乏冲上热搜榜、获得地方主政领导关注的稿件。

由人本的视角发现“城市的唯一性”，运用“跨学科分析框架+大数据”将“城市的唯一性”落实至兼有传播属性和研究属性的文本：南方周末城研中心运行的完整方法论已显现。

2. 流程再造：从编辑中心制走向项目中心制

“跨学科分析框架+大数据”的方法论，与南方周末城研中心提前组建的专职团队相匹配。组建伊始，研究员们就被要求新闻素养和学术素养兼备，同时具备大数据处理工具能力、外语文献整合能力以及新媒体内容运营能力，可谓是“五边形战士”。专职专岗的研究员不需要跑线，不需要追踪日常的动态新闻线索，不承担记者编辑原先的新闻报道任务。这体现了南方周末报社将研究院作为“第二内容生产车间”的全盘考量。一方面，研究员们借助研究视角“反哺”日常选题，充实记者编辑支撑的议题，将内容供给规模

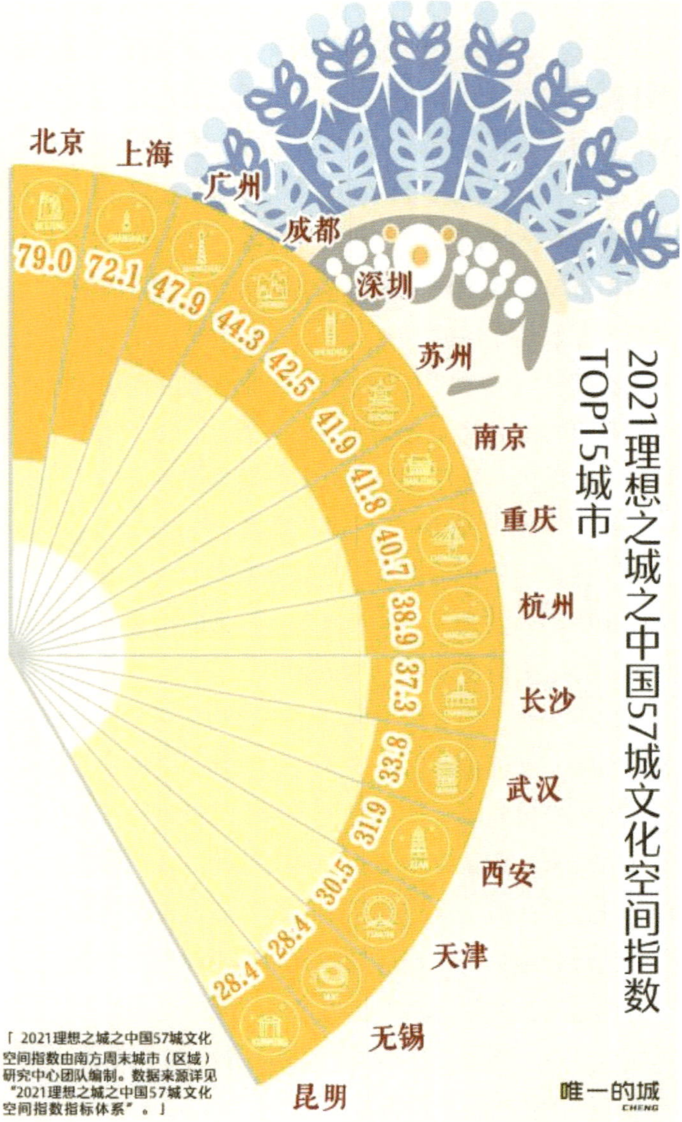

理想之城榜系列作品之一，以文化领域指标编制的“中国57城文化空间指数”，评测国内重点城市在文化领域的竞争力

和视角变得更为丰富；另一方面，研究员们聚焦到记者编辑以往关注不到，或者关注不深的议题，推动更多视角独特、见解独到的稿件生产。

从选题的标准到立意的角度再到采写编的具体流程，在“第二内容生产车间”的语境下都出现了变化。在南方周末城研中心的具体实践中，以往的“编辑中心制”被一种“项目中心制”的运行模式覆盖。传统的新闻采写流程中，编辑和记者的关系更像是手工作坊的“师傅带徒弟”，报题的记者在编辑的逐步指导下完成一篇新闻报道，并交由编辑把关修改，最终经过审校“出街”。这种内容生产模式讲究“手艺活”，牵涉的人员不算太多，流程的协同也并不复杂。在南方周末城研中心的运行中，由于研究价值判断的引入，由于“跨学科分析框架+大数据”方法论的贯穿，“师傅带徒弟”的简单模式对推动大型内容生产很难奏效。一种更强调工业逻辑的“项目中心制”被摸索出来。

在项目中心制的逻辑里，选题生产的核心不再是某位资历深厚的老编辑，而是研究课题的牵头人。在智库内部，每位研究员都有可能是某个课题的牵头人，同时可能也是另一个课题的参与者。研究员以牵头人和参与者的身份同时出现在不同的课题组，是南方周末城研中心运行的常态。从时间的横截面看，南方周末城研中心像是若干个“研究网络”的叠加。在单个“研究网络”内，人员的分工比记者编辑的分工复杂许多，具体的“工种”囊括数据的挖掘者、数据的梳理者、提供核心论点假设者、提供论证和数据分析者、数据图表可视化的设计者和新媒体渠道运营者，这些“工种”多数情况下由研究员担任，而指挥他们的是对课题负总责的牵头人。

在课题组内，选题并非以单篇的形式规划，牵头人制定的发布排期表往往包括十几二十篇选题。譬如2022年上半年陆续发布的“宜商之城榜”系列，即包括总报告、九个二级指标的子报告、二级指标对应样本城市观察、总报告和子报告对应的专家专访稿，总规模超过30篇。这些选题动用的分析框架和数据都是共同的，因而不太可能孤立操作。从生产流程看，由牵头人发起的“研究组会”扮演了重要角色。

研究组会驱动的“项目中心制”生产流程

具体流程	概述	参与者
指标体系框架的讨论、初拟	经案头研究掌握国内外相关成果，召开研究组会共同讨论指标的理论依据、二级指标的结构等，由具体参与者初拟指标体系	课题牵头人、研究骨干
指标体系的复核	召开第二次研究组会，从指标的信度、数据可获得性等方面，就全部指标逐个核对，达成调整和修改的共识	课题牵头人、研究骨干
数据挖掘	根据指标体系进行数据挖掘，包括从统计和第三方获得数据，动用Python等工具自行挖掘，对空缺数据进行补充或做空缺处理等	课题牵头人、研究骨干、辅助数据挖掘的实习生、报社内容提供帮助的工程师、第三方机构等
数据清洗和处理	对获得的数据进行比对，删除错误数据	课题牵头人、研究骨干、实习生
主题和核心论断的确立	召开第三次研究组会，确定总报告的主题和核心论断，初步明确总报告的结构，并就总报告的主体和二级指标拆分子报告、样本分析等稿件选题	课题牵头人、研究骨干、实习生
分工撰写	根据选题计划分工操作，完成总报告和其他稿件，总报告往往是牵头人执笔，集体完成	课题牵头人、研究骨干、实习生
排期发布和运营	根据牵头人制定的排期进行发布和运营	课题牵头人、研究骨干、实习生、报社新媒体部门成员

研究组会直接决定内容生产是否往前推动。相较于原来的做法，研究组会以集体讨论的方式，取代了原来编辑中心制中的编辑，而课题的牵头人则是讨论的发起召集者。有时，来自高校、研究机构或行业的专家会以非正式身份参与研究组会；但更多情况下，研究员会以专访的形式寻求专家解答某些文献和调研无法穷尽的问题，在帮助课题组理清思路的同时增加了内容供给。专家时常提供一种专业解读的视角，在过往的解释性报道中是不可或缺的一部分；而在智库内容生产的语境下，专家亦提供观点尤其是文献和公开信息还没有的观点论断，提供专业把关。课题组

需要像供应链管理一般，将不同专家的论断采集起来，借助文献和专家的智慧加上自己的创新精神，再造核心论断，从而生产新的内容产品。

而“师傅带徒弟”的传统方式并未完全被取代，而是被统摄于项目中心制之下。在一个课题组里，总报告、大型的调研报告和较复杂的数据分析报告以研究组会的方式驱动。而研究组会讨论的分支选题，以及研究员从热点和日常研究发掘的需要快速发布的选题，则又回归资深编辑深入指导的“学徒制”。在一些情况下，研究员需要在数小时内撰写一篇针对某个热点的分析文章，并在极短时间内完成审校发布流程。这类需要快速响应机制的挑战极大，研究员不仅要快速描述清楚热点，还需要完成专业视角的饱满表达，往往还带有丰富数据和相关案例的梳理。这种“肌肉记忆”依靠的是对网红城市、社区治理等中长期细分议题的积累。中长期的细分议题，结合南方周末城研中心的主张——“人是城市的根本尺度”和“发现城市的唯一性”，演变为一种母题和核心论断，反复出现在不同的选题中。譬如

与香港中文大学（深圳）合办的湾区高质量发展研讨会，共同深讨广东产业经济发展等问题，通过研讨会与专家交流是南方周末城研中心酝酿核心论断的主要方式之一

《甘肃天水的麻辣烫经济学》《〈黑神话：悟空〉与山西“破圈”：游戏“取景”与文旅“取经”》等追踪城市区域文旅“出圈”稿件都是在极短时间内完成的。其快速响应的基础是南方周末城研中心自2020年下半年以来对国内城市“出圈”案例的跟踪，几无遗漏的案例分析让研究员们掌握了丰富的数据和相关联的案例。文旅“出圈”过程中对年轻人情绪价值的满足、传统文化作为传播的核心元素被“活化”等核心论断，在研究员的一篇篇稿件中信手拈来。研究员们有意识地在不同的选题中反复强调团队的学派式立场，即关注人的权利和城市的唯一性，并以此稳定而持续地输出优质内容。这变成了南方周末城研中心日常运行的惯例。

日常研究的积累和系统性的规划，让团队适度摆脱日常跟着热点走或者创造热点的焦虑。团队面对热点有了一种从容的心态，开始以一种独特的方式进入热搜榜。譬如《“尔滨现象”与东北经济的未来》既是对城市形象传播长期积累的结果，分析了哈尔滨文旅“出圈”背后的传播逻辑，又是国内第一份将哈尔滨“出圈”同东北振兴联系到一起的分析报告，最终登上全国热搜榜。

项目中心制嵌套“学徒制”的变体，依赖母题和核心论断的反复，是南方周末城研中心作为“第二内容生产车间”主力产线制造影响力、参谋力和市场力的主要原料。

3. 文本创新：兼容专业逻辑和故事美感

媒体智库是内容生产机构的新物种。该物种既讲求媒体机构的公共性和可读性，又注重智库对现状和趋势的洞察力。这种双重属性不仅反映在内容生产逻辑的转变上，还体现在内容产品上。从国内多家媒体的实践看，媒体智库的最终产品有别于以前的新闻报道和新媒体产品。在南方周末内部，南方周末城研中心摸索出来的文本形态，既对原来的“南周体”有所延续，又或多或少和原来的“南周体”有所区别。日常运行中，南方周末城研中心探索出若干类介于解释性报道和学术随笔之间的实验性文本。

本质上，这些实验性文本在表达上追求专业逻辑和故事美感的兼容。

故事性是“南周体”的不懈追求。自创刊以来，《南方周末》不少经典稿件因对冲突性和人物行动细节的把握而一纸风行。那些经典的文本里，故事性作为组织素材的内核和叙事线索出现，一般是具体事件或人物在某个时间横断面的“还原”。

这种故事性的把握被迁移至南方周末城研中心的一部分选题中。这类选题一般有较强的由头，它可能是一个热点事件、一项正在推动的政府改革举措或出现在某座城市的新现象。这些由头同样是报社进行常规新闻报道的起点。这类选题最终的文本被业界定义为“解释性报道”是毫无问题的。但就深层次而言，南方周末城研中心生产的这类文本又与常见的解释性报道有所不同。

这类文本应该被描述为“与研究关联的、有一定故事性的解释性报道”。从素材的具体组织看，对人物、事件和场景进行描述的故事性“明线”，与对核心问题专业分析的“暗线”相互交织，构成行文的双重线索。从明面上看，这种特殊的解释性报道并不还原具体的事件，并非典型的“南周体”，而是借用一些特稿的表达风格，将一些零散的场景、人物行动描述拼接起来；“南周体”惯用的概述、描写、背景和引语这四类表达模块，也被随机组合。但是模块随机组合，却受到专业判断的牵引。

注重“专业+故事”的文本《湖州，因看见而美丽》被“湖州发布”转载

《湖州，因看见而美丽》这篇稿件，就是典型的“专业+故事”文本。选题来源于对浙江省湖州市每周三召开政企恳谈会的价值判断。该恳谈会被统摄在一项被称为“在湖州看见美丽中国”的主题实践中。从新闻线索角度看，这是地方政府常见的政企交流活动和主题实践，属于常规选题；但放进研究视角看，这项举措因稀缺性和典型性而具

备“大书特书”的正当性。结合长期对国内营商环境改革的研究，研究员发现，该举措系国内公开信息中唯一正在推进的政府官员和企业家的定期沟通机制，市、区两级每周一次的沟通机制频次远高于一些地方政府推动的“企业家日”“营商环境日”和不定期组织的茶话会、座谈会；湖州中小企业为主的制造业集群，其遭遇的问题和应当享有的政务服务又有极大的可复制可推广价值。

推动企业家参与相关决策，建立畅通的政企沟通机制，既是香港等国际化大都市的先进经验，也是国内研究者和实践者的共识，已被写进南方周末城研中心的“宜商之城榜”等报告当中。鉴于此，该报道在故事性呈现上，更倾向于选取和表达政府人员和企业家在恳谈会上的“交锋”以及工作人员筹备恳谈会吸引企业家参与的具体行动。与此同时，研究员发现，湖州本地有档监督类电视栏目《看见》，其筹备及运行和主题实践相关，又能体现媒体、市民对政府治理的参与，故而作为贯穿全文的线索。全文由恳谈会、《看见》栏目和12345政府热点三个要点穿插叙事，在细节的呈现和人物行动的呼应上形成相对连贯的故事性，而参与式治理即多方主体共同推动城市运行，则作为“暗线”隐含其中，以往报道中直接出现的政策文件和主政者指示的描绘被隐去。该报道，以及以同样方式操作的《343.9万人的美丽主张》，在湖州当地引发巨大的社会效应，同时得到市委主要负责同志的深度关注。相关负责同志评价，报道让更多市民更清晰地理解了政策，促进了更多企业家、市民共同参与城市建设。

数据新闻则是另一种类型的创新文本。由南方周末城研中心生产的数据新闻，与国内其他媒体存在一些差异。一方面，澎湃美术课、网易数读等知名数据新闻专栏，往往是援引和分析第三方数据，而南方周末城研中心的数据新闻除了援引和分析第三方数据之外，往往还编制微型指标体系，还有自采的数据，这是研究方法的渗透；另一方面，国内的数据新闻专栏在选题和表达上往往注重话题性、贴近性，展现年轻人喜闻乐见的表达，这其实是一种故事性的体现，南方周末城研中心在此基础上注重专业性和故事性的融合。譬如《绍兴：蝉联“舒适之城”榜首　这座三线城市不只有周树人》这篇数据新闻，其选题来源于“理性之城”指标体系中的二级指标，生活舒适度和周树人有话题性，并在文中讨论了“宜居”和“宜业”在某些条件下的具体冲突，同时是一种故事性表达。

需要指出的是，南方周末城研中心日常的内容生产中，故事性和专业性的比重各有不同：解释性报道故事性较强、专业性适中；数据新闻则专业性较强而故事性较弱；因课题组运行衍生的专家专访和内参、建言献策报告等，则更强调专业性以及建议的系统性和可操作性；大型的指数报告，如“理想之城榜”“宜商之城榜”则介于数据新闻和建言献策报告之间。

在面向大众的作品中融入故事性或故事元素，是南方周末城研中心践行的一种思路。严谨地输入和活泼地输出，是团队内部对每一位研究员的要求。

4. 城市治理的“超级联系人”

自创设以来，南方周末城研中心边生产边摸索，形成了相对成型的内容生产模式。这套模式上承媒体作为“瞭望者”的职能与南方周末的人文气质，融合了独特而活泼的故事化表达，其目的是推动城市议题的聚焦和具体城市问题的解决。在新型智库建设的号召下，媒体从城市运行旁观的瞭望者变成了一定程度的参与者，并以研究构建政府、社会、市场沟通的新桥梁——它既是关于具体问题的，也是超越具体问题的。在城市的具体运行中，政府、社会、市场越来越成为共建共享的主体，而以媒体智库启动的机构媒体，则有可能成为贯穿其中的“超级联系人”：它既畅通各群体间的利益表达，有时又作为主体直接参与，学界的前沿研究则通过它的再造进入实践，产生更大的价值。

五、广州：探索超大城市的党报下沉之路

居省会之要，省级党报既要“上接天线”，凭高度决定影响力，又要“下接地气”，真正把文章写在大地上。

广州正在积极推进粤港澳大湾区建设，继续在高质量发展方面发挥领头羊和火车头作用。经济繁荣、人文荟萃、活力迸发为广州积累了厚重的报刊资源，造就了一批现代化的文化传播集团，也是全国闻名的南方日报、羊城晚报、广州日报三大报业集团壮大发展的根系所在。正因为如此，广州传媒行业充分竞争、信息渠道多元、新闻市场繁荣。

当媒体融合转型迈向纵深，广州的超大城市特质对省级党报的高质量发展提出了更高要求。省级党报集团扎根超大城市，需要打开新空间、找寻新机遇、激发新质生产力。

南方报业在广州深垂下沉，加速创新拓展——以新提质，抢抓“两端一云”建设机遇，开拓业务边界；以条促块，借力市直部门、垂直领域的宣传策划，驱动各区内容项目落地；以点破面，通过若干个成熟项目的突破，带动媒体智库服务实现新增长。在新阶段探索超大城市的下沉之路，广州分社争当“讲好中国故事、广东故事、广州故事”的区域媒体排头兵。

1. 扛旗大议题：为省会城市定调

在当前媒体融合的大背景下，各地媒体竞争呈现白热化状态，在广州除了地方主流媒体以及中央、省级媒体驻地方记者站之外，还有大批新媒体平台，各媒体机构对同一新闻事件的多元化、多角度解读，呈现百花齐放态势。

在此情况下，如何充分发挥省级媒体的主流舆论引导功能，成为夯实传播力建设的关键课题。南方报业在广州坚持省委机关报“高度决定影响力”的办报理念，在关乎城市发展的核心议题上主动扛旗、担当作为，做大做强主流舆论。

首先，聚焦中心工作，增强省会城市凝聚力。广州分社充分发挥省级党媒大平台、大视野、大格局的优势，跳出广州看广州，以新形式、新角度讲好广州故事，凝聚省会城市高质量发展势能——以新加坡和法国两国政要先后到访广州为主题，

策划《到广州来，是跨越千年的流行》《两国政要访华，为何偏爱广州？》等重量级文章，全面立体多彩地呈现大国主场外交的广州形象；以经济总量达到3万亿为节点，南方+全网首发《闯过3万亿，广州了不起》一文引发了网友热议，阅读量迅速达到10万+；以新班子发布新愿景为背景，紧扣“中心型世界城市”发展目标，打开报道格局和视野，从湾区视野、世界视野来审视观察报道、输出观点理念。

其次，打造标杆项目，放大省会城市向心力。广州分社围绕市委、市政府中心工作，开展了一系列落地活动，不仅让自身公信力与权威性得以极大增强，还借助平台势能持续塑造城市形象，放大省会城市的凝心聚力作用。2023年11月至2024年3月，广州分社受广州市委宣传部委托，承办执行“英雄花开英雄城”广州红色故事会项目，完成组织两批培训，举办七场大型展演。活动展演借助巧妙的构思、新颖的形式、动情的宣讲，通过线上线下立体联动宣传报道，既传递了红色精神，又展示了广州特色，得到了外地市领导、党员干部、学校师生、市民群众的一致好评。

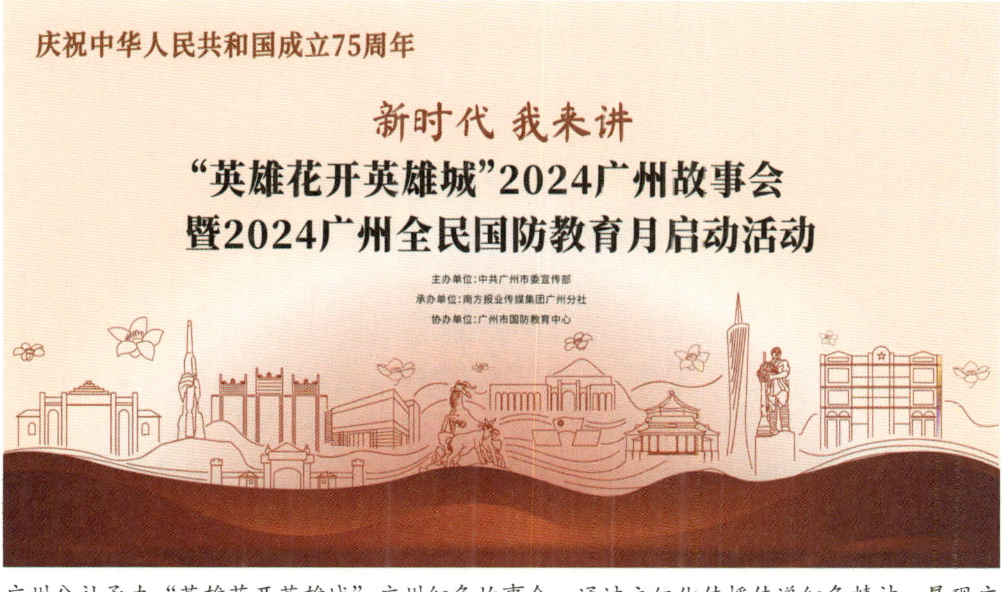

广州分社承办“英雄花开英雄城”广州红色故事会，通过立体化传播传递红色精神，展现广州特色

再次，发挥南方优势，彰显省会城市创造力。发挥《南方日报》作为省委机关报的高度优势、扎根广州的贴近优势，以及作为媒体机构的专业优势和资源优势，通过承接全市重要政府部门的专项工作，在传播与策划等环节充分凸显省会发展的内生力和创造力。比如，以2024年中国广州国际投资年会的举办为契机，推出“与未来同行·与世界共赢”全媒体策划，以线上线下相结合的方式总结十年来广州招商引资亮点成效及丰硕成果，展现了广州推进中国式现代化建设的生动实践。

在为省会城市发展助力赋能过程中，广州分社深耕省会、融入省会，以落地活动、观念输出、专项工作等形式，进一步擦亮主流媒体显示度，与所在城市实现相辅相成、协同共振。

2. 跑好“街力赛”：在超大城市下沉

广州作为省会城市，行政资源和层级分布较一般地市更为复杂。为推动集团资源在超大城市、总部驻地下沉，广州分社探索跑好“街力赛”，持续激活“长尾”，让《南方日报》品牌无处不在，让《南方日报》品牌就在身边。

内容下沉有力，栏目“上新”绽放。广州分社坚决践行集团下沉战略，牵头开设《广州街力》栏目，推动内容下沉到镇街、社区。乡镇街道是国家治理和经济发展的基础单元，离泥土越近，新闻越有生命力和感染力。栏目聚焦广州中心工作的基层创新实践，体裁以个案特写为主，用庖丁解牛式语言娓娓道来，突出观察的颗粒度和穿透力，兼顾趣味性，打通广州分社内容下沉“最后一公里”。

延伸智库服务，赋能区域品牌。广州分社坚定践行集团智媒转型战略，把智库服务延伸到基层。在重要线口领域，广州分社采取主要负责记者冲锋作战、采编助力配合支持的“1+N”模式深耕细作，积极赋能区域品牌打造和活动策划。例如，广州分社为白云区石井街从零到一打造了“红联五丰”党建品牌，以此为支点可以撬动其他智媒服务需求，满足党委政府及各类社会主体在各个层面、各个领域对决策科学化的需求。

共建频道提质，强化服务效能。广州分社通过打造品牌栏目、视频流等方式，丰富频道端相品相。同时，抓住机遇窗口，加快占领阵地，推动镇街频道建设，推动南方+客户端实现功能之变，使之除了是信息传播工具、民生互动平台，更成为基层治理的工具。例如，广州分社联动广州市增城区委平安办、增城区教育局等部门，联合推出“同上一堂安全教育课”，现已成为该区教育品牌节目。每期课程由广州分社团队参与录制，不仅密切了与属地部门的关系，还实现了传播力和社会影响力“双丰收”。

作为省级媒体驻地机构，链接地方党委政府、传播党政信息资源是基本职能所在。广州分社坚持将自己作为地方的一分子，走出与地方及下属区融合发展之路——积极了解当地党政机关和基层群众需求，瞄准地方改革发展的难点、重点和痛点，传递南方声音，输出南方价值，同时也为读者提供更加贴近、贴心的服务。

3. 布局新极点：与“湾区之心”共生长

伴随粤港澳大湾区前行的脚步，南方报业用心记录时代，唱响主流声音，凝聚共识力量。当广州南沙的发展上升为国家战略，集团快速反应、积极融入、深耕下沉，立足广州南沙做好湾区舆论的“引领者”、国际传播的“探路者”、城市治理的“参谋者”，彰显省级党媒作为。

2022年4月，南方报业传媒集团南沙办事处，南方日报、南方+南沙新闻部揭牌。同年6月，《广州南沙深化面向世界的粤港澳全面合作总体方案》（简称《南沙方案》）印发，南沙深化粤港澳全面合作，打造成为立足湾区、协同港澳、面向世界的重大战略性平台。在此背景下，集团在广州集中资源、配强队伍，全力支持南沙办事处、南沙新闻部建设，进一步深化与南沙各领域的战略合作，为南沙在思想引领上凝心铸魂、经济发展上澎湃动能、文化事业上成风化人贡献力量。

开展全媒策划，唱响主流舆论最强音。广州分社、南沙办事处发挥主流媒体压舱石作用，开展头条传播计划。近一年来（2023年8月—2024年7月），南沙办事处累计推动南沙主题内容登上报纸头版报道20次，占广州分社头版稿件的比例超过四成。同时，全年开展重大策划12次，确保每月有策划、周周有重点、天天有原创。

运营全媒体矩阵，提升区域传播力建设。南沙办事处以南方+南沙频道为核心，牵引带动南方+南沙全媒体矩阵稳步推进，截至2024年8月总数达17个。在频道的引导与示范带动下，区内各单位参与宣传、主动宣传的氛围日益浓厚，投稿积极性、投稿质量、策划维度明显提升。南沙办事处还以论坛、培训的形式不断提升南沙区宣传工作业务能力。

丰富传播新形态，推进国际传播试点。南沙办事处对标国际传播前沿话语、思维、视野，立足“热门话题+南沙特点”的传播公式，策划具备“强网感”的精品外宣产品。结合南沙重大主题、节点开展英文报道，如开展双语Vlog走读《南沙方案》三大先行启动区、解密南沙功夫等爆款外宣产品。同时，强化观点引领，以思想出新体现传播出彩，推出评论栏目“All In南沙”，聚焦南沙区域内的重大热门事件进行评述，引导舆论风向。

与“湾区之心”南沙同频共振、同步成长，南沙办事处让主流声音成为凝心聚力的时代强音，用主流力量汇聚南沙改革发展强大合力，以主流平台赋能基层治理，探索广州“新极点”成长样本，不断凝聚新时代高质量发展的磅礴力量。

六、深圳：为党媒智库化转型先行示范

深圳经济特区作为我国改革开放的重要窗口，已成为一座充满魅力、动力、活力、创新力的国际化创新型城市。当前，深圳正建设中国特色社会主义先行示范区，努力创建社会主义现代化强国的城市范例。

作为我国改革开放的排头兵，深圳一直走在市场化、法治化、国际化前沿。在推动经济社会各方面高质量发展的过程中，深圳的政策体系、管理体制、运行机制等都在积极完善，更加自由便利和高效。作为最早对外开放和市场化程度高的经济特区，各行各业的市场化程度都很高，宣传思想文化工作也最先面临新形势新任务。主流媒体如何高质量发展，如何积极构建网上网下一体、内宣外宣联动的主流舆论格局，这些都是南方报业在深圳率先面临的问题。

近年来，南方报业深耕深圳，在做强传播力、实施“下沉策略”的同时，以“智库+活动”为抓手，为党媒智库化转型先行示范。

深圳分社坚定主业，做好重点工作宣传报道；融媒转型，线上线下增强传播力；做强链接，在核心用户中让影响力“可知可感”；智库赋能，深度参与推动基层治理。

在这些党媒智库化转型的不断探索下，深圳分社每年调研产生的党建基层案例、治理优秀案例、营商环境创新案例、教育高质量发展案例等，都会被写入各级党委政府的工作报告。各级党委政府对南方报业的认同也超越了单纯的宣传和媒体平台。深圳分社先行探索更适应新时代媒体转型发展的融媒传播体系，在以智库+活动赋能融媒转型、下沉深垂的实践中，探索总结出一套独具特色的战法。

1. 坚定一个核心方向，让“高站位”赋能“深下垂”

围绕中心、服务大局，是融合转型的重要指引。目前南方报业在深圳重点经营的“6+N”智库活动，从议题设置到全链条执行，始终对标中央、省、市中心工作，不偏题、不跑题。

“6+N”智库活动矩阵已成为深圳分社的品牌活动。截至2024年7月，深圳分社先后举办党建引领基层治理主题智库活动七届、“圳治”主题活动五届、教育高质

量发展主题活动六届、金融支持实体经济主题活动四届、营商环境主题活动两届、行业产业创新发展主题活动五届。六大主题垂直活动之外，深圳分社在各区域、领域每年还落地有40多场细分调研、智库活动等。以《南方日报》、南方+平台为支撑，深圳分社每年围绕各项活动定向生产的原创内容超过1万条，南方+阅读量超过5000万。

2024年，结合中央、省、市中心工作，南方报业在深圳又陆续开展“高质量发展”“百千万工程”“山海连城　绿美深圳”“新质生产力”等主题深调研，走进深圳创新发展一线，挖掘、传播深圳典型案例。

从党建创新到治理现代化，从高质量发展到新质生产力，从教育高质量发展到金融扶持实体经济，“顶天立地”的“高站位”议题设计，让活动往城市基层、往经济发展第一线的“深垂”过程，能够得到广泛的支持。而开展这些主题活动，也让党报做好主责主业有了广阔空间。当地多级党委政府评价，深圳分社的系列活动

南方报业在深圳开展“山海连城　绿美深圳”主题深调研

主题选得准，基层参与度高，已经形成有影响力的品牌。多个深圳当地部门将南方报业采写生产制作的调研报告作为该部门相关工作的第三方总结和案例材料，以及在与全国其他省市部门交流学习时的参考内容。

2. 创新一种交互方式，让“弱连接”变为“强链接”

过去，深圳分社与这座城市的连接，靠的是一次次采访、一篇篇报道。全媒体时代，线上报道不再稀缺，连接力变弱。深圳分社通过举办智库活动，创新加强与社会、与核心用户的交互方式，让依靠常态化信息发布的“弱连接”变成党委政府治理工具的“强链接”。

深圳分社通过六大主题活动，与中央驻深单位以及深圳市、区、街道超过90%的党政机构形成了新的更深层次的连接。深圳市委宣传部、市委组织部、市委政法委、市教育局、市金融监管局等重要党政部门通过指导单位形式直接参与活动。一大批在深圳具有重要影响力的金融机构、创新企业走进分社活动现场，刷新了对省委党报的认知。

这些“智库+活动”的全新交互方式能够辅助党委政府进行信息搜集、协助决策参考，进行社会动员，评估政策成效，复制推广经验。这让深圳分社的内容生产真正嵌入党委政府的工作，连接力也就能更加稳固持续增强。

在这样的“交互”带动下，截至2024年7月，深圳已有南方+共建频道超过60个，其中街道共建频道达27个，形成了市、区、街道三级广覆盖、深链接、强交互的内容共建平台。

3. 设置一个传播场域，让“仪式感”驱动“获得感”

近年来，深圳分社举办的各类智库活动，就是在常态化的内容生产基础上，开辟一个主题聚焦的传播场域，并将与主题相关的用户和客户深度绑定。

以“6+N”智库活动为引领，深圳分社一手抓传播力建设，一手抓产品和服务创新。除传统的大型特刊、深度专题外，深圳分社还围绕这些智库主题，开展系列深调研，举办南方报业观察团活动，组织小型沙龙，编制调研报告等。同时，以南方+平台为支撑，深圳分社每年定向生产的原创内容超过一万条，包括原创网文、特刊、网络点赞、视频、直播、海报等在内的全媒体内容，融媒内容生产的深度、广度和专业性进一步提升。

几年下来，全市区、街道两级党委政府，作为党建和治理现代化的主体，100%参与了分社举办的智库活动，一批活跃在基层一线的社区书记、社区能人，走上南方报业搭建的平台展示风采。在深圳设有分支的金融机构，100%参与金融主题活动；全市超过一半的中小学校，登上过南方日报搭建的传播舞台；一批产业园区、专精特新企业，在高质量发展主题下，成为分社活动的主角。通过这些活动的举办，南方报业实现了平台下沉、服务下沉和影响力下沉。

以党建活动为例，深圳分社充分发挥党媒创新传播优势，构筑了南方日报在深圳党建议题上的“护城河”，打造出党建议题的深圳高地。2024年6月，深圳市委组织部门基于对南方报业党建智库建设的高度信任，以公开发文的形式，联合南方日报开展针对全市各区组织部长的专访。在此基础上，南方报业在深圳又陆续开展了党建调研，组织座谈会，深入一线，挖掘党建引领高质量发展的深圳实践、深圳创新、深圳特色和深圳经验。每到一区，各区区委常委、组织部长均高度重视，周密安排，并精心选择具有代表性的调研点供南方报业党建调研团深入调研。

这种信任不仅体现在党委政府中，也辐射到大量民营企业。当华为尝试以党建内容作为其终端设备突破口下沉更多市场时，南方报业成为首选的合作伙伴。除了线上传播场域，深圳分社线下的传播场域则突出“仪式感”，实现“获得感”，让《南方日报》在核心用户中的影响力从“可以传播”变成了“可知可感”。

4. 探索一种赋能机制，让“记录者”变成“推动者”

过去，党媒推动城市有效治理的方式，主要是宣传报道或是舆论监督报道。在此基础上，深圳分社坚持以“智库+活动”赋能融媒转型，让媒体自身成为推动城市治理现代化的重要力量。

这些活动的主题设置，都紧扣时代的政策热点、社会热点和发展热点，通过活动引领舆论、凝聚智慧、推动经验交流，很好体现了党媒围绕中心、服务大局的政治担当。

深圳分社举办的各类活动中，既有专题调研、座谈交流等机构智库的“规定动作”，又有融媒传播、网络互动、案例分享等具有鲜明媒体特色的“自选动作”。深圳分社通过这“两个动作”，直接参与到治理决策制定的过程中，并由单纯的记录者、见证者转变成为城市治理观察者、参与者、推动者，形成更大范围的治理成果运用。

深圳分社以“智库+活动”赋能融媒转型的尝试，是在融合转型发展中，是在深圳前沿的市场环境中，摸出来的一条先行道路。未来，深圳分社不仅要做好存量活动，更要提升智库活动质量，打造好智库品牌，持续开拓新的议题和活动，持续推进媒介融合转型。

七、珠海：当好特区融入湾区的“三个点”

从城市人口和土地面积来看，珠海都称得上是珠三角最小的城市。但是，小城市有大能量，过去几年，珠海GDP先后超越西岸“邻居”中山、江门，直追惠州，向着珠三角第五大步向前。

地域面积和人口有限，但是区位和机遇无限，珠海特殊的城市地位，要求媒体在区域传播力的建设中，能够“上接天线下接地气”——既能在城市发展的重大议题中发声，也能关注基层一线的烟火气。

在这样的城市气质影响下，南方报业以内容建设为核心，深耕珠海“大小事”：一方面，着眼布局粤港澳三地发展变化，巧借城市IP，提升南方影响力；另一方面，通过内容和活动的深度“下沉”，全面参与到城市治理的方方面面。

珠海分社也从初期“小而美”的打法，向着“强而精”转变，总结出一套“善用大小，守正三观”的“小站”打法。

1. 立高点：输出故事与思想

引发共情与共鸣的城市故事报道，是南方报业在珠海传播力建设中的重要一招，也是最具社会引领力的产品。近年来，珠海分社坚持内容建设与城市发展相结合，持续聚焦一个个鲜活的小故事，浓缩特区发展的大情怀，小中见大折射出改革担当的特区精神。

在核心内容选择上，珠海分社主动发掘在城市发展进程中具有强感染力、高认同度和彰显特区精神的人物故事，稳妥处理“场景化与真实性”“人性化与时代性”“细节化与权威性”三组关系，以小故事传递蓬勃向上的城市力量，获得高效、持续的传播力。

真实是打动人心的基础。《大山里走出88名大学生》选取了一组对照强烈的镜头：云南大山深处，一座名为“纪念澳门回归希望小学”的学校里，每个角落都留着来自澳门的印记，《七子之歌》缓缓入耳。这样的场景精准、生动地刻画定义了故事的典型性，为故事真实性提供了保证。

强化人性，正是摒弃“假、大、空”脸谱型人物的突破口。《54岁珠海木工跳水救人不幸牺牲》通过深入的采访挖掘，回述“16年前，曾维龙的第一个孩子在老家被河水带走，此后多年，水性极佳的曾维龙不再去河里游泳”，强烈的冲突引发受众共鸣，源于人性的跳河之举，让典型人物成为多维的、有温度的人。

“细节化”是传播力建设的重要元素。《特区梁校长，情动贫困村》深入挖掘细节：为种好朝天椒，“甚至亲口咀嚼过土壤的味道”，“不光妻子来到洪山村帮忙，女儿也嫁给了洪山村村民”……通过细节提炼和展示典型人物的精神核心，也让受众动容。

实践中，珠海分社坚持二八定律，把80%的精力投入精品内容建设，集中资源将内容建设与城市发展相结合，通过联名城市IP进行内容生产和传播，在同城建立起“南方出精品”的口碑，让集团影响力在珠澳区域“借船出海”。

在融媒体传播形势下，传统纸媒如何借助融媒平台补足全媒体内容生产短板，是对传播方式和理念的全新考验。珠海分社着力推动技术赋能，从小故事折射大情怀，通过各种技术手段打造出一批如《珠海画传》《横琴画卷》等记录城市发展的新媒体爆款产品，形成层次丰富多样的全媒体传播矩阵。

2. 强节点：做好下沉带提升

珠海的城市特质是“小而美”，它体量虽小，却能以独特的区位优势和创新能力撬动和连接大量资源。而南方报业在珠海区域的“实战”中，也处处体现着从小处着眼，以小见大，打开南方品牌在湾区的影响力。

从发出“谁让村民漂泊”民生拷问的舆论监督报道《迟迟等不到的回迁房》，到关注“中国第一烂尾楼”巨人大厦烂尾始末，推出《巨人大厦能否重生》最终推动巨人大厦盘活焕新，再到《珠海横琴三塘村：至今未通自来水，1800人引山泉》，珠海分社从群众身边的小事着手，聚焦解决急难愁盼的大问题，小切口的监督报道在当地引起强烈反响。

与此同时，珠海分社善于联名城市IP提升南方传播力。在港珠澳大桥通车之际，珠海分社联手大桥建设者、守卫者，一起制作主题MV《乘风破浪》，致敬大国工匠，获各界高度认可。在后期推广中，打着南方+LOGO的视频在全城地标大屏循环播放，在一段时间内实现全城同唱一首歌，很大程度上提升了南方+在珠海本地的知名度和认可度。

从传播力建设到转型融合，珠海分社由点及面、由表及里，抓住一系列转型项目的微小切入点，参与到珠海城市建设中。

珠海分社与珠海龙头国企华发集团共建的该企业40周年企业文化展馆，成为南方报业在国企领域展陈项目的标杆；与珠海市妇幼保健院共建的科普馆展陈服务项目，也为南方报业展陈项目在垂直领域市场开拓提供了经验。

随着移动互联网的发展，社会治理模式正在从单向管理转向双向互动，从线下转向线上线下融合，从单纯的政府监管向更加注重社会协同治理转变。这个过程中，南方报业充分发挥媒体融合发展在加强和创新社会治理中的重要作用，推动建设人人有责、人人尽责、人人享有的社会治理共同体。

从小处入手，珠海分社与珠海市委政法委连续多年联合举办社会治理案例培育行动，挖掘了一批社会治理典型，在助力政府治理体系和治理能力现代化方面，

珠海分社与珠海市委政法委连续多年联合举办社会治理案例培育行动，挖掘了一批社会治理典型

将一颗颗曾经独自美丽的“盆景”，由小到大，逐渐变成成体系、成规模的连片“风景”。

社会治理需要形成与之相匹配的信息传播能力、社会动员能力等，南方报业利用媒体融合发展促进社会治理专业化、信息化、智能化。其中，珠海分社与珠海市委网信办连续五届携手打造“五个一批”网络主体培育行动，锻造出一批有影响力的正能量城市“网红”，以及一批有代表性和传播力的新媒体作品。

小切口打开大格局，这种“以小见大”的培育模式也推广到珠海的民政、卫健等系统，珠海分社与更多主体单位携手联动，打造出一批政媒携手的城市品牌名片。

3. 做支点：立足横琴向国际

城市形象是国家形象的重要组成部分，有效的城市形象国际传播，有利于打造动态多元的国家形象，提升城市在国内外发展竞争中的话语能力和吸引力。

珠海经济体量较小，城市人口数量在全省亦排在靠后，仅靠传统的传播形式对城市影响的助力有限。这座特区城市形象的传播，需要借助更多的外力和支点，撬动城市形象实现最大化传播。于南方报业在珠海区域的开拓实践而言，这个支点就是横琴。

横琴地处粤澳交界，人员来往频繁，内外交流频密，既是对外连接港澳乃至世界的桥梁，也是境外观察了解广东乃至内地的独特窗口。当前，南方报业正秉持“长期主义”，对准“传播力”这个城墙口冲锋，朝着建设高水平新型主流媒体的目标奋勇前进。用好这个“窗口”，有利于为集团的融合转型注入新元素、带来新力量。

从自贸区时代，珠海记者站就扎根横琴自贸片区，以新闻+政务、新闻+服务为理念，推动全面下沉。横琴粤澳深度合作区揭牌成立以后，珠海分社以集团“两端一云”建设为抓手，在合作区内整合政府、澳门社团、粤澳企业等多方主体资源，打造出融合转型的特色窗口。

以横琴为支点，对内，“两端一云”积极探索跨媒介、跨行业、跨地区融合，突破传统资源配置的瓶颈，加快推动转型发展。与此相呼应的，是珠海分社基于内容建设打造了一批扎根珠海的“网红”队伍。一批年轻人正在快速成长，他们能看能写能唱，适应新媒体传播需求，成为集团未来发展的储备力量。

对外，珠海分社与合作区执委会及澳门媒体进一步加强合作，全方位、多层次展示粤澳合作的生动实践与创新成果，在合作区封关全媒体报道中，“两端一云”联合推出了中葡双语动画《90秒带你读懂横琴封关运行》视频作品，呈现出重大新闻报道的全媒体立体化传播效果。

未来，集团也将在粤澳一线这片土地共同拓展文化产业发展的广阔空间，更好地服务于粤港澳大湾区建设，在珠海、澳门、横琴三地之间搭建更多的“连心桥”，为建设一流湾区贡献更多的媒体智慧与媒体力量。

八、汕头：织融媒之网，壮潮汕之声

近年来，南方报业在汕头以传播力建设为中心，深耕粤东地区，创新融媒机制，打造南方+汕头频道“1+7+N”矩阵，持续拓新、拓深、拓宽媒体智慧服务，做强“主阵地”，做优“潜力板”，做精“新赛道”。

截至2024年8月，汕头分社生产线涵盖《南方日报》主报、《南方日报·汕头观察》、汕头市一级频道、28个子频道以及南方舆情、微信托管、在线展馆，并在媒介咨询、智库生产、智慧服务等方面实现新突破，逐步实现从“新闻立站”向“融媒强站”转型升级，进一步深化、提升了南方报业在汕头区域的传播力、影响力、营收力，为深耕区域融媒实践探索出一条新路子。

1. 筑巢织网，做强“主阵地”

区域经济发展水平，决定了当地媒体发展程度。作为粤东区域中心城市，汕头媒体融合发展相对领先。在实践中，汕头分社结合本地实际，提出了“聚力融合，筑巢织网”的主攻方向，做大做强南方+这一“主阵地”，持续聚焦移动优先、报端联动、下沉运营等环节，聚力做好大时政、大经济、大民生等方面的内容供给，着力打造“省报、省端看汕头”效应。

筑巢织网，是汕头分社做强“主阵地”的关键战法。汕头分社以频道共建为主要形式，牢牢抓实南方+的落地共建和渠道建设，发力打造南方+汕头频道“1+7+N”矩阵。2019年1月，与汕头市委形成共建党媒创新交互平台的战略合作关系，“1”成型；2021年年底，实现了汕头市域“六区一县”共建频道的全覆盖，“7”成型；“N”则指各类不同合作方式的共建频道。截至2024年8月，共建频道达到34个，在粤东西北12个分社（记者站）中位居前列。更重要的是，在拓宽广度的同时，南方+汕头频道也实现深度下沉，逐步形成了政法、金融、医疗等“多领域矩阵”。随着潮阳区谷饶镇、澄海区隆都镇等镇街视窗的上线，镇街矩阵也实现了突破。至此，南方+汕头“1+7+N”矩阵的广度、深度、厚度均得到巩固提升，发展活力和韧劲进一步得到激发。

为做优生产、做强内容，汕头分社向机制创新要效益。一方面，是扎实落实频道主编责任制，推行1+N团队协作方式，精细化管理共建频道，进一步夯实“1+7+N”矩阵的“地基”。另一方面，是与汕头市委政法委、汕头市人民法院等单位建立融媒合作机制或融媒体工作室，为频道共建和深耕增强了黏性，提升了活力。比如，汕头分社联合汕头法院融媒体工作室，合作拍摄了《探访一站式诉讼服务中心》系列体验式视频等，系列报道在南方+以及汕头市中院官方微信公众号、官方微信视频号、官方微博等自媒体平台同步播出，形成了强大传播力和影响力。

2. 策划先行，做优“必答题”

作为省委机关报驻地机构，汕头分社坚持“新闻立站，内容为王”，扎实推动媒体融合发展，抓牢抓好内容生产这道“必答题”，坚持高度、把握广度、追求深度，在重要节点、重大事件面前，始终坚持以高质量的策划报道，做到人无我有、人有我优，赢得潜在用户和潜力市场的关注和信赖。

一直以来，汕头分社秉持“高度决定影响力”的办报理念，提出“策划优先，融媒传媒”，坚持创意策划、内容生产、矩阵发力、融媒传播“四轮驱动”。在实践中，团队坚持紧扣地方党委政府中心工作，把内容真正做好、做深、做透，生产有高度、有见地的深度新闻，打通报、网、端、号一体化生产和多维度发布，形成独特的“直道碾压”优势，在大小新闻战役中打出南方特色，打响南方声势。

有策划优先，才能打好“内容战”。近年来，汕头分社策划了亚青会、练江治理、汕头创森、乡村振兴、汕头九章、“百年风华　奋进汕头”、“工业立市、产业强市”深调研等大型主题宣传报道，形成了南方的特色品牌。以南方日报社、汕头市委宣传部联合启动的“迈向‘321’新格局——汕头‘工业立市、产业强市’高质量发展深调研行动为例，一年间，汕头分社的专项调研工作组深入各领域调研，持续推出了一系列专题专栏报道，为汕头高质量推进“工业立市、产业强市”、构建“三新两特一大”产业发展格局提供强有力的舆论支撑。在迎接党的二十大胜利召开的关键节点，汕头分社又推出《突围——汕头“工业立市、产业强市”高质量发展实践报告》特别报道，在当地产生了较大反响。广东省委党校原副校长、教授陈鸿宇评价这一特别报道“站位高、反应快、视域全、观点新”。

有策划优先，才能打好“活动战”。围绕建党百年，汕头分社和汕头市委网信办发起“百年百场 党旗飘扬”网络主题宣传活动，依托“百年峥嵘 不改初心”等七大主题，记者深入红色遗迹、社区、乡村、企业、工地、文化战线等，通过直播、海报、Vlog、H5、航拍等多种新媒体手段传播红色故事、新时代奋斗故事，传承和弘扬红色精神，总流量突破100万+，形成刷屏之势。

有策划优先，才能打好“传播战”。长篇网文《十问汕头：何日再出头》引发强烈反响，《只需6分钟！带你沉浸式穿越汕头海湾隧道》短视频在南方+、微博平台话题总流量超800万，联合汕头市委组织部开展的汕头市年度基层党建特色品牌巡展投票流量突破400万，联合汕头市中院开展的“百姓身边的法庭”系列视频报道及基层人民法庭评选活动投票流量接近130万，均为爆款产品。

3. 智慧转型，做精“新赛道”

2015年9月，《汕头观察》创刊时，同步成立了“汕头智库”，邀请多个领域的专业学者入驻；2019年1月上线的南方+汕头频道，其定位是智慧媒体属性的党媒创新交互平台。在实践中，推动智媒融合转型落地落实，始终是汕头分社重点发力的突破口。

近年来，汕头分社以下沉为抓手当好“智囊团”，厚植南方报业在社会治理等重点领域的党媒担当与省媒优势，不断推动调研、智库、咨询等智慧型服务快速成长，释放动能，进而带动分社全面升级。

2019年年底，汕头分社就与汕头市委政法委联合开展社会治理创新项目培育活动，提出“从汕治走向善治”的培育创新理念，深度参与社会治理项目的孵化、优化。汕头分社邀请专家、记者、社会人士组成“《南方日报》汕头社会治理创新观察团”，走进汕头区县、镇街、村社，走访社会治理一线现场，并围绕社会治理创新展开了深入座谈、建言献策，在此基础上发布了《汕治 善治——汕头探索社会治理创新一线实践报告》。

这是汕头分社第一次真正意义上的智库服务项目，自此拉开了汕头分社在社会治理领域持续发力的序幕。汕头分社先后联合市委政法委、市司法局、市扫黑办等，持续开展社会治理领域调研、报道、评选、榜单、白皮书、视频展播等全链条智慧型服务，打造“汕治”社会治理榜单，承办好“十大创新项目评选暨展播”活动，策划出版好《汕头市域社会治理现代化实践报告》，开展法治保障实践报告的调研与宣传，开展龙湖党建品牌培育行动，开展扫黑除恶成果视频大展播等……这些案例合作形式不一、合作深度不同，但归根到底都是输出党媒的智慧型服务，充分发挥“线上全媒体、线下多场景”的传媒+新服务能力，进而提供咨询或决策参考，不断彰显省委机关报的传播力、引导力、影响力、公信力。

实践中，汕头分社认识到，要在转型升级的浪潮里跑好“新赛道”，必须坚持长期主义和“下沉策略”，充分发挥已建立的共建合作机制和生产关系，激活生产力，精心策划、精准分析、精细服务，不断拓展深度调研、第三方评估、舆情研判、咨询培训、论坛活动等特色化、定制类服务，形成新的产品服务体系，推动新闻和智库协同生产，坚持走专业主义道路，才能实现从新闻立站向融媒强站的转型升级。

汕头市委政法委联合南方日报举办“汕头市域社会治理十大创新项目评选”

九、佛山：根植“第四城”打造制造业智库

广东是中国制造业第一大省，拥有多个制造业大市，佛山是其中尤其特殊的一个。佛山不是省会、不是特区，却能在2023年成为全省第二个规上工业总产值突破3万亿元的城市，被称为“全国工业第四城”。在这里，制造业的兴衰进退对经济发展有决定性影响，推动制造业发展是党委政府最核心的工作，企业家则是全城最受尊敬的人群。

有什么样的城市发展进程，就有什么样的媒体融合转型探索。佛山对于驻地媒体特别是南方报业这样的省委党媒提出的核心诉求之一，就是支持制造业发展。早期，这样的需求还停留在传统的媒体宣传层面；但近年来，佛山的政府、企业都越来越需要权威媒体成为根植当地的产业智库。南方报业在制造业大市的“智库转型”由此有了一条主线。

佛山分社展示制造业智库的调研成果，一位企业家在现场观看

近年来，广东正全力推进“制造业当家”，加快新型工业化进程，这对佛山制造业提出了更高要求。在此背景下，南方报业在佛山充分发挥自身独特优势，深入挖掘佛山制造业、民营经济、企业家群体的发展诉求，着力打造以制造业为重点的媒体智库，开拓出一片属于佛山民营企业家的思想高地。

1. 壮大版图：助政府读企业

解决政府与企业间的“信息不对称”，帮助企业提升显示度，帮助政府更好读懂企业，是佛山分社建设制造业智库的重要使命。

2023年，佛山GDP达13276亿元，规上工业总产值突破3万亿元，规上工业增加值达6301亿元，市场主体总量达157.6万户。单从以上几组数据就可以想象到，佛山制造业是一个何其庞大的集群，要真正全面了解、透彻掌握佛山制造业的情况，需要克服怎样的难度。

各级政府部门越希望做好政策制定、产业规划、企业服务、创新激励、招商引资，就越需要深入规模庞大的制造业，读懂这片土地上的企业森林，了解企业家面临的阴晴冷暖。

但在现实中，各级政府往往因为精力、人力等面临着严重的信息过载，很难真正了解本土企业的完整情况、发展动向与诉求，从而在政策与服务发力方面难以精准贴合产业需求。

相比之下，深耕区域多年的佛山分社能够发挥媒体广泛接触企业、深入调研和善于总结的优势，并形成智库产品，让值得被发现的各类代表性企业在茫茫“企业大海”中浮现出来，从而被各级政府乃至其他市场机构发现。这就是媒体打造制造业智库的空间所在。

在提升企业显示度、帮助政府获取有效信息方面，佛山分社在南海区开展的“隐形冠军”企业寻访评选活动是一个典型例子。2017年，佛山分社携手南海区开展这一行动，在当地发掘出第一批70家在全国细分行业具有领军地位的“隐形冠军”企业。随后，又于2020年、2022年发掘出第二批、第三批“隐形冠军”企业。截至2024年8月，累计发掘评定三批共144家“隐形冠军”企业。

在此基础上，佛山分社在南海成立了广东第一个以“隐形冠军”为主题的研究院——广东制造业隐形冠军（南海）研究院，为政企互动搭建起常态化平台，提供企业诊断测评服务、区域产业研究和招商信息服务、企业定制化情报咨询服务，以及组织跨城考察研学。该平台也是南方报业在珠三角的第一个实体化智库。

随着一大批“隐形冠军”企业被挖掘出来、获得媒体广泛报道，南海区、镇部门由此对当地产业发展有了更深层次、更广视角的了解，显著拉近了与各行业龙头企业的距离，拿到了一张以往很难获取的“地图”。

另一方面，相关企业不仅获得了更大的政府支持，同时因为品牌知名度的提升，在吸引投资、人才等市场要素方面迎来了新的局面，形成了多方共赢。

2. 共筑高地：让经验出思想

在一个以制造业闻名全国的地方，必然会诞生一大批经验丰富、能力超群的企业家。这些企业家的思考与判断，对于其他企业有着重要的借鉴意义。但一般情况下，这些经验往往会停留在单一的企业内部、口口相传，难以被总结提炼和传播乃至成为一种“公共品”，发挥带动行业发展的作用。

这也是佛山分社打造制造业智库的重要目的之一——在企业中找到“榜样”，在企业家中挖掘经验、总结思想、开展讨论、传播推广、带动发展。佛山分社开展的品质革命调研，就是这方面的“代表作”。

自2018年来，品质革命调研组每年都会走进佛山各行各业、大大小小的企业，梳理出很多不为人知的惊喜，为佛山制造总结新的经验和思想。

其中，发生在2021年的一幕让人津津乐道。当时，北京大学国家发展研究院教授周其仁带领品质革命调研组对张槎针织、丹灶五金、北滘家电等产业进行调研。在走访高明荷城、明城先进制造业集群时，调研组发现了一家名为伟利信的企业。这家企业只有18名员工，却推出了上百款用于不同领域的PET保护膜、离型膜等产品，成为苹果、华为等知名企业的供应商。伟利信到底有何独门品质秘籍？调研组深入挖掘了这家“小微企业”的经验。在同年的佛山企业家大会上，面对佛山市主要领导、数百位企业家，伟利信负责人带来了题为《一家只有18人的苹果“供应商”》的分享，剖析了一家科技企业的成长路径。

如果没有佛山分社的调研、挖掘和总结，这家企业的故事也许多年之后仍然不为人知，也不会对佛山企业带来启发。多年来，这样的故事在品质革命调研中持续发生。众多优秀企业推进产品创新、技术创新、商业模式创新、管理创新，持续做精产品、打响品牌、追求卓越的故事，以及故事背后的思考被挖掘出来、传播开来。

在多次调研过程中，进行挖掘、总结工作的不仅是经济学家和媒体，更重要的是随行的佛山企业家。他们不仅是以企业家的身份走进其他企业，更以调研者、研究者、学习者的身份进行探索。在南方报业的协调、牵引下，众多企业家共同打造了属于企业家的思想高地，并指导了企业的发展。

3. 对话世界：带企业闯全球

全球制造业的江湖，总是英雄辈出。近年来，从长三角到成渝、长江中部城市群，国内越来越多地方的企业发展、产业创新做法，值得佛山的企业家与政府学习。

带着企业去“闯世界”也是南方报业制造业智库的核心使命。最近几年，跟随南方报业的脚步走向全国、走向世界的佛山企业家越来越多。他们的“队友”，往往还包括记者、经济学家、政府代表等等。

企业家想研究哪个区域的发展，制造业智库的脚步就走到哪里。从企业家的需求出发，佛山分社连续多年组织佛山企业家走出地域、走出行业，直面老总、深入交流，横向看看其他城市、其他企业的“打法”，再和自己的企业进行对照，扬长避短，是快速而有效的成长路径。

在国内，调研组的脚步走遍了国内所有万亿城市以及其他制造业较有特色的大中城市。在“不出海，就出局”的新形势下，调研的脚步也很早就同步向国外延伸。近年来，南方报业带领佛山企业家调研的脚步，从欧洲、北美延伸到非洲。

走读国外企业，目的是一起学习“世界语”。2019年，包括数十名佛山企业家在内的品质革命调研组走进德国、荷兰和丹麦三国。这三个国家都有一大批享誉世界的品质企业标杆，成为全球制造业的品质高地。调研组深入当地的“隐形冠军”、百年老店，直击全球制造业品质竞争第一线，对话当地的企业家和权威专家，为广东制造业探寻迈向高质量发展的有效路径，为中国制造打响“品质革命”

攻坚战提供借鉴。

探寻海外市场，目的是一起探寻新机会。2023年，品质革命调研团走进非洲，深入坦桑尼亚、乌干达、卢旺达三国，亲身感受潜力无限的非洲市场。调研归来后，多位企业家感慨，此次非洲之行将深刻影响到企业未来的全球化战略决策。

南方报业打造制造业智库、民营企业家思想高地，最终目的是用思想指导实际行动，助力佛山这样的制造业城市实现高质量发展。只要产业发展的脚步不停，大报与大城的精彩就还将继续。

十、梅州："深融出新"深耕苏区谋振兴

梅州是广东唯一全域原中央苏区地级市，地处粤北山区，缺少地理区位优势，产业基础薄弱，要素市场化改革仍有不少问题和难点。在新一轮发展过程中，为推动老区苏区高质量发展和城乡区域协调发展，国家、省先后推出重大政策，苏区振兴迎来多重利好。越是边远山区，越不能忽视"新闻富矿"，越要重视全媒体报道推陈出新，为地区经济社会高质量发展注入传媒动能。

深耕区域新闻，既是省委机关报深入实际、密切联系群众、服务地方发展的内在要求，也是新闻舆论工作者深化"走转改"、践行"四力"的职责所在。在移动互联时代，如何转变采编理念，创新报道形式，提升区域新闻时度效，让权威声音有效抵达受众，积极探索"新闻+政务服务商务"，切实提升传播力、引导力、影响力、公信力，壮大主流舆论阵地，是区域新闻工作者必须面对和解决的课题。

近年来，南方报业梅州记者站顺应媒体融合发展大势，结合梅州当地实际，扎实推进全媒体转型，推进"下沉策略"，立体式探索"深融出新"，全方位坚守"品质内容生命力"，全过程巩固主流媒体的传播力——传播效果、传播效能、传播效力，推动区域融合发展实现稳中求进的良好态势。

1. 融在下沉，新在传播效果

下沉是"外融"，融通各方力量，促进供需平衡。在经济欠发达地区，供需矛盾是主要挑战：一方面，基层群众分辨不出主流媒体和自媒体信息的异同；另一方面，区域新闻习惯于报纸端"豆腐块"文章，全媒体"新玩法"仍较少。内容生产、供给和互动的不足，导致区域新闻不够贴近一线，文字材料拘泥于"拿来主义"。加上在移动互联时代，读报的年轻受众越来越少，纸媒时常面临"无效传播"困境。

破解困局的关键，在于顺应媒体融合发展的趋势，通过下沉主动出融，贴近相融，融出效果。

一是办优纸媒，巩固舆论阵地。梅州记者站构建起"主报+观察+视窗"的纸媒传播格局，《南方日报》主报发行在当地覆盖率高，《南方日报·梅州观察》跳出

梅州观察梅州，办好政经纸、观点纸、深度纸，五份《视窗》贴近县区实际，打好民生牌、服务牌、精准牌。梅州记者站坚定“深度办报”理念，推动纸媒成为市县党委政府推动中心工作的“推手”和重大决策的“参谋”。如2020年5月10日，全省推动老区苏区振兴发展现场工作会在梅州举行，梅州记者站精心策划推出《传承红色基因　推动苏区振兴发展》特别报道，得到省发改委相关领导肯定，并建议协调把报纸放到会场。据统计，从2019年至2024年，梅州记者站有超过100篇新闻报道获得国家相关部委、省、市相关领导批示或表扬，彰显优质内容具有强大的影响力。

二是做好端媒，建设现代传播力。梅州记者站瞄准传播力建设这个“城墙口”，抓住三个转型关键点，做到转型不是转行。首先是能力提升，让采编力量能“横向到边、纵向到底”，覆盖“市、县（市、区）、镇（街）、村（居）”，确保内容能链接并激活神经末梢。其次是垂类共建，将共建频道推广到垂直人群，横向是市、县（市、区）、镇（街）各有阵地又相融相通，纵向是市直、县直、行业各有专区又圈层打通。截至2024年8月，梅州记者站已开拓运维22个共建频道和超百个共同运营的线上专区，平均每月发表原创稿件约600条，每月发布资讯信息约300条，每月发起线上互动活动约20次。最后是传播提质，通过改变传统生产传播方式，采用直播、海报、长图、微视频等报道方式，强化创意推文、线上活动、南方报业小记者、用户运营等运维方式，精准分层用户，提供对应需求，让新闻有鲜度，让信息有活力，让互动有人气。近五年来，南方+客户端梅州区域年度流量始终排在粤东西北首位，传播效果提档升级，党报党端影响力稳步提升。

2. 融在协同，新在传播效能

协同是“内融”，优化体制机制，畅通传播链条。事实上，区域新闻受众范围较小，在媒体区域竞争日趋激烈的情况下，想要打造爆款，提升党媒的区域传播力，面临着较大挑战。实践一再证明，没有传播效能，传播不可持续。

梅州记者站充分结合集团管理体制创新和联动机制优化契机，在协同生产、开放运营上下功夫，在融合效果和传播成效上见真章。

一是做好报网端微协同。记者站是微型报社，也是前方触角，依托的却是集团旗舰。前方深入一线采集、生产，后方全程协同策划、把关、发稿，前后方共同运

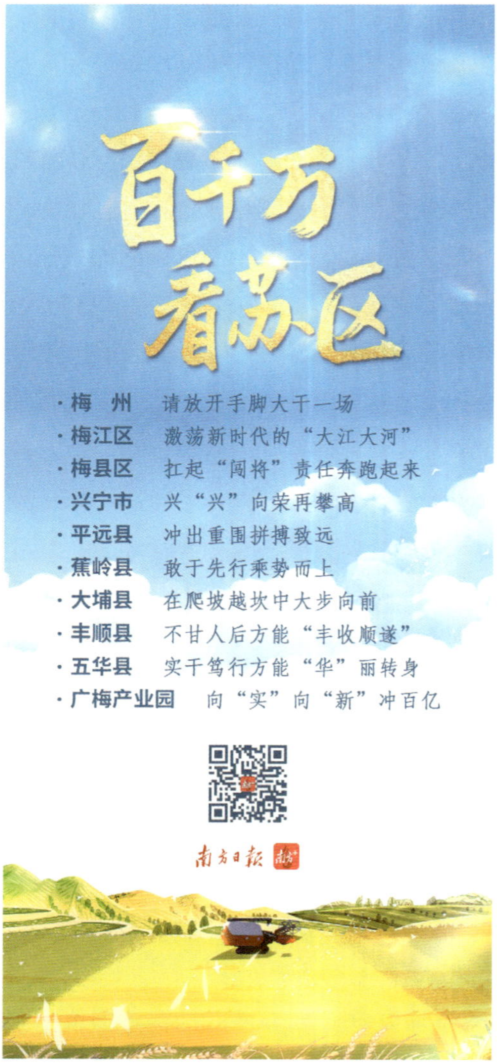

2024年年初，南方日报梅州记者站推出十问十策系列评论

营和运维。为此，梅州记者站每周召开联席会议，既是上传下达，更要生产传播全链条管理，新媒体组充分共享总部稿库、用户池，全媒体采编组强化跟进全国、省热点新闻和当地中心工作，运维组及时将流量走向转化为生产力服务力。经过不断探索，优化报相和端相，用户忠诚度日益提高，用户活跃度出圈出新，以《紧急扩散！急寻24日D3286次列车乘客！》为例，梅州区域仅300余万常住人口，该报道流量两天内超1500万。

二是做好总部基层联动。南方报业始终强调，既要心中有光，也要脚下有泥，坚持走好新时代群众路线，创作出更多“沾泥土”“带露珠”“冒热气”的优秀新闻作品。一方面，《南方日报》、南方+客户端坚持融合生产、先端后报路径，跨部门协同沉到基层站，每年开展权威访谈、重点题材、典型报道等联动生产，带动地方站跳出地方看地方，破解思维定式和能力瓶颈等问题。另一方面，充分调动个人积极性，鼓励双向奔赴的人员流动，梅州记者站驻站记者到总部各部门跟岗锻炼，总部理论评论部、要闻部等先后到梅州记者站交流工作，推出了“十问十策·百千万　看苏区”系列述评产品、

“梅龙高铁开通运营八连版”创意长卷产品。在梅州“6·13”洪灾中，在地方新闻部牵头下，动态新闻部、音视频部、要闻部、时政新闻部、经济新闻部、南方+传媒中心等联动到梅州，与记者站共同开展全媒体应急报道，到达灾情最前线，报道独家新闻，推出融媒产品，取得了全面、正面、积极的社会反响。

3. 融在服务，新在传播效力

服务是“相融”，推进纵深融合，再造党媒新机。梅州记者站的融合转型实践，得益于南方报业推进报网端深度融合的实践经验，得益于融合发展机制的赋能，得以充分挖掘传播效力，赢得全媒体传播话语权、市场竞争主动权。

一是让传播力叠加成品牌力。深化报网端刊屏微的融合，非一日之功也，南方报业坚持以端为主阵地，突出内容的多、快、鲜；以报为深耕地，在端发现纸媒深度选题，用纸媒的深度提升端的深度、温度。如每年的市委全会报道，端设立专题，推出“关键词看全会”“全会观察”“一图读懂”等产品，报纸同步联动，推出深度解读。2023年2月2日，南方+客户端发布的《梅州这场重磅会议上，市委书记这些话真提气！》，用鲜活的语言、生动的形式、短平快的传播方式，宣传梅州市贯彻党的二十大精神和深入学习贯彻全省高质量发展大会精神，获得中宣部阅评表扬。

二是让传播力转化成服务力。梅州记者站坚持服务的姿态，不断完善对外联络服务机制，推动实现相融就是相加，将品牌叠加转化为资源叠加，将以新闻为主体的信息化服务，延伸至城市智库服务、商务品质服务、融媒个性服务，掀起了线上线下传播大热潮。目前，梅州全市各县（市、区）都成立了通讯员工作群和融媒联络点，服务渠道顺畅，反应速度加快。同时，全站还建立起100多个主流读者群、南方号运矩阵群，让受众各取所需，参与到传播与服务的链条中来。

总而言之，通过多年扎实的实践，梅州记者站推进媒体融合发展收到的成效可圈可点，目前主框架、主脉络已搭建起来，持续推进工作的机制得到较好建设，融合发展工作总体保持较好态势，同时，融媒发展“一日新”“日日新”，按照南方报业的融合转型战略，主流媒体挺进主战场，地方记者站仍有大空间、大作为。

十一、惠州："三大聚焦"锻造新增长极

惠州，这座南海之滨的历史文化名城，迎来了新的重大发展机遇——被广东省委、省政府赋予打造广东高质量发展新增长极的使命任务，这既是对惠州过去几年经济发展保持良好态势的充分肯定，也是对未来惠州继续向上向好发展的殷切期望。

长期以来，南方报业见证和记录着惠州高质量发展的生动实践与经验，通过推动媒体融合发展，讲好惠州故事，传播好惠州声音。难能可贵的是，南方报业在惠州这座二线城市，时常有爆款作品和产品诞生，流量增长犹如惠州的发展势头，持续保持向上向好。流量背后彰显着惠州城市发展的"硬实力"，也说明城市知名度和美誉度不断提升。

打造新增长极，惠州持续扬优势、补短板，大抓项目、抓大项目，不断做大经济总量，做优发展质量，提升发展能级。高度决定影响力，惠州分社与城市共成长，采取的"战法"同样是抓住重点，聚焦重点人群、领域和区域，用好"下沉策略"，久久为功，才有不断出新出彩以及高流量的产品，持续推动事业常青。

1. 聚焦重点人群，高度决定影响力

高度决定影响力，影响最关键人群。《南方日报》是省委机关报，南方+客户端是党端和省委机关端，报端的读者和用户主要是机关企事业单位人员、专业人士等，用户画像拥有"三高"——高素质、高影响力、高消费力。这类人群具有较强的号召力和影响力，他们期待阅读高品质的内容。因此高品质内容是高流量的重要"密码"。惠州分社紧盯重点人群，集中力量，重拳出击，狠抓优质内容生产，策划推出一批全媒体报道，增强重点人群的用户黏性，奠定在惠州舆论场的引领力。

惠州作为二线城市，重要事件和活动并不多。一旦重要事件和活动来了，则需要抓住时机、提前谋划、聚焦发力，打一场漂亮的新闻硬仗，提升影响力，形成"有盛会找南方"的良好口碑。

每年的市委全会、市两会等重要政务活动，惠州分社都会重点关注，创新亮眼的策划产品，力争在激烈的同行竞争中脱颖而出。惠州分社连续多年在市两会期间

推出城市主题歌曲MV，成为一大亮点品牌。每年歌曲主题与两会的关键词相契合，比如青春惠州、追梦“双区”、融深融湾、锻造增长极等。歌词由惠州分社记者创作，融入当年两会的热词，歌曲演唱和MV拍摄制作均由惠州分社记者完成。每年一首高质量的城市主题歌曲MV，均获得惠州市主要领导的肯定和点赞，MV在两会会场播放，还在全市户外LED大屏轮播一个月时间。

近年来，惠州经济保持向上向好发展态势，得益于一批重大项目的有力支撑。石化能源新材料和电子信息两大支柱产业汇聚了一批重大项目。这些重大项目社会关注度高，特别是重点人群长期密切关注。在重大项目签约、动工、投产等不同时间节点，惠州分社联动南方日报经济新闻部推出了全媒体策划报道，比如2020年4月，埃克森美孚惠州乙烯项目举行“云开工”仪式，推出了《世界级的牵手：埃克森美孚为什么？广东凭什么？惠州做什么？》等系列报道。一个月后，中海壳牌三期惠州乙烯项目举行“云签约”仪式，推出了《粤“乙烯”为贵，万亿风口起》等系列报道。高品质的报道获得众多点赞好评，特别是重点人群纷纷转发，为相关稿件带来高流量。

2. 聚焦重点领域，深耕提升传播力

民生关注热点，持续带来爆款。教育等民生领域是老百姓关注的焦点，深耕这些重点领域可以大大促进流量增长，提升传播力。惠州的学生人数众多，数据统计显示，2023年，在惠州这座常住人口607万的城市中，各级各类学校在校生人数达到约143万人。

近年来，惠州分社结合惠州教育领域的特点，发挥南方+客户端优势，打响了“南方+惠州云课堂”的品牌，已经推出超10节云课堂，节节皆为爆款，每节课总流量基本超百万。2020年，惠州分社与惠州市教育局合作，策划推出了“英雄战‘疫’、青春榜样”主题思政课，邀请了惠州参与援鄂的医疗人员分享心得体会，全市超百万师生家长在南方+上课，总流量超过400万，获得了广东省教育厅的点赞表扬。思政课的观后感与南方+推出的“乐学小先锋”征稿活动无缝对接，惠州区域收集到的稿件数量超过9500篇，排名全省第二。

在取得“开门红”后，惠州分社继续加强与惠州市教育局的密切合作，推出了

多节契合教育部门宣传的需求的云课堂：针对寒暑假的到来，推出以假期学生安全为主题的云课堂；针对学生溺水事件的发生，推出防溺水主题的云课堂；针对学生容易出现的心理问题，推出心理健康主题的云课堂；等等。除了与市教育局合作，惠州分社进行了更大范围的推广，拓宽合作对象，分别与团委、公安交警、消防以及县（区）教育部门、重点学校等均合作推出了云课堂。云课堂在制作上精益求精，不断打磨讲稿，邀请更多不同领域的大咖前来参与录制等。“南方+云课堂”已经成为惠州教育系统一张响亮的名片。

在云课堂牵引拉动下，惠州分社深度参与了惠州教育系统的工作，比如参与教师节大会宣传视频的制作，讲述惠州优秀教师的感人故事；与惠城区教育局合作，在每年的民办学校招生摇号中，南方+是唯一的直播媒体，让招生更加阳光透明，同时带来了高流量。

此外，惠州分社深耕惠州卫生、文化、民政、楼市等民生领域，推出了形态多样的融媒产品，不少产品取得了高流量。

3. 聚焦重点区域，下沉创新服务力

广阔下沉市场，带来发展新蓝海。近年来，广东提出实施“百千万工程”，推动在城乡区域协调发展上取得新突破，为破解惠州区域发展不平衡指引了方向。

面对惠州广阔的县镇村区域，惠州分社深入实施“下沉策略”，向县镇村全面进军，让人员下沉、服务下沉，依托南方+共建频道，因地制宜结合各地实际推出各类融媒产品，这些产品成为惠州分社高流量产品的重要保障。

惠州分社加强与惠州市及各县（区）“百千万工程”指挥部的联动，结合下沉策略，通过策划运营争取了一大波来自基层的流量。比如，第一时间在南方+发布惠州市及各县（区）举行的重要会议、出台的相关政策举措、公布的典型镇村名单等，通过指挥部发动转发，这些稿件均取得了高流量。乡村振兴领域，也是近年来惠州分社深度下沉的一个重要抓手，与区县、镇街强化合作，举行乡村振兴擂台赛、党建引领乡村振兴等活动，带来了较大的影响力。

“下沉策略”提升了惠州分社在基层的引导力。近年来，惠州分社通过加强与惠州基层的智库合作，更加强化引导力所发挥的作用。2017年，与惠东县委、

县政府合作开展惠东滨海问策全球大型调研活动，走进世界著名湾区和国内外知名滨海城市，在调研基础上，推出系列报道、调研报告等，并邀请专家学者参与论坛，为惠东滨海区域发展建言献策，系列成果获得了当地乃至省直相关单位的充分肯定。在展陈项目方面，承接了惠阳区“双中心”（党群服务中心、新时代文明实践中心）项目、龙门县龙平渠主题馆项目等，进一步拓展了发展空间。

惠州分社推出两会特别策划作品

十二、东莞：“超级矩阵”如何赋能城市

东莞是全国闻名的制造业城市，也是全国第15个“双万”城市（GDP过万亿、人口过千万），还是全国常住人口最年轻的城市之一。制造、科创、镇域、潮流，是理解东莞的几大关键词。

面对特殊的市情，东莞对主流媒体的要求突出两个核心：一是“深”，融入制造业发展和城市肌理，下沉到产城人文的每条毛细血管；二是“新”，采用最前沿的理念、最便捷的平台、最先进的技术、最前位的打法，以年轻人喜闻乐见的形式，讲好东莞故事。

基于此，南方报业在东莞聚焦传播力建设，坚持导向为魂、内容为王、用户为先、创新为要，突出“平台下沉、产品下沉、服务下沉”三大策略，重塑了主流媒体发展新优势，探索出党媒在地方发展的新生态。通过创新共建超级矩阵，东莞南方+共建频道达到83个，位居全省第一；通过立体打造传播爆款，催生了一批百万级、千万级爆款产品，引导城市议程设置；通过全链运营活动场景，锤炼媒体的“十八般”武艺，从宣传者变成城市发展的参与者和推动者，以省媒力量赋能东莞高质量发展。

1. 平台下沉，创新共建超级矩阵

平台建设是东莞分社事业发展的基础。东莞分社抢抓移动互联网时代的发展机遇，创新共建南方+超级矩阵，实现南方+频道从无到有、从有到优、从优到强。截至2024年8月，东莞分社的共建频道达到83个，还探索出了松山湖高新区融媒体中心、滨海湾新区融媒体中心等“超级矩阵”。

一是从无到有，用频道共建转战移动端。2017年，东莞分社与麻涌镇共建了南方+全端第一个区域频道，分社提供年度全案宣传服务。从首个频道到现在83个频道，东莞分社用了7年，平均每年新增10个以上频道，不仅做大了阵地，还获得了持续稳定的新闻选题来源，更好地服务客户端读者。各共建单位从最开始的不看好、不接受，到后来的有共建找南方，再到如今的有诉求、有策划、有盛会都找南方，南方+频道成为东莞分社打开东莞市场的一把钥匙，让东莞分社实现了从“局外人”到“自己人”的身份转变。通过共建，南方+成为东莞实至名归的新闻第一端，成为

支撑南方报业下沉深耕的桥头堡。

二是从有到优，从频道共建到平台共赢。东莞分社也在不断推动频道迭代升级，目前分社与东莞松山湖高新区、滨海湾新区两大东莞战略高地成功共建合作融媒中心运营，尤其是松山湖融媒体创新实验室，探索出省级主流媒体深度参与并推动县级融媒体中心高质量发展的新路径。同时，还探索共建了南方+东莞云上文化馆、南方+东莞云上美术馆、大岭山云上家具馆等资讯更丰富、功能更互动的“超级频道”。

此外，2024年上半年，东莞平台建设迎来三个“第一”：抢抓GDToday建设东风，上线全省首个GDToday地市级频道；结合绿美广东部署，上线全省首个绿美松山湖频道；结合“百千万工程”，打造东莞首个百千万频道。

南方+频道共建某种程度上改变了以往依赖报纸的单一模式，成为东莞分社发展的强大底盘。如今，东莞平台建设已经下沉到村（社区）、学校、医院等城市最基层，继续向下沉要影响力。

三是从优到强，优化管理重塑生产。好的产品必须配套好的机制。东莞分社在机制建设方面的探索，可以概括为守土有责、守土尽责、守土担责三个关键词。守土有责就是明确“谁来干”，东莞分社形成由值班总监—工作室主任—频道主编组成的三级责任制。守土尽责就是明确“怎么干”，东莞分社优化考核机制，设置“六个提升”考核台账，出台南方+东莞共建频道质量评分制度，开展“三定巡查”保障更新。守土担责就是实施“真奖惩”，东莞分社明确各工作室考核目标，并定期公布，达到鼓励先进、鞭策后进、交流学习的目的。

2. 产品下沉，立体打造传播爆款

平台铸就，内容为王。东莞分社将传播力建设作为日常生产的重中之重，通过提升新的生产力、实现新的影响力，不断擦亮南方报业在东莞的金字招牌。

一是提升内容生产高度。紧扣省委、省政府的中心工作，在东莞开展落地报道。这是南方报业与本地媒体实现差异化竞争的重要突破口，也是引起核心读者群关注重视的有力手段。近年来，东莞分社多篇报道影响力广泛。其中，《对话东莞图书馆留言农民工：余生不忘东莞书香》切中热点，引起强烈反响，展现了《南方日报》的高度。

二是提升创意传播热度。不断创新传播形式是提升南方+频道服务力的关键，东莞分社将南方直播作为政策发布、活动传播的载体，将南方视频作为视觉表达、扩大影响的工具，南方观察、南方特刊等深度产品更成为围绕中心、服务大局的利器，《莞商面对面》《东莞经济一线》等栏目有力唱响经济发展光明论。此外，为做好每个频道的个性化服务，东莞分社又掌握了动漫、条漫、一图读懂、投票点赞、H5互动等媒体传播工具。2019年，东莞分社赢得第17届亚洲马拉松锦标赛暨2019东莞国际马拉松独家直播权，这是南方+客户端首次直播国际赛事。东莞分社在东莞市两会现场首创南方报业直播间，每年邀请30多位党政部门、镇街园区一把手访谈，成为展示传播南方+品牌的重要平台。

三是提升爆款运营力度。近年来，东莞分社抓住教育等热点话题，通过网课、直播、评选、大赛等立体形式，打造流量爆款。其中，由东莞分社创新开展的“积分入学直播答疑”系列教育直播打破了客户端首个500万+流量的纪录，开展的“东莞最美铁骑评选”成为客户端首个流量超过1000万+的投票评选产品。

东莞分社联合东莞市工商业联合会（总商会）等单位主办东莞民营企业家论坛

2024年上半年，东莞分社突出栏目化、视频化，做“年轻人爱看的新闻”。分社策划了十大栏目，包括时政类的《南方观察》、经济类的《莞商面对面》、民生类的《莞有料》《莞报料》《莞邑人物周刊》、视觉类的《南方视频》等，培育读者的记忆点。《莞有料》栏目主打轻松年轻、网感十足的风格，年轻人喜读、爱读。分社开展创意研发，陆续推出首个完全自主研制的AI特效建模视频《来了就能创新创业》等，丰富传播工具箱。

3. 服务下沉，全链运营活动场景

面对白热化的媒体竞争新格局，东莞分社发挥新闻策划优势，为东莞各类大会、大展、大赛等提供活动策划、主办承办、宣传全案服务。通过运营城市新场景，分社在线上线下融合中不断扩大影响、有口皆碑。

一是策划城市大会，服务中心工作。主办“旗峰亮见——东莞党建引领高质量发展”系列活动，吸引200多个单位、村（社区）参赛。策划主办全国首个城市“工程师日”，邀请院士与市委书记出席活动，释放爱才信号；连续主办四届“东莞短视频大赛”，该赛事成为东莞网络宣传品牌活动；主办东莞市直机关招商大比武活动，得到省、市组织部门肯定；主办东莞市荔枝推介大会，共邀数百家企业、近千人次参与，助力东莞荔枝走出去。此外，还承接举办东莞人才活动周、招商大比武、东莞台博会、东莞杯工业设计大赛等活动，这些活动成为各领域的例牌菜、招牌菜。

二是主办文旅大赛，擦亮传播品牌。策划主办六届东莞市民运动会，运动会获选国家体育总局“全国群众体育项目示范项目”；策划主办了全国首个篮球城市文化节“东莞篮球城市文化节”，得到中国篮协高度认可，吸引姚明、钟南山等嘉宾参与。此外，还主办“东莞文旅季”“东莞共享文化年”“高层次人才同心行”等重点文旅活动，牵头承办市政府重点项目东莞市老年艺术节等活动，全面拓展南方+线下影响力。与岭南美术馆、东莞公交集团联合打造的“海派繁花展”“南方+东莞巴士美术馆”成为东莞的网红爆款。

三是运营城市大展，内容焕新展陈。策展完成东莞市展览馆、松山湖科学城展览馆、茅洲河工业文明展示馆等全市重点展陈项目，这些场馆成为东莞接待主要参

观点。主办东莞市博物馆、鸦片战争博物馆的三星堆、法门寺、齐白石、曾国青铜器等多个IP大展，四次登上中国博物馆热搜榜十大热搜展览，东莞分社获国家文物局评选的年度文物好新闻奖。

2024年上半年，东莞分社首次将活动办到海外。东莞分社联合GDToday到美国旧金山举办东莞潮玩展，吸引了近400家全球媒体报道；到马来西亚举办“广东荔量，马来飘香”广东荔枝展销品鉴会，赋能农业发展和莞货出海；在马来西亚举办东莞市博物馆新馆藏品征集海外启动仪式，赋能东莞文化强市建设。

向转型要活力，向创新要未来。南方报业深耕东莞，将“两端一云”融入城市，为“双万东莞”创造更多价值。

十三、中山：立南方观察，与改革共振

在珠三角制造业版图上，中山是一个特殊的存在：改革开放之初，曾因改革活力和扎实的产业基础跻身“广东四小虎”之列，以威力洗衣机、小霸王等为代表的名优产品享誉全国；进入高质量发展阶段，中山受长期性、结构性、累积性问题影响，加上调结构、转动能等战略的实施，经济发展增速有所放缓。

在上述背景下，中山所启动的全面深化改革以及改革过程中所经历的转型阵痛，为外界密切关注。如何为城市的改革发展、转型挑战有效发声，如何提升宣传传播力、舆论引导力、改革推动力，是南方报业深耕中山需要回答的一大考题。

立足南方报业深耕地方、打造主流舆论阵地的融媒转型路径，南方报业中山分社近五年来积极探索融媒产品呈现形式，重点在时政、产经等传统优势领域创新表达，打造南方+《南方观察》深度网文品牌栏目，进一步推动转作风、改文风、树新风。近年来，中山分社《南方观察》栏目推出了以《中山经济述评》系列策划、《中山，莫慌！》《重燃“杀出一条血路”血性和干劲》等为代表的“爆款”，相关报道主题词曾写入市委全会报告，一度引发全省关注、引领城市改革发展。

近年来，中山分社在时政、产经等领域创新表达，打造《南方观察》深度网文品牌栏目

1. 三大探索转作风

如何在一座正在爬坡越坎的城市放大“南方音量”，是中山分社与城市共成长所面临的一个挑战。

站在融媒转型时代深耕地方，中山分社找到了具有独特意义的城市观察坐标：珠三角传统工业城市中山正处在改革深水区、破局关键期，中山需要舆论助力，外界需要客观、理性的权威发声。按照南方报业深耕地方、融媒转型工作部署，中山分社全面转向新媒体建设，传统阵地《南方日报·中山观察》向“周刊化”转型，聚焦深度纸、观点纸；新媒体阵地以南方+客户端为核心，聚焦创新传播渠道、采编流程、产品形式，形成有声势、有特色、有品牌的产品体系。其具体抓手，就是打造有网感、有深度、有思辨的《南方观察》品牌栏目。

站在省委机关报高度，《南方观察》坚守传统优势，以“跳出中山看中山”视野密切关注城市转型步伐，以创新叙述策略和文本表达为出发点，在同类产品中找到“辨识度”“唯一性”，探索政经报道成为“爆款”的实现路径。在这个过程中，中山分社进行了三大探索：

一是“及时发声”的客观性，不回避问题，主动剖析深层次原因。在省、市统计部门公布关键节点经济指标之前，采编团队迅速行动，以近十年统计数据为研究范畴，在大量分析和翔实数据支撑下，从梳理问题、探讨出路的角度，回应城市“怎么了”“怎么办”的议论，通过建设性思维凝聚共识、引领舆论风向。

二是“创新发声”的技巧性，分析始于数据，又不止于数据。引领舆论，不仅要在时效上实现“主动出击”，也要在内容上“另辟蹊径”。《南方观察·中山经济述评》系列报道的切入口在于数据，落脚点却在城市转型发展的未来路径，并呼吁民间力量参与话题讨论。2019年11月至2020年3月，来自政府、学界、企业、市民百姓的来论、来信与系列报道形成呼应，共收到超100篇来论、超300条评论，在中山全市范围内发起了一场对珠三角传统工业城市如何转型升级、创新发展的城市对话。

三是“有效发声”的持续性，既引领社会舆论，也推动城市改革。《中山经济述评》系列是《南方观察》落地中山以来最具系统性、分析性、创新性的系列政经网文，前后时间持续近两年，影响深远，最终形成“现象级”话题。该组报道主题词写入2020年中山市委全会报告，《南方观察》初步形成具有辨识度的风格，奠定影响力。

2. 三种战法改文风

在拿下开局战之后赢得持久战，是中山分社探索政经报道“爆款”品质的关键。

以《中山经济述评》系列报道取得的传播效应为经验，《南方观察》加速“向传播力要影响力”的步伐。从2020年开始，《南方观察》品牌栏目在提升传播力、壮大影响力方面再度深入攻坚，以产品文风之变推动报道矩阵之变、传播渠道之变。

文本之变，实现了创新表达的突破。实践证明，生动准确、有思辨有建设性的政经报道，是能够引起社会共鸣、引发外界关注、引起党委政府重视的。以“爆款”政经报道为目标，《南方观察》不断探索文本表达和叙述策略的新路径，向可读、悦读的新媒体语言、新媒体思维靠拢。例如，在标题的打磨上，采用更加短促有力、凝练生动的形式：2020年年初公布上一年度统计数据时，恰逢中山地区生产总值增速降幅较大，基于对整体数据和发展趋势的把握，以《中山，莫慌！》为题，引起广泛关注，当天阅读量超过20万；待2021年年初经济数据出现重要拐点时，以《中山，奋起！》为题，通过对主要经济指标尤其是工业投资、固定资产投资等数据的分析，为处于爬坡越坎期的中山凝聚共识、提振信心。

文本之变也带动了品牌栏目建设的矩阵之变。打开局面后，《南方观察》栏目逐渐发展出以深读性、观察性、可读性为基调的网文，并进一步确立了中山分社政经报道的主基调：从历史发展规律看问题，以大量调研为论述基础，向发展潮流趋势看齐。这也为培育《岐江评论》《香山快评》《深读中山》等有深度、视野广、重分析的品牌栏目打下基础。以更具历史性、前瞻性、分析性的视野，用更灵活生动、网感十足的表达，将党委的决策、干事创业的信心决心及时向外界传递，《南方观察》实现了对舆论的及时有效引导，进一步巩固、扩大了南方+中山频道品牌栏目的建设。

产品矩阵之变带动了传播渠道之变，以《南方观察》为核心的品牌栏目建设，推动南方+在基层影响力实现新突破。当前，中山分社形成了以南方观察、深读、快评、视评等类别的拳头产品矩阵，每年深读类网文稿量近200篇，其中《南方观察》稿件近70篇，平均一周超过一篇，实现“采编每月有重点”“读者每周有期待”。由点及面，中山分社“爆款”报道形成品牌矩阵；自上而下，南方+影响力从市级层面延伸到镇街，“基层路线”越走越深。如今，在中山，每当有大事、盛事发声，社会对南方+如何发声、如何评价有了期待。

3. 三力齐发树新风

经过多年探索、发展和沉淀，《南方观察》系列述评品牌成为既有“质量”又有“流量”的新媒体产品代表，也成为外界看中山、观中山的第一主流媒体窗口。实践证明，做强传播力、做大影响力与做优服务力相辅相成，只有站在更高视野、立足本地，勇于改革、做出特色，才能在激烈的市场竞争中抢得先机、赢得未来，才能在多元复杂的舆论场上占据主动、居于主导。

2024年，粤港澳大湾区“超级工程”深中通道建成通车，珠江口发展格局得以重塑，中山区位优势得以改写。站在城市发展的又一历史坐标上，以《南方观察》为代表的南方+深度品牌栏目持续发力、创新表达，不仅在网文表达上保持传统优势，更把对高度、品质和思辨性的追求延伸到了视频产品表达上，对南方+品牌矩阵建设开展了一次扩容。其中，经过多轮精心打磨的视频产品《超级工程，如何改写超级湾区？》，文本尝试从人类跨越珠江口的维度，跳出深中通道看深中通道，以经济地理学的视角看大桥对于大湾区甚至粤东西北的价值与意义，在同类产品中独树一帜，再次成为现象级传播的“爆款”，充分体现了南方高度和南方品质。

从政经网文到视频产品，以《南方观察》为代表的深读产品，对城市的观察与解读实现了及时发声、创新发声、有效发声，重新定义了“爆款”时政报道形式。南方+中山频道也从记录者、见证者，变为城市发展的推动者、参与者。

《南方观察》品牌建设实践证明，对于主流媒体融媒转型路径而言，唯有紧紧围绕“做强传播力、做大影响力、做优服务力”宗旨，主动适应新媒体生态、敢于创新表达方式、自觉透过现象看本质，政经报道才能成为“爆款”产品，进而引导舆论、推动改革。

十四、江门：从“入场”到“入群”，嵌入城市治理

近年来，伴随着市级媒体供给侧结构性改革的深入，市级媒体的能力建设无论是内容、团队还是商务、服务等领域都有了长足进步，市级媒体的内容呈现出政经味浓、观察力足的趋势。

在江门这样一个“中等生”城市，市级媒体已然覆盖绝大部分领域。省级媒体必须沉得更深、扎得更稳才能行稳致远。如果把过去省级媒体在地级市设立分支机构，快速实现采写业务的行为，称为初级阶段的“入场”，那么，在当前媒体竞争更加激烈、媒体融合更加深入的形势下，实现与驻地城市治理的深度融合，则可称为“入群”。

从“入场”到“入群”，江门分社从嵌入城市治理方面开展了积极的探索和实践：从团队建设入手，建设“智库型”团队，培育“智囊型”记者；从平台建设入手，以南方+的新功能和传播力实现治理的创新；从服务建设入手，下沉深垂，连接用户，以调研、全案、智库等业态让服务成为党政用户的刚需。

1. 让记者成为智囊

随着经济社会快速发展，地方党委政府对于决策咨询的需求骤然上升，需要以更科学、多元的视角分析研判问题，提高社会治理能力和水平。江门分社以建设“智库型”团队，培育“智囊型”记者，与党委政府思想共振，重塑核心竞争力，提升区域影响力。

双轮驱动，构建智库。江门分社扎根地方多年，对地方政府的政策有着深入了解，具备链接政府、链接企业的先天优势，积累了数量庞大的信息资源和专家资源。通过分类梳理，建立专家资源库，将近300位来自全国高等院校及科研机构的专家学者纳入资源库，构建“内核+外脑”的智库，联合开展课题研究，为地方经济社会发展提供决策支持。

三重发力，培育智囊。记者要成为智囊，首先要成为专家。江门分社成立政经小组、融媒小组、产经小组等课题小组，带领组员研究一门专业、深耕一个领域、掌握一手资源，不断提高新闻报道的专业性、权威性；在《南方日报》、南方+客户

端开设《江门来论》《江门大道》《江门知识局》专栏及南方号，为记者提供发挥研究专长的舞台，通过“及时奖励+定期考评”，激励课题小组写出更多有前瞻性、观点独特、启示性强的专业报道和专业性调查报告。

舆论引爆，思想共振。依托智库团队，江门分社构建包括平面传播、新媒体产品创新、调研报告、思想研讨在内的多元化产品矩阵引爆主要话题舆论场，深度嵌入地方发展，为政府部门决策提供参考依据。比如，深中通道开通之际，江门分社发挥智库功能，邀约专家学者建言献策，组织调研团队深入市（区）、镇（街）、村（居）、企业园区调研，推出《双通道 新跨越——江门抓抢“大桥经济”机遇一线实践报告》，用研究成果解答地方发展之问，受到江门政经圈层高度认可。

南方日报

江门观察

01

双通道 新跨越

双通道来了，江门进入黄金发展期

进入联网模式

城市格局改写

重塑湾区角色

《双通道 双跨越——江门抢抓“大桥经济”机遇一线实践报告》，用研究成果解答地方发展之问

2. 让平台成为工具

与当地媒体肩负的主流舆论阵地、综合服务平台和社区信息枢纽等功能不同，南方报业在治理站位、方法、效果上有突出优势：

一是上级媒体站位更高。作为省委机关报的地方分支机构，江门分社对省委、省政府最新会议精神、工作部署有更及时准确的分析。二是软件开发手段更多。不少新媒体工具都需要依托客户端功能的研发和运营，南方+背后有较多资金、人力、技术的投入。三是传播效果覆盖更广。省级媒体驻地机构发挥着承上启下、上传下达的链接作用，在治理工具的传播和治理成果的推广上能够实现更好的效果。

让平台成为工具，江门分社主要作两个探索：

一是全覆盖分发，做信息抵达的工具。江门分社利用网课、短视频等新媒体工具，打通了市级部门向基层传递信息的“最后一公里”，在传播效果上有事半功倍的效果。比如，暑期来临，江门多地发生溺水事故，江门分社联合江门市应急管理局、江门市教育局推出防溺水主题全民安全公开课，通知全市学校师生和家长收看，网课获得流量超82万，把市里的信息传播到了最基层。

二是与市民互动，做服务民生的工具。民生领域的“关键小事”，是党委政府的“头等大事”。江门分社担当各级党委政府服务民生、收集民意的互动工具，实现落地直通到底、汇报直通上级的“双向奔赴”。比如，江门分社与江门市市场监督管理局合作五年，推出“一监到底”网络直播执法活动，利用“双随机”抽查系统、网络投票、消费者现场指定等多种方式与公众密切互动，突击检查各类食品厂、食堂餐馆、市场超市，既突出了执法检查的公正透明，也进行了食品安全科普和普法宣传。项目已累计播出210期，获评市直机关管理创新表扬项目并入围市政务新媒体“十佳创新传播案例”，助力江门高分通过省食安创城评价验收和获批广东省食品安全示范城市。

3. 让服务成为刚需

当下，“新闻+政务服务商务”正成为主流媒体推进媒体深度融合的主要模式，也是新型主流媒体重塑核心竞争力的重要路径。江门分社下沉深垂，深入江门市直、区县、镇街乃至村居，连接好用户，强化服务意识，以调研、全案、智库等业态让服务成为党政用户的刚需。

圈层服务，抢占先机。江门分社提高颗粒度，加大精细化对接需求。如在恩平，由骨干记者统筹，第一时间获取信息，提前介入当地重要事件、重大活动，先后两年成功承办了大型投资推介会、低空经济发展大会，在当地打响了南方品牌。

全案服务，扩大声量。做好政务服务，不仅要把内容做好，还要把活动办好。江门分社以项目化推进，对每一项政务活动均组建工作专班，事前、事中、事后全程跟进，团队作战、全案服务，扩大宣传声量。以“梁思成杯”侨乡建筑设计大赛为例，在宣传端，江门分社统筹记者兵分几路、联动采写，链接了何镜堂院士在内多位建筑领域泰斗，以及国内多所知名高校，共同为活动呐喊助威；在执行端，江门分社全流程策划、落地，涵盖作品征集、线下采风、大师讲堂、作品评审、颁奖典礼等，环环相扣，赛事评审组组长、长三角建筑学会联盟轮值主席仲德崑先生对比赛的组织水平给予了高度肯定。大项目树立南方品牌旗帜，大大展示了南方+在江门政务领域的服务力、创新力。

智库服务，赋能治理。建设智库，是传统媒体回归内容生产为根本、反哺主责主业本质的趋势要求，媒体智库在舆情管理、城市品牌传播、赋能地方治理等方面作用尤为突出。江门分社加大对城市研究和传播的投入，围绕产业发展、文旅体融合、社会治理等方面，持续供给高质量思想产品，为江门治理建言献策。例如，江门分社联合江门市政数局开展“政务服务无堵点观察团”活动，联动人大代表、政协委员、企业家、高校专家等，为数字政府建设建言献策，并结集出版《新闻传播与政务服务改革——江门“数字政府”观察》一书，成为部门决策的重要参考。又如，赤坎华侨古镇试营业初期，因门票定价过高引发舆情，江门分社及时提交内参，得到市委、市政府批示；同时推出《江门大道丨试营业的开平赤坎古镇好不好？不妨再多点耐心》，引导舆论理性看待，最终景区下调门票价格，目前运营良好。

十五、湛江：携手地方融媒体，构建党媒共同体

湛江市是全国首批14个对外开放沿海城市之一，被定位为现代化沿海经济带重要发展极、广东省域副中心城市、国家首批“一带一路”海上合作战略支点城市、全国首批海洋经济创新发展示范城市、全国性综合交通枢纽和北部湾中心城市。当前，湛江正以工业化、生态化、数字化深度融合为引领实现动力变革，以加快大园区建设、推进大文旅开发、深化大数据应用为抓手推动后发赶超，力争各项主要工作指标迈入全省第一方阵。

随着城市地位的提高、城市能级的跃升、资源要素的聚集，湛江各地迈上跨越式、高质量发展的快车道，对城市IP宣传的需求也达到了一个新的高度，而如何与一座快速发展的城市共同成长壮大，也成了南方报业在湛江上下思考的重要课题。

2024年4月8日，湛江分社推出“国际珍稀动物保护日”特别直播，与专家学者畅聊守护雷州湾中华白海豚的故事

东风已至，破浪在即。湛江分社抢抓机遇、开拓进取，全面深入践行集团“下沉策略”，以新闻创优全面引领主流舆论，在纸媒、新媒体、舆情等多方面多领域发力，取得可喜成绩。《南方日报》、南方+、观察视窗、地方发布、微信公众号、地方融媒App等多个

平台深度融合、相互促进，成功构建“报、网、端、号”等百花齐放的全媒体矩阵，全面提升南方报业传媒集团在湛江区域的传播力、影响力、营收力。

1. 服务下沉，打开媒体转型突破口

近年来，湛江分社坚持走“智慧服务”的转型之路，不断强化服务优先理念，以创刊观察视窗、共建南方+频道、运维第三方平台、舆情服务等方式，积极探索与地方党委政府、职能部门服务新模式。

当前，湛江各地党委政府和职能部门普遍渴望通过高质量的新闻产品来宣传报道自身亮点成就，但囿于种种原因又无法达成上述目标。为此，湛江分社主动作为，强化沟通协作，通过“新闻开路、服务下沉”的模式进一步提升知名度和影响力，打开媒体转型突破口。

湛江分社抢抓热点主动开展专题策划，努力做到“重大新闻不缺席，权威发布必有我”，重大稿件力争全网首发，重大策划做实做透，体现主流媒体无可替代的影响力。

近年来，湛江分社记者深入推进“下沉策略”，结合“百千万工程”工作重点，全面挺进县（市、区）、镇（街）、村（居）和行业、部门等各垂直领域，取得了较好的传播效果。其中，《南方日报》刊发的“寻找中华白海豚”“鲜美湛江”“中国红树林之城”“海洋牧场”等高水平系列报道，南方+生产的“湛江优品”“‘湛’放青春实习实践活动”“寻找湛江隐形冠军”等新媒体爆款，赢得社会各界高度肯定，树立了良好的口碑。如今很多政府机关、部门逐渐养成了“有需求，找南方”的习惯，每逢重大报道、重大活动、重要策划都会第一时间找湛江分社来商量探讨。

在强化新闻策划、做好新闻报道主责主业的同时，湛江分社还进一步拓展智库服务，撰写了大量舆情专报、周报，为服务对象提供力所能及的帮助。2024年年初，徐闻县、湛江市区先后决定举办马拉松比赛，这也是当地首次举办马拉松赛事。湛江分社主动作为，在调研外地城市马拉松赛事筹办情况的基础上，撰写《湛江马拉松项目舆情专报》，其中提出的大部分建议成为赛事筹备工作的指南。这些主动服务为当地分忧的做法得到了客户的高度认可和信赖，为双方后续良好合作奠定了坚实的基础。

2. 平台驱动，打破媒介传播藩篱

随着地方融媒体中心陆续建成运营，各县（市、区）已初步建成了“电视+App+政务微信+政务微博”的全媒体矩阵，由于自身人才储备不足等原因，很难有效提升自有平台的知名度和影响力。

湛江分社主动介入地方融媒体中心建设中，将南方+与地方融媒体平台进行嫁接，两者融合共生，有效打破各大媒体传播藩篱，着力做到采编人员统一调配、采编活动统筹安排、采编内容统一分发、重要稿件同步发布，扩大了新闻报道的影响力和传播力，实现社会效益和经营效益双丰收。

2021年7月，湛江分社与湛江市委宣传部合作，运维湛江市委、市政府官方发布平台“湛江发布”微信号，掌握湛江官方权威信息的首发权。随着“湛江发布”影响力与日俱增，廉江、吴川、坡头、霞山等地也陆续与湛江分社合作运维当地官方发布微信公众号和融媒体中心。湛江分社乘势而上，先后创办《廉江视窗》《吴川视窗》《遂溪视窗》《雷州视窗》《徐闻视窗》等，实现观察、视窗在湛江市、县两级的全覆盖，并在短时间内共建频道、专栏超过40个，实现南方+频道共建县（市、区）全覆盖，让湛江分社采编团队生产的稿件直抵核心用户，进一步增强了读者对《南方日报》、南方+的黏性。

3. 因地制宜，打开媒地合作新局面

近年来，湛江分社一方面通过人员下沉、服务下沉的方式持续生产实现高质量传播内容，彰显主流媒体无可替代的影响力；另一方面则通过将南方+频道共建提升区域传播力，打开媒地合作新局面。

尤其值得一提的是，湛江分社因地制宜，创新合作模式，取得不俗成绩。当地央企、国企较多，但由于长期忽视企业形象的打造，在外界知名度不高。湛江分社主动对接服务，提供智库咨询服务，在互相交流的过程中赢得对方认可，最终成功开设频道专栏。

2022年9月16日，南方+“南油视窗”专栏正式上线，这是湛江首家央企进驻南方+湛江频道，也是湛江分社在宣传合作领域进行的有益探索和突破。随后，湛江分社又先后上线“湛江城发”“湛江青年”“湛江公益”“湛江交投”“粤海水

务”“湛航集团”等专栏。

在频道共建中，湛江分社坚持“既要皓月当空，也要繁星满天”，2022年以来，先后开设“湛江金融”“湛江消防”等频道和专栏，进一步拓展阵地建设。

湛江分社不仅下沉到县（市、区），更进一步下沉到镇（街）、村（居），通过生产高质量媒体产品来激活基层宣传动力。近三年来，湛江分社先后与遂溪、廉江、吴川、徐闻等多个驻镇帮镇扶村工作队、街道办达成合作。

融合转型塑造发展新动能。南方报业湛江分社将深耕湛江，深化践行“下沉策略”，创新服务模式，拓展发展空间，与省域副中心城市共成长。

十六、肇庆：“小城市大文章”的出圈战法

“小城市”形象塑造也有“大文章”。

地处粤港澳大湾区的肇庆，主要经济指标数据在大湾区不靠前，国家级平台和政策覆盖较少，“显示度”也没有珠三角其他城市高。助推这样的城市“出圈”，塑造更具辨识度的城市形象，需要找准城市标签，抓住重要节点，从政治经济效应和社会传播效应“双管齐下”，写好“小城大文章”。

近年来，南方报业在肇庆瞄准城市新趋势和融媒新格局，紧抓省运会、战略性新兴产业等重要节点和鲜明标签，用新兴企业刷新城市气质，以体育盛会壮大城市盛名，通过全媒体传播和营销手法，助力肇庆刷新城市气质、提振城市气场。

1. 小城办盛会，产城新战法

人们对一个城市的形象感知将主要基于媒体宣传，媒体传播成为塑造和提升城市形象的重要途径。

2018年，肇庆举办第十五届省运会，南方日报获得这场运动会的全程宣传报道任务。肇庆分社将这场体育盛会和城市形象传播紧密结合起来。从肇庆省运会报道进入冲刺期开始，肇庆分社就介入全案策划，从场所改造、优势运动项目宣传、肇庆新区（开闭幕式所在地）建设、体育文明风尚形成等方面入手，充分塑造城市形象。

2018年8月8日至20日，省运会期间，《南方日报》多个版面对省运会作了大篇幅的报道，将在肇庆举办的省运会概括塑造为“一场按国家级标准打造的体育盛会”。南方日报派出多名记者深入省运赛场，全方位、多角度报道省运会的精彩赛事，宣传运动员的拼搏精神，书写肇庆承办省运带来的三大变化，让全省人民通过《南方日报》，共同感受省运盛况，深入了解美丽的肇庆。

肇庆这座城市因为传统文化与现代文化的交织而产生了丰富的多样性。同时，肇庆也是体育大市，多年来为广东省、为国家输送了大批优秀体育人才。南方报业通过全方位、精准、高效的宣传，彰显肇庆以及广东体育事业蓬勃发展的辉煌成就，进一步提升肇庆城市形象。

省运会举办地肇庆新区，是我省九大发展创新平台之一。南方报业持续聚焦肇庆新区发展，在“一带一路”和粤港澳大湾区等发展机遇的加持下，肇庆新区建设

发生翻天覆地的变化。肇庆分社多渠道、多频次、多角度地呈现快速发展的肇庆，把岭南地域特色、开放创新的时代精神和城市新区的精神气质融合成为一个有机整体，塑造更丰满的城市形象。

进入后省运会时期，肇庆分社聚焦城市场馆、城市建设，开启一场场新的产业宣传。借助省运会打造的运动场地，肇庆多次举办全国田径大奖赛、全国体操锦标赛、全国男子水球冠军赛等一批国家级赛事。肇庆分社深入跟进报道，展现肇庆打造粤港澳大湾区运动之城的勃勃雄心与扎实行动。

举办第十五届省运会是肇庆城市发展过程中的重要印记。南方报业对城市的观察与报道，具有延续性与持续性。与体育产业深度结缘，南方报业持续推动肇庆建设体育之城的城市形象塑造。

2. 共建新阵地，城市更走“新”

肇庆经济体量在珠三角城市群相对较小，产业形态较为传统，要实现“弯道超车”，必须走新兴产业的赛道。

对此，早在2016年肇庆就首次提出将新能源汽车产业作为主导产业，后成功引进小鹏汽车、宁德时代两家链主企业，积极培育新能源汽车和新型储能“两新”产业链与创新链，相关产值突破700亿元大关。

在此期间，肇庆市委、市政府提出创新驱动发展“1133”工程、“366工程”、构建“4+4产业体系”等发展部署，进一步强化“两新”产业成为肇庆产业强市的核心内容。肇庆分社紧跟产业招商落地进展，走进肇庆高新区、四会、肇庆新区等产业一线，不断对外释放肇庆打造营商高地的行动与成效，讲述湾区新秀制造新城好故事，见证并记录了肇庆社会经济发展大提速。

2019年，肇庆成为粤港澳大湾区的一员，也是在这一年，南方报业将报道重点锚定产业新赛道，铺开多轮次产业大会战的大宣传，体现新一轮城市竞争中湾区新秀的强势崛起。

值得一提的是，2019年8月16日，肇庆市委与南方报业启动共建新型主流舆论阵地，《南方日报·肇庆观察》在当天正式开版，“南方+”肇庆频道实现内容全新生产。作为珠三角中最后一个开办城市观察的“新秀”，《南方日报·肇庆观察》秉承“高度决定影响力”的办报理念，守正创新，办出水平，打造成为具有强大舆论引导力、兼具内外传播功能的区域核心主流媒体阵地，围绕肇庆经济社会发展关键议题，讲好肇庆故事，传播肇庆声音。

新的舆论阵地建立后，肇庆分社用好肇庆观察版面资源，聚焦“两新”产业主题，加大力度深度报道肇庆产业发展成效及前景，推出多篇策划报道，包括《突围探新　跨越发展｜肇庆在新能源汽车赛道如何跑出好成绩》《肇庆：切换新赛道　蓄势新能源》《迈向千亿！肇庆新能源汽车产业闯新局》《肇庆高新区：向“绿”而行　动能澎湃》《万亿新型储能风口下的肇庆机遇》等。同时，依托南方+技术平台，用生动的新媒体方式呈现肇庆产业发展态势，推出《肇庆新能源汽车产业发展地图》《一图读懂肇庆新型储能产业链》等产品，深刻体现肇庆从传统产业转向新兴产业，从“粗放”向“集约”转变、从“制造”向“智造”转变、从“引资”向“选资”转变。

聚焦产业领域，肇庆分社持续为城市输出品牌，打出“广东千亿新能源汽车产业俱乐部成员”“广东新能源汽车新高地”“广佛肇整车、肇庆汽配、肇庆服务”等概念，为肇庆树立起以“新”为核心的城市形象。

3. 区县抓活鱼，深耕再下沉

肇庆分社围绕中心、服务大局，在充分报道呈现好市委、市政府重点工作的基础上，垂直下沉服务区域的能力持续增强。深耕区县抓活鱼，特别是在怀集、四会等区域持续深化共建频道，实现了“正能量+高质量+大流量”的良好效果。

其中，肇庆分社敏锐抓住“岳山造林”这个重要素材线索，2022年以来时刻关注“岳山造林”光荣传统和历史脉络的宣传动态进展，提前介入收集历史素材，采访当年造林亲历者，形成素材库，成为掌握岳山造林素材最多的媒体单位之一。《南方日报》、南方+推出《深切缅怀习老，弘扬“岳山造林”光荣传统》《照片里的岳山造林故事》《岳山造林光荣传统持续激励肇庆　书写贫瘠山地变万亩林海的人间奇迹》《肇庆岳山造林亲历者口述》等报道，多角度再现这段珍贵的往事，成为报道岳山造林的引领者和推动者，在全省塑造了绿美发展的怀集岳山典型样本。肇庆分社承接的三岳自然保护区科普·研学基地，通过落地实体展示空间，为城市树立了一座丰碑。

肇庆分社还将新闻报道触角深度下沉至镇一级，2023年在全省率先推出两季共

16期“肇庆高质量发展镇域行——镇委书记打擂台”栏目。镇委书记作为代言人，结合镇域发展中心工作，以“现场走访+圆桌沙龙”形式，与所在辖区企业家、新农人、基层干部、专家等对话，一起为高质量发展亮思路、亮招数，找短板、寻路径，把阐释重大政策与讲述鲜活故事有机结合，展现肇庆全市乡镇高质量发展的生动实践。根据《南方日报·肇庆观察》、南方+的平台属性，相关内容生产各有侧重，既兼顾整体“面”上宣传，有高度有深度有广度，又注重发挥“点”的突破和促进作用。栏目每期发出后，肇庆发布、各县（市、区）发布等全市政务媒体矩阵进行转载，在干部群众中引发关注热议，总流量达百万级，从镇级层面切入，成为一次城市营销的盛宴。

2023年，肇庆分社推出“落实‘百千万工程’肇庆高质量发展镇域行——镇委书记打擂台”活动

肇庆分社深度介入相关县（市、区）的运转中，为肇庆落实省委高质量发展要求营造良好舆论氛围，增强相关党政领导对“大事必有南方、报道必看南方”的信任感。在此过程中，肇庆分社加大记者团队人才建设，打造心无旁骛专注于研究深度的内容高手，打通新闻与智库、连接党报与城市的转型能手，对信息处理和社会舆情有敏锐嗅觉的传播快手。

下沉“小城市”，南方报业在肇庆不仅努力为城市写就“大文章”，也努力让团队练就“大功夫”，与城市携手共成长。

十七、清远："两个思维+三全策略"融入三省通衢

1988年，"清远市"首次出现在广东的行政版图上，并占据了全省超十分之一的陆地面积。清远处于粤、湘、桂三省（区）交界处，素有"三省通衢、北江要塞"之称，城乡区域风貌差异巨大，广府、客家、壮瑶等各群体并存。

虽然邻近珠三角，但清远并没有"近水楼台先得月"，经济发展与广佛等城市差距明显；地区生产总值从建市之初的全省倒数，到长期领跑粤北，并率先突破2000亿元；虽是全省第一大市，但直至2023年地区生产总值仅占全省约1.55%。

城乡区域发展不平衡是广东高质量发展的最大短板，清远则是广东的缩影，推动城乡区域协调发展、破解城乡二元结构也是清远必须直面的时代命题。南方报业尤其是南方日报团队，自清远未建市之日起就高度关注当地经济社会发展，并推动了在全省推广"清远经验"，成为当地把脉发展战略方向的"深度纸"、广大干部群众的"连心桥"。

清远记者站编撰《刘禹锡与〈传信方〉》，并举办新书发布会

新时代奋进新征程，南方报业在清远充分发挥优势，用“融媒思维”打好内容生产仗，用“智库思维”打好市场经营仗；探索推进全员行动、全域开发、全案服务，通过“两个思维+三全策略”，重塑传播力、坚守公信力、扩大影响力，为清远高质量发展凝聚砥砺奋进的合力。

1. 用两种思维在两个战场取得重大战果

清远记者站于2008年开办了粤东西北第一份观察《南方日报·清远观察》，截至2024年8月，在南方+客户端开设共建频道23个，实现八个县（市、区）频道全覆盖，涵盖金融、医疗、公安、教育、水利、税务、应急管理等多个垂直领域。

传播的载体已不止于一张纸，呈现的内容也不仅是文字和图片。近年来，清远记者站始终坚持用“两种思维”在“两个战场”取得重大战果，推动传播力、影响力、公信力再上新台阶。

一是用“融媒思维”打好内容生产仗。所谓融媒思维，就是牢固树立省报思维、党报思维、机关报思维，高度决定影响力的思维，深度抵达、温度感染、速度传播的思维，突出权威、引导、公信的特质。

作为进驻清远最早、相伴清远最久的省级媒体机构，清远记者站上下求索、求新求变，打造起“报、刊、网、端、微、屏”全媒体传播体系，可满足专题培训、传媒智库、数据分析、版权出版、策展布置、文创定制、电商运营、活动策划、新媒体创意产品生产等多种场景的应用需求。其中，《南方日报·清远观察》从“广清同城第一报”蝶变为“兴清建设者　融湾推动力”的新理念，始终坚持新闻立站，为清远高质量发展鼓与呼。

二是用“智库思维”打好引领影响仗。所谓智库思维，就是坚守新闻真实客观的同时，坚持分析更深入一层、思考更深入一层，不能仅做数据材料的“搬运工”，更是决策施政的“助力者”，做到透过现象看本质、透过本质找原因、通过原因想对策。

清远记者站既深度发力，捕捉“弱信号”，透析“新趋势”，如《一城万众的“浪漫相约”》，在连州旅游文化季迎“满月”之际，跳出活动看活动，跳出连州看连州，帮地方算好一笔“经济账”“文化账”“民生账”；同时也积极借力，联动高校、科研院所各领域专家学者，为《文娱之城呼之欲出，清远如何继续发力？》《下一个十年 广清一体化如何发力》等重点题材和报道提供指导意见，不断提升决策支撑力、政策评估力、舆论引导力、思想穿透力。

2. 探索“三全”策略重塑下沉新优势

近年来，随着央媒下场、省媒抢滩、友媒崛起，以往清远记者站能做的事情，其他媒体也能做。面对新形势、新特点，清远记者站转变思路，探索推进“三全”策略，重塑自身新优势。

一是全员行动，始终坚守“主战场”，守好“责任田”。清远地域面积广，清远记者站始终坚信离现场更近，新闻走得更远，坚持“下沉”八个县（市、区），成为清远唯一有固定团队常驻各县域的权威媒体机构，消除“新闻真空地带”。清远记者站对新闻工作进行全流程梳理，确立重点报题制、虚拟团队制、周会评报制，针对抗洪抢险救灾、医疗卫生健康领域直播、连阳地区重要文旅体活动和国家级赛事等，多次成立虚拟团队赋能领域、县域新闻工作，多次获当地主要领导肯定，在当地引起热烈反响。

二是全维产品，用好“新利器”，讲好“老故事”。清远历史上便是中原文化和岭南文化交汇地，涵盖广府文化、客家文化和壮瑶文化等不同特色，清远记者站坚持推动媒体融合、锐意创新，用好文图+视频+动漫+海报+直播+H5等表现形式，掀起本地创意传播新热潮。清远记者站出品的《动画|“扶贫干部”刘禹锡》手绘动画视频生动鲜活，广受好评；手绘条漫《一口“行军锅”的自述》画风精美、通俗易懂，小切口反映大主题；《记者蹲点跟拍72小时，直击“大脑卫士”的战斗瞬间》《卒中门诊故事》《十年接力，走在“起跑”之前》等一系列视频纪录片，充分彰显记者站团队视频生产战斗力。

三是全速领跑，跑出“加速度”，营造“熊热点”。清远记者站抱持长期主义，充分发挥深耕地方的优势，在地方举行的清远马拉松、广东省漂流大赛、第一届全国全民健身大赛（华南区）桨板比赛等系列活动中，成为深受地方信任和依靠的宣传阵地，成为民生、医疗、教育等各领域服务群众的便民窗口，成为激浊扬清、抗灾安民的传播堡垒。清远记者站多次全城首发《中考成绩创历史新高！连州迈步清远北部教育高地》《清远1县（市）、7镇、61村入选广东“百千万工程”首批典型县镇村》《滚动丨风雨更映党旗红——“数说”英德党群同心战洪灾》等多篇10万+、几十万+乃至百万+爆款报道。

3. 实施“1235”工作法提升内容新优势

近年来，清远记者站顺应媒体融合发展大势，充分发挥省委机关报特有的权威性、公信力和强大的采编优势，不断加快融合发展，以新的高度、速度、温度、深度，做清远发展的观察者、记录者和参与者。清远记者站结合当地实际，深入实施“1235”工作法，不断提升内容生产新优势。

具体为，紧扣清远高质量发展这一中心主题，为清远发展鼓与呼。

两个策略，即深入实施“下沉策略”，南方+共建全面挺进县（市、区）、镇（街）、村（居）和各垂直领域，打捞基层声音，反映基层巨变；深入实施坚持旧业和新业并存的策略，坚持“纸”与“端”两大传播介质并存共生，提高办报质量，做到杂志化和深度化。

三个目标，即一是重塑传播力，助力报社打造“高品质内容生产—精准分发与广泛覆盖—形成积极有效影响”的传播闭环；二是坚守公信力，确保舆论导向正确，引流与引导并举并重并行；三是扩大影响力，助力主流媒体深入挺进主战场，通过策划引领，多抓活鱼，多寻珍宝，强化精品力作的生产能力。

五个重点，立足内容生产的角度，以评论打头（高度引领）、文化打底（报道底蕴）、政经为柱（政经大报）、民生为要（服务需求），并推动音视频产品出彩，持续推出一批精品内容。

《南方日报·清远观察》实施精品头版工程，坚持新闻报道杂志化、深度化，头版推出的“‘到清远去！’——近悦远来的‘清远现象’”系列报道、透视清远向“新”力等多个精品策划，《清马三论》系列重点评论等多次获清远市委、市政府主要领导点赞肯定，在读者和业内引起较大反响。2023年，在清远新闻奖设立的第一个年头，清远记者站荣获系列（连续、组合）报道类一等奖、评论类二等奖等8大奖项。

近年来，清远遭遇多次洪水侵袭，清远记者站始终坚持领导值守指挥到位、一线记者采访到位、后方人员联动到位“三到位”，全员出动、前后联动做好全媒体报道，单条防汛救灾稿件最高浏览量破百万，多次抢占清远抗洪救灾宣传的舆论制高点，助力维护人民群众生命财产安全，彰显媒体责任担当。

脚下的土地时刻在变，清远记者站也在变中求新、变中求进、变中突破，落实“下沉策略”，加速媒体融合，用脚步丈量新闻，用镜头贴近民声，用文字传递能量，把新闻写在清远大地，凝聚砥砺奋进高质量发展的磅礴合力。

第六章

对话

融合发展看南方

一、中国社会科学院新闻与传播研究所所长胡正荣：南方报业是党媒垂直化发展的模板

专家简介

胡正荣，男，教授，博士生导师。现任中国社会科学院新闻与传播研究所所长、中国社会科学院大学新闻传播学院院长。主要研究领域为新媒介、国际传播、传播政治经济学等。

基于社会分工的总体格局和媒介技术的深刻变革，党媒应如何重新定位自身？作为扎根粤港澳大湾区的省级党媒，南方报业扎根城市、下沉深耕的模式带来什么启发？省级党媒记者站未来又应如何做强自身？

中国社会科学院新闻与传播研究所所长胡正荣认为，媒体属于ICT行业（信息、通信和技术行业），如果不做垂直，就没有生存空间。南方报业近年来致力于走“下沉”和“专业化”的路子，已经成为党媒垂直化发展的模板。在人人皆媒体的时代，党媒应定位为“平台”和“入口”；党媒的记者站应围绕这两个新定位，在各地聚合社会思想文化公共资源、社会治理大数据和政策制定权的制度优势，巩固壮大主流思想舆论，帮助所在党媒打造成为具有综合优势的平台。

1. 下沉与专业化：南方报业是党媒的先行者

问：你如何看待党媒融合发展的现状和未来趋势？

胡正荣： 从社会分工的总体来看，媒体属于ICT行业。ICT行业未来的方向一定是大平台占主导，且只留下凤毛麟角的个别大平台。随着媒体的发展和社会进程的演进，信息行业的机构媒体数量也将逐渐减少。问题在于，大平台以外的部分如何生存？

人们常说，大树底下不长草。然而实际上，大树底下是长草的，越往下看，越是有诸多不同个性的草，这就是所谓垂直化发展道路。

放眼整个ICT行业，如果不做垂直，就没有生存空间。因为大树太大，党媒客户端不可能再与微信、微博竞争。而垂直分为两层含义，一是下沉，二是专业化。下沉是指向市、区县、镇街一层扎根；专业化是指聚焦某个擅长的领域，而非全面开花。南方报业在大湾区走出的模式，我认为就是当下党媒垂直化发展的一个模板。

南方报业是最早开始明确“深耕”和“下沉”的党媒，可以说是媒体融合发展的“吃螃蟹者”。早于20多年前，南方日报社就提出“深耕珠三角战略”，强化在全省21个地级以上市的深耕和拓展，并搭建了相应的资源架构，在当地形成了一套有效的机制。如今，南方报业的分社（记者站）规模在所有省报中规模最大。我认为南方报业当仁不让地承担起了先行者的角色。

与之形成鲜明对比的是，不少省级党媒的记者站至今仍只是挂牌，在地方不派人驻扎，也没有太多的内容供应，这样运营发展显然缺乏后劲和可持续性。

在此基础上，为什么要走专业化？因为消费都是发生在特定场景下的，包括政府需要的服务和外包业务等等。因此，细分化或者专业化市场需要抓住场景，目前报纸和广电等传统主流媒体都在朝这个方向发展。同时，每个媒介都有自己的所长及所短，不可能全面开花，各方面都做得很好。套用经济学的概念来讲，没有哪家企业的范围经济真正做到了无边无界。

据我观察，党媒的专业化趋势已经越来越明显。尽管党报，尤其省级党报都是综合类报纸，但是省级党媒也开始涉及一些专业领域。例如浙江日报社早期在游戏领域做得很好，后来开发涉足技术领域，发展游戏线这条赛道；湖南卫视则是广电的典型例子，专注于开发娱乐赛道。

对于基层分社（记者站）的运作而言，道理是一样的，省级党报在下沉过程中的专业化趋势也愈发明显。我认为在具体运作中，立足珠三角的基层记者站，有一个选择是尽可能多地向制造业等产业渗入，深入观察当地的制造业发展现状，为当地政府提供研究报告，为区域经济发展赋能，这也是南方报业一些基层记者站正在走的专业化道路。

当然，我国报纸和广播电视都实行中央省市县四级媒体建制，在当下的基层，一方面市级媒体、县级媒体的力量日益发展壮大；另一方面，新华社、中央电视台等央媒进场，在县一级甚至乡一级扎根。伴随着“下沉”和“深耕”，多级媒体间相互挤压，让省级媒体面临着空前激烈的竞争，这是需要予以正视的。

问：沿着下沉和专业化的方向，你认为省级党媒应当如何进一步深耕城市？

胡正荣：20多年来的实践已经证明，南方报业下沉布局的方向和架构是正确的，下一步需要思考的是如何“生根”的问题。

在这里我想借用经济学的两个概念——规模经济和范围经济。

规模经济的意思是要做大，不做大就无法生存。当然，这里的“大”并不是指要做成全球范围的最大。一个县级融媒体中心怎样为之大？能覆盖全县，就是大。例如，人口才60万的安吉县，其县融媒体中心某年的营收却达到了6.67亿元，成为县级融媒体中心创新发展的典型案例。

而范围经济的意思，则是通过扩大经营范围和增加产品种类，实现多元化经营，从而提高经济效益。

党媒要实现范围经济，首先要打造产品链。南方报业通过新闻报道联系政府、企业，再帮助政府、企业写调研报告、办论坛、办考察团、出书甚至建设展览展示馆，这就是一个产品链条。部分主流媒体现在之所以面临发展瓶颈，就是因为始终没有形成有效的产品链。

可以说，南方报业已经迈出产品链的第一步。第二步需要做的是向外拓展供应链。目前党媒极少有供应链思维。简单来说，即所有事情都想自己做，结果什么事情都没做成，这是当前媒体面临的最大问题。敢问一般的主流媒体，有几家是拥有以战略合作伙伴为支撑的成熟供应链的？目前主流媒体几乎一切都依靠自己，就好比南方报业的分社（记者站），主要依赖自己已有的人才团队和服务能力。这涉及如何联合、如何跨界、如何做大的问题。

最后一个链是价值链。价值链的核心是谁出思想、出脑筋、出IP，谁就能赚取大部分价值收益。迪士尼和环球影城是最典型的媒体产业案例，成功将产品链、供应链、价值链三链完全打通。

比如在环球影城，阅读哈利·波特系列小说，玩哈利·波特系列游戏，再到在影城里逛哈利·波特园区……在整个过程中，消费者一直在消费同一个IP下的多种产品形态。对于背后的版权方而言，消费链条延长后，价值就可以持续产生。如果仅有产品链，背后的供应链、价值链与之不匹配，那么其产品很容易被替代和复制。

如何打通三个链条，是党媒在下沉过程中必须面对的难题。

2. 平台与入口：党媒应重新定位自身

问：面对媒介技术发展和传播格局的深刻改变，党媒应如何重新定位自己？

胡正荣：习近平总书记在《求是》杂志2019年第6期发表的重要文章《加快推动媒体融合发展，构建全媒体传播格局》中非常明确地提出，媒体融合发展不仅仅是新闻单位的事，要把我们掌握的社会思想文化公共资源、社会治理大数据、政策制定权的制度优势转化为巩固壮大主流思想舆论的综合优势。因此，主流媒体不仅是宣传喉舌，还是具有综合优势的平台。

在人人皆媒体的时代，媒体不应该再将自己定位为媒体。那么，应该定位为什么？我认为有两个关键词很重要。

第一个是“平台”。在工业时代，媒体工作的主要功能是传递与转发，其主要任务是将信息从一处传递到另一处，工作重心在于确保信息传播的精度和速度。然而在互联网时代，媒体成为一个平台，其功能是聚合信息，是将别人家的菜和鸡蛋都放入自己的篮子中，使平台具有高附加值。

第二个是“入口”。什么是入口？人与外部世界的联系，最早是通过口口相传，然后是读书。所以口语、书籍都是我们了解外部世界的入口。后来又有了广播、电视、电脑和手机等新入口。在媒体融合的时代，我认为媒体也应当成为一个入口。特别是进入人工智能时代后，各种硬件终端都将成为一个人与外部世界联系的入口。

主流媒体应该建立一个聚合类平台，通过主流媒体将资源整合起来。假设南方+能发展成为一个功能齐全、包罗万象的入口，足以让一个不熟悉广东的外地人迅速掌握本地的衣食住行、政府运作、基层服务等一切必要信息，那么南方+就是全国乃至全世界了解广东的入口。

更进一步的，媒体本身属于信息服务业，过往我们普遍强调其工具属性，实际上它是服务业。

举个例子，2007年，路透社与加拿大传媒公司汤姆森合并成了汤森路透（Thomson Reuters Corp）。汤森路透给自己的定位是信息服务提供商。实际上，它从单纯的媒体机构，变成了解决方案提供商（providers of answers）。作为全球最大的通讯社之一，汤森路透储备了大量的人才和海量的信息，并顺势将这些资源汇聚形成智力治理方案，从而为政府、公司决策赋能。目前，他们的服务面向六大板块，即金融、医疗保健、法律与法规、传媒、科技、税务与会计。

你会发现，严格意义上来讲，汤森路透仍然是媒体，但不是工业时代的媒体，而是基于信息获取、发布和传播能力的信息服务商。《南方都市报》近年提出“做中国一流智库媒体”的口号，其背后的逻辑，理念上与汤森路透接近。

问：围绕“平台”和“入口”的新定位，党媒及地方记者站应如何盘活聚合各类资源？

胡正荣：我留意到，南方报业已经通过盘活一部分资源，推出了一系列服务政府和制造业企业的产品，这些做法走在国内同行的前沿，初步形成了一种模式。然而，要形成这样的资源聚合就需要进一步下沉和聚合，走向精耕细作。

南方报业的分社（记者站）深入基层，不仅实现了媒体报道功能，还初步实现了媒体参与到政府的社会治理、企业的产业转型和升级中，这与中央的文件精神是一致的。

过去媒体经常提到的上情下达，大家都在做，也都做得不错。实际上，当前主流媒体的一个短板是“下情上达”，而南方报业在“下情上达”上的经验探索是有借鉴价值的。通过分社（记者站），南方报业大量记者扎根到一线，既为当地政府服务，又为当地企业服务，在省级平台上形成了关于大量社会治理、产业发展的报道、报告，充分传递来自一线的动态和声音。

下一步，围绕“平台”和“入口”的定位，南方报业的分社（记者站）应进一步在各地聚合社会思想文化公共资源、社会治理大数据和政策制定权的制度优势，巩固壮大主流思想舆论，打造成为具有综合优势的平台。

3. 内宣与外宣：当好中国经济成功的“解密者”

问：在打造“平台”和“入口”的过程中，2023年，南方报业正式发布“两端一云”建设方案，推进内宣外宣并举。扎根于大湾区，南方报业应如何走出具有特色的国际传播之路？

胡正荣：国际传播首先要解决“是否有用”的难题，没有用就没有人看。我们媒体国际传播有时候效果不佳，原因有二：一方面在于过于高举高打；另一方面在于内容特别集中在历史、考古、美食和非遗等这几方面，但事实上，外国人更加关注中国的现实社会生活和经济成功的秘诀。

以非洲为例。我到非洲调研，接触过非洲的媒体、政客、智库、高校和中国企业家等各界人士。他们普遍反馈，最希望听到的是中国经济发展的故事。比如，40多年时间里，中国从相对落后的国家，发展到了今天这样的成就，在世界上数一数二，成功的秘密在哪里？他们甚至连细节都关心，希望更具体地了解中国企业为什么做任何生意都能做成，为什么中国人基本没有不会做的生意。

国际传播缺少的是中国当代的经济生活故事，也就是人民生活富裕的奋斗故事。谁来讲述这些故事？我认为南方报业的分社（记者站）就可以去深入挖掘这些故事。因为珠三角最突出的成功就是中小企业的成功，南方报业基层记者可以深入走访广东21市的中小企业，即使只是一家小作坊的发展案例，对非洲企业家来说也可能具有一定借鉴意义。

简而言之，我认为作为广东的外宣平台，GDToday应该将自己打造成中国经济成功的“解密者”，这是一个大概念。小概念则是成为中国式现代化进程中企业成功和个人成功的“解密者”。南方报业的记者站与GDToday合作的最好方式，是充分挖掘基层故事，挖掘珠三角的经济发展秘诀，汇聚包括珠三角地区的粤港澳大湾区的资源，分类梳理，详细介绍，将内宣的内容彻底改头换面，并且采用国际化的叙事方式具体呈现，这样的内容才是个性化和特色化的，才有生命力。

外宣平台要致力于三个目标：有用，有料，有趣。首先是“有用”，比如给外国人介绍开工厂、做企业的宝典等，切实提供帮助；“有料”就是要有机会，外国人学会了发展经济的宝贵经验，但是却没有提供合作机会，没有人对接，也是不行的。因此，党媒在从事国际传播的过程中，也要做好政策解读、资源对接等牵线搭桥的工作，这其实是在服务外交、外贸和外事。

解决了“有用”“有料”的难题后，当然还需要让国际传播“有趣”起来，即包括软性的吃喝玩乐等方面内容。理论上来讲，就广东而言，在外宣中用好之前深耕珠三角等地市的经验与资源，下沉到大湾区的中小企业之中，我认为这是非常好的一个路径。

二、清华大学新闻与传播学院院长周庆安：在区域一体化进程中重塑党媒优势

专家简介

周庆安，男，教授，博士生导师。现任清华大学新闻与传播学院院长、清华大学伊斯雷尔•爱泼斯坦对外传播研究中心常务副主任。兼任国内多家媒体的国际时评专栏作者。主要研究领域为国际传播与公共外交、媒体与外交政策分析、政治传播与新闻发布等。

在区域一体化和粤港澳大湾区建设加速推进的背景下，南方报业作为省级党媒面临着信息化和互联网技术变革带来的挑战和机遇，需要走出一条既切合国家“媒体融合”战略需要，又独具南方特色的实践之路。在“下沉策略”和国际传播方面，南方报业应如何更好地承担起责任，面向大湾区深入实施下沉策略，提升服务能力？

清华大学新闻与传播学院院长周庆安认为，过去20年中国媒体形态发生了巨大变革，而南方报业的创新探索一直走在地方主流媒体前沿。在去结构化的媒介环境中，省级党媒应在区域一体化进程中重新找回权威信息主体的角色，并持续壮大自有平台。南方报业在大湾区的下沉深耕，体现了这个努力。党媒地方记者站应围绕区域一体化的核心战略需要，提升信息整合能力和资源对接能力，做好信息服务。党媒地方记者站应当成为地方国际传播的中坚力量，找准目标对象，走出特色化和差异化的传播道路。

1. 重塑优势：当好权威信息传播主体

问：你认为当前党媒融合传播面临着哪些挑战？

周庆安： 党媒，尤其是地方媒体在发展过程中面临两个特别大的挑战。第一个挑战是权威性下降。权威性不是党媒主动丧失，更多是被动丧失的。过去党媒的优

势在于受众群体稳定，传播内容权威，党媒的信息供给与受众的信息需求相匹配。例如《南方日报》《南方农村报》《南方都市报》都有很稳定的读者群体，但今天，这种稳定发生了很大变化。

稳定受众群逐渐流失的背后，是传统的金字塔结构发生了变化。过去金字塔结构是由中央媒体、省级媒体到地市媒体构成的，提供了信息的稳定供给和结构化的媒介环境。

目前的媒介环境，是去结构化的。在去结构化环境中没有了原先的金字塔结构，只有一个个传播节点。这些节点是随时变动的平行信息节点。

所以，我认为第一个挑战是党媒要重新找到在区域一体化过程中的权威信息主体的角色。只有党媒找回了权威信息主体的角色，才能真正意义上实现地方性新闻资源的集中和有效。南方报业在大湾区的下沉深耕，体现了这个努力。

随之而来的第二个挑战是传统渠道的失灵。过往我们过于重视网络舆论场的满意度，而不重视以"我"为主、以专业性为主的发声渠道，从而导致缺乏有效且专业的信息渠道。例如在社交媒体发展之后，大家了解、反映问题的渠道发生了变化，从传统媒体转到了社交媒体。从这个意义上讲，党媒需要搭台让老百姓发声。

问：在区域一体化的进程中，党媒如何持续创新，适应新的传播环境？

周庆安：第一，在区域一体化过程中，正如我刚才说的，只要党媒打造了权威信息主体的角色，能够重建"耳目喉舌"的功能，就能确保区域一体化进程中的信息结构的科学和稳定。

第二，党媒在区域一体化过程中也要发挥平台角色。新媒体是今天不可或缺的渠道，对于党媒而言，自有新媒体平台的重要性愈发凸显。

在平台的搭建中，对两种群体的聚合非常重要。第一种群体是拥有信息优势的党政部门和企事业单位。权威信息与有效供给平台是互相需要的关系，通过在平台上与党媒合作，党政部门和企事业单位可以高效输出政治经济文化领域的权威信息。

第二种群体是社会治理中的各种不同声音。党媒平台应当成为汇集区域一体化中社会治理的各种多元声音，完成"下情上达"功能的平台。目前社会信息结构过于扁平化，让很多人无所适从，似乎大家都成为舆论中的弱势群体，这就需要借助党媒平台重建结构化的信息系统，以帮助这些群体找到各自位置。

第三，党媒在区域一体化过程中还要发挥信息创新的角色。要实现信息创新，一种依赖于新技术的应用，另一种依赖于现场占有。

党媒需要在区域一体化重大议题的现场，以及在传播现场中应用新技术，以此充分发挥党媒的资源禀赋。在这个过程中，应该进一步挖掘党媒与地方政府的合作新模式。

目前，党媒与地方政府的合作模式是基于内容的，今后应该探索基于平台的合作模式。基于内容的模式，即媒体可以帮助政府做舆情、发稿件，或者在媒体平台上的每个市县有自己的政务号。而基于平台的合作则聚焦在信息服务领域。例如，针对企业在发展过程中所需的市场信息和市场分析，政府可以在党媒平台上供应。信息服务非常重要，它是帮助党媒平台建立黏性的关键因素。

2. 创新故事：党媒国际传播要特色化、差异化

问：省级媒体在国际传播中扮演着怎样的角色？应当选择怎样的发展路径？

周庆安：目前我们的外宣平台上有两块内容还比较薄弱：一块是经济，另一块是科技。海外对中国的发展存在许多偏见和误解，经济发展故事和科技创新故事恰好是地方媒体可以去讲好的故事。比如，广东经济发展波澜壮阔的过程是有故事的，广东努力奋斗的企业家及“草根”致富的故事是国际社会想听的。目前的国际传播需要进一步精细化区分，我认为这就需要发挥真正深入城市肌理的地方记者站的作用来挖掘出这些精细的故事，南方报业的记者站有这个基础。

第一，地方的国际传播需要地方党媒、地方记者站作为龙头，提升国际社会对当地的认知度和美誉度。利用“在地”的优势，做出优质的国际报道，这是地方党媒国际传播的“头条工程”。

第二，地方的国际传播要同中华优秀传统文化相结合，这是地方记者站做国际传播的基本盘。对于经济发达地区，不能因为在现代化建设上拥有傲人的成就，就不做传统文化层面的国际传播。传统文化必须得到重视。

广东在国际传播中具有一定的比较优势，这不仅体现在现代化的成就上，也体现在传统文化的积淀上。广东是最早进入欧美视野的中国省份，傅高义曾经在广东

展开研究，还表示“我的中国研究的起点在广东”。学界在讨论2023年的国际传播新现象、新案例时，广东普宁英歌舞备受关注。近年来，英歌舞频频走出国门，带动岭南文化亮相世界大舞台。据此，我认为广东的国际传播应致力于提供能够辐射全球的创新故事和文化连接。

第三，地方记者站可以挖掘和借助的国际传播优势，是“在地”的国际传播资源，这也是最大的优势。国际传播最重要的是什么？是资源。比方说江门是著名的侨乡，海外华侨特别多，这就是可以加以利用的国际传播资源。

在做国际传播的过程中，有一点需要明确，那就是你的国际传播对象究竟是谁，并以此决定你的国际传播内容。

当前，亚非拉国家正在努力发展制造业，他们渴望听到更多来自成功地区的故事。但是在过往的国际传播中，亚非拉国家难以通过这些内容学习我们的方法论。过往的国际传播只告诉他们中国好、中国好到了何种样子，却无法告诉他们为什么中国这么好、是什么让中国变得这么好。

3. 媒体竞合：整合能力是“下沉策略”的关键

问：从国际传播的“在地”优势说开来，你认为南方报业的下沉实践是否有可复制性？

周庆安：一个省的省级媒体是否能覆盖全省的市县，我认为这与这个省的经济发展有关。为什么《南方日报》可以做到覆盖广东全省21个地级以上市？因为广东的省级行政部门有效发挥着经济协调的作用，在资源分配、城乡融合等方面深度影响着地级以上市。基于这样的经济基础，省媒也才得以影响市里。在部分内部缺乏经济向心力的省份，其省级媒体向市县下沉的难度显然也会更高。所以，南方报业的下沉实践能否复制到其他都市圈，这要看其他都市圈是否有广东这个特点。

问：要进一步深耕广东和大湾区，你认为地方记者站应如何进一步建强？

周庆安：第一，在人才资源配置层面，党媒的侧重点和重心是放在总部还是地方记者站，这需要有相应的考虑。我认为，要深耕地方，就要形成总部和地方之间的人力资源轮岗机制，引导年轻记者、编辑必须在地方具有工作经历等等。

第二，地方记者站除报道地方新闻外，应当提升在当地的信息整合能力和资源对接能力。南方报业的地方记者站应当围绕粤港澳大湾区发展的核心战略来整合信息与资源。当然，在地方的资源整合方面，需要进行差异化探索。有些地方以经济为主，有些则以文化为主。以广东为例，佛山和东莞显然以经济为主，潮汕地区则更适合做文化层面上的资源整合。因此，党媒在为地方记者站设定目标时，需要有明确的战略导向和侧重点。

第三，从长期角度来看，地方记者站首先应该服务于PC端和移动端的两端应用，因为目前在报纸版面上阅读内容的人越来越少。

对于一个区域中心或者地方记者站而言，下沉是其组织功能的主责主业。在区域中心或地方记者站运转的方方面面，必然要面临与市级媒体或者县级融媒体的竞争。

当然，不同媒体间有竞有合，在不同的地方需要分类，有些地方可以合作，有些地方可以替代。我认为在当前阶段，可以适当鼓励竞争，打点“乱战”，鼓励央媒、省媒、市媒、县媒互相比拼、相互带动，首先让“好马”跑出来，从而发掘各方面的优势和有效经验。

三、复旦大学信息与传播研究中心主任孙玮：当好城市沟通系统的“编织者”

专家简介

孙玮，女，教授、博士生导师。现任复旦大学新闻学院教授、复旦大学信息与传播研究中心主任。城市传播领域专家，主要研究领域为新闻传播学理论、媒介理论、城市传播、媒介文化研究。

在媒体融合发展的大背景下，南方报业正致力于转型为新型主流媒体。以此为目标，南方报业应如何变革传播思维，创新传播策略，并有效融入区域经济一体化，为城市基层治理发挥积极作用？

复旦大学新闻学院教授、复旦大学信息与传播研究中心主任孙玮认为，城市是人与人、物与物、信息与信息、思想与思想的一种沟通系统。借助对南方报业城市战法的探讨，党媒要将自我定位为智能时代城市沟通系统的汇聚平台和交互平台，努力创造出中国本土化智慧城市的新理念、新机制、新实践。

1. 打破三个固有思维，重新理解城市传播

问：你认为党媒在城市形象传播中扮演了什么角色，它的定位是什么？

孙玮：城市是人与人、物与物、信息与信息、思想与思想的一种沟通系统。党媒在城市形象传播中扮演的角色，与城市的这个内涵是分不开的。我的理解是，党媒可以定位为智能时代城市沟通系统的汇聚平台和交互平台，它的目标是创造中国本土化智慧城市的新理念、新机制、新实践。

当前，建设“智慧城市”已经成为我们国家的战略要求，同时也是全世界发展的新进程。这一战略要求写进了“十四五”规划当中。在这样的背景下，党媒要致力于为中国本土化的智慧城市建设提供新理念、新机制、新实践。近年来，南方报业深耕粤港澳大湾区，具有这个基础。

问：在这样的新定位之上，党媒应如何重新理解自身与城市的关系？

孙玮：大众媒介在全世界范围内遭遇了自诞生几百年以来的最大挑战，我们要打破对大众媒介的固有思维，重新理解城市媒介以及媒介和城市的关系。

第一，我们一般把城市传播理解为“城市再现”。这是大众媒介时代的一种理解——先有客观世界，媒介再呈现客观世界。这个观念首先要打破。

第二，目前对城市传播的理解还是局限于做好文本层面的媒体报道。但根据我们的观察和经验，很多城市的传播实践已经不局限于内容实践和报道实践了。

第三，我们通常把数字媒介看成只是一种工具。新媒体有各种形态，但重要的不是工具属性，不是我们先有一个用来报道的内容文本，接着再用数字媒介渠道和方法去扩散它。数字媒介其实就是互联网思维，是离散式聚合、去中心化分布。党媒就要变成这种离散聚合式力量的网络编织者，而不是仅仅写好报道。

回到我们刚才讲的，党媒和党媒集团要努力把自己变成城市沟通系统的编织者、建设者，促进人物、信息、思想观念的连接。由此，我们可以提出一个概念，叫数字沟通。数字技术的沟通不是简单地把我们的媒介报道，通过不同的数字形态、不同的智能媒介渠道传播出去，更重要的是要把提升数字沟通力作为我们主流媒介机构最重要的着力点。主流媒体包括南方报业，应该努力放大数字连接力，把区域里原来不相干的东西连接在一起，形成进一步的交互和碰撞。

2. 发挥五类优势，提升数字沟通力

问：你提到“数字沟通力”，可否讲讲你对此的进一步理解？

孙玮：我们可以用四个维度来描绘一个智慧城市的数字沟通力。第一是数字基础设施，指物联网、算力、互联网、数据；第二是数据融合机制，包括建立城市数据库；第三是数字平台效能，包括跨条线的协同效能等；第四是市民数字福祉，体现在市民的消费、健康、工作、社会交往等，也包括政府的公共服务水平以及市民的隐私安全水平等等。

像腾讯、阿里巴巴这样的互联网大平台，他们都在建数字城市的基础网络，做好与市民的对接，以及与经济、金融、政府治理、文旅娱乐等系统的对接。但是在构建城市沟通系统层面，他们和主流媒体相比还有明显的欠缺。主流媒体需要把自

己变成基础性城市沟通系统的编织者，并把自己囊括进去，与政府和各个行业、产业都建立起强有力的连接。

党媒要提升数字沟通力，总结下来就是两点：第一，党媒要抓住城市群的理念，为城市提供媒介基础设施；第二，做好城市形象塑造的相关工作，为大众利用数字媒体、开展日常生活实践搭建好平台。

问：党媒提升数字沟通力，国内有什么比较成功的案例？

孙玮：“澎湃新闻”客户端的“市政厅”栏目符合这个理念，它把建筑学、社会学、经济学、心理学、传播学、上海城市文化历史的研究者等各行各业专家集合起来，在一起策划、开展多种类型的主题活动。栏目从提供选题，到发起或参与公共讨论，再到举办线下工作坊，以及实地举办其他多类活动，体现了要当城市沟通系统的“编织者”的努力。媒介通过编织城市沟通系统，激荡新的思想，释放新的活力，也在努力创造新的城市世界。

问：你刚才提到，党媒相比互联网大平台具有明显的优势，具体包括哪些优势？

孙玮：当好城市沟通系统的“编织者”，党媒的优势首先是资源的优势，体现在数据资源、人才资源和空间资源上。

这里所讲的数据资源主要指建立城市数据库，当然，这也是知名的互联网公司和平台都在做的事情，但党媒的本质属性和商业机构不同，有一些数据是商业机构拿不到的。人才资源指人才和专家的智库。比如，针对上海的气候和医疗公共服务问题，上海的主流媒体会组织大量专家开展针对性的研讨会，这一方面能促进问题的实际解决，另一方面也可以变成重大的主题报道。主流媒体在城市空间的资源利用上也有优势。比如，上海书展期间，有很多读书会在线下实体空间同步进行，市民会到现场消费，购买图书及周边产品。线下的活动能带动经济发展，也能激活城市地标，这个方面主流媒体具有作为策划者的优势。

党媒的第二个优势是具有跨界整合能力，体现在跨界议题收集、城市跨界平台搭建方面。

其中，跨界议题收集跟记者职业是息息相关的。“澎湃新闻”的“市政厅”会组建群聊，邀请和城市有关的研究专家参加，大家会讨论各种城市发展议题。在讨论的过程中，澎湃的记者就能把讨论的内容变成选题。在城市跨界平台搭建方面，上海市政府官微“上海发布”是一个很好的例子，他们有很多工作人员都在主流媒体工作过，努力地把“上海发布”变成一个信息汇聚平台，小到去看一场戏怎么坐公交车，大到改进城市环境污染的大议题设置。类似这些工作，主流媒体都可以来策划、承担。

党媒的第三个优势是搭建城市沟通系统具体实施的运作平台。比如，浙江温州是一个电商特别发达的地方，根据城市的特点，温州日报报业集团就搭建起服务于城乡居民、中小企业的互联网交易平台；杭州《都市快报》以城市男女相亲需求为聚焦点，集合了婚庆、家居、装修、美妆等多个行业。现在非常多的媒体都在做类似的事情，根据自身所处的城市特点，为城市搭建沟通平台。

党媒的第四个优势是创新城市实践。“澎湃新闻”的“市政厅”栏目前些年做了一个类似城市漫步（City walk）的活动“你的地方”。先招募市民志愿者，再配备相关领域的专家，根据不同的主题，或去实体空间记录游走，或收集有城市记忆的旧物，或访问老人口述历史，最后汇聚成为“上海双年展”的一个特别展出项目。成果得到上海本地市民、政府、专家以及国外艺术家、游客的好评，达成了非常好的城市国际传播效果。

党媒的第五个优势是创新沟通机制的能力。党媒应该直接参与创造中国城市沟通的新机制，在创造的过程中开展报道，把做报道和创机制结合在一起。更进一步的，党媒要在城市与全球对话的对外传播进程中，一方面设置新的话题，比如策划City walk；另一方面把地方性与全球化进行连接，挖掘全球化共同话题在中国的在地化传播，既体现地方感，又能与全球对话。

3. 关注“两小”应用，开拓技术思路

问：你提到的五个优势里，未提及党媒的技术优势。实际运作中，党媒参与建设城市沟通系统，怎么克服技术能力的欠缺?

孙玮：做好城市传播，可以多关注“两小”：小红书和小宇宙。这两个新媒体平台给予我们的启示是，城市传播要学习“从小着眼”，可以从小的方面切入，来开拓技术应用的新思路。

我重点谈谈大家可能还不太了解的“小宇宙”。路易威登（LV）现在到中国做商业推广，合作媒介不是报社、电视台，而是播客App“小宇宙”。它的在地化、异质性、对话性做得特别好，社区互动氛围很符合城市人群的喜好，是很多城市精英的选择。这个合作项目选取的选题就很小，比如讲上海早餐油条和巴黎早餐法棍的异同。所以，主流媒体在进行大叙事的同时，也要关注小类别、小栏目、小切口，从市民日常生活微小的方面尝试和投入。

除了“两小”外，游戏的引进也是开拓技术新思路的一种方式。上海的曹杨新村曾经有一片废弃的锈带地区，上海城市空间艺术季期间被开发成了上海版的“高线公园”。这里拥有多种多样独特的空间，在疫情期间变成了一个网红打卡点。一位曾经做过记者的纪录片拍摄者以高线公园为蓝本，在沙盒游戏《我的世界》里复刻了公园的样态，吸引了全世界很多玩家，成为一个非常好的城市传播案例。

问：请你再分享一些成功的案例。

孙玮：最后我再用一个案例，来总结上述我提到的所有观点和想法。

“澎湃新闻”的“市政厅”栏目曾参与上海城市空间艺术，做过一个名为“杨浦七梦”的项目。七个梦想从历史、文化、政治、经济、娱乐、体育等角度展开，并据此组织了专家参与的工作坊，以及以市民、工厂搬迁的亲历者为主体的口述历史项目。“杨浦七梦”这个项目就是把实体空间（杨浦滨江）和各个行业的专家、普通市民的集体记忆串联在一起，在线上线下同时进行。例如把淮剧这种相对小众的地方戏剧重新带回了更多人的视线中，利用这个机会把相关的文化和艺术形式都编织成一个网，让大家都去关注它，然后传承下去。

总结下来，借助讨论南方报业这个案例的契机，我想用两句话概括对党媒转型的想法：第一句话，要当好城市沟通系统的“编织者”。在城市智能时代，媒介所构成的城市沟通系统具有易聚性，应该把各个行业的人们汇聚和交互在一起，充分发挥党媒的平台优势来开展很多城市实践；第二句话，在此基础上，主流媒体应当积极参与并创造出中国智慧城市本土化的新理念、新机制、新实践，并进一步将结果和经验沉淀下来，与世界对话。

四、暨南大学新闻与传播学院名誉院长范以锦：深入推进下沉深耕，提升党报品牌影响力

专家简介

范以锦，男，教授，博士生导师。现任暨南大学新闻与传播学院名誉院长。曾任南方日报社总编辑、社长，南方报业传媒集团党委书记、管委会主任，南方报业传媒集团公司董事长。首次将品牌理念引进报业，被称为“中国报业品牌第一人”，是当代中国报业“媒体多品牌战略”“媒体跨区域经营战略”的倡导者、组织者和推动者。

进入新世纪，南方报业率先将品牌理念引入报业发展中，一批具有品牌影响力的报刊不断涌现。与此同时，以《南方日报》《南方都市报》为代表，南方报业启动了深耕战略，巩固了南方报业在广东区域的地位。深耕二十余年，南方报业积累了哪些宝贵经验？在新一轮发展中，又将承担起什么样的使命？

暨南大学新闻与传播学院名誉院长范以锦认为，南方报业从“深耕珠三角”到“下沉策略”，是一个逐步推进、完善、提升的过程，既履行了媒体的职责和使命，又在下沉中扩大了影响力，在媒体深度融合“深水区”中蹚出了一条独具特色的可持续发展之路。随着城乡融合加快，南方报业要积极赋能县域经济发展，为集团发展引入更多资源。同时，驻地机构应成为大湾区对外传播的重要窗口，向世界展示大湾区的发展成就、文化魅力和开放姿态，提升大湾区的国际形象。

1. 起步与探索：城市化与深耕战略相互促进

问：请你简要回顾当年带领集团实施多品牌发展战略、深耕珠三角、抢占广东区域的历史背景和决策考量。

范以锦：经过一代又一代的南方报人的努力，南方报业培育了几家名报刊，成为品牌报刊雏形。2002年10月，我在深圳高交会的一个论坛上作了《国际背景下

的媒体多品牌战略》的演讲，首次提出南方报业的多品牌发展战略。这个战略是一个比较完整的体系，包括战略目标、组织结构、运营模式。战略目标就是将集团的几个知名报刊进一步打造成全国有影响力的品牌媒体；组织结构就是报系结构，以《南方周末》《南方都市报》《21世纪经济报道》为龙头，分别组建南周、南都、21世纪三大报系；运营模式为"龙生龙，凤生凤"的滚动发展模式，以龙头媒体带动新的品牌媒体或项目的发展。

作为省委机关报的《南方日报》是覆盖全省的报纸，一直以来兼顾城乡读者，有效占有城乡市场。然而，随着城市化进程的加快，各媒体抢占都市高地的竞争愈加激烈，同时随着互联网的快速发展，《南方日报》在一线、二线城市的影响力在下降，失去了众多高层次的读者和各类客户，不仅削弱了机关报在大都市的地位，也给经营带来困难。南方日报社提出"深耕珠三角"之后，通过优质的内容打造传播影响力，将品牌打造得更加响亮。发力抢占区域市场，不仅巩固和发展了《南方日报》作为省委机关报的地位和作用，也让南方日报社从经营的困境中走了出来，实现社会效益和经济效益的双丰收。在巩固珠三角区域的基础上，又下沉到三、四线城市乃至乡村，让《南方日报》真正成为在广东城乡有广泛影响力的党报。

问：当前，城市群一体化已经成为国家战略。以南方报业为例，你如何看待一个党报集团与一个城市群的互动关系？

范以锦：实施城市群一体化战略，强化城市间的合作与协同发展，可以优势互补，互相用好对方资源，提升区域整体竞争力。南方报业可以发挥自身在权威性、公信力和传播力等方面的优势，推动城市群的发展，而且在与城市群的互动中也可以促进自身的发展。

城市群一体化虽有市场行为，但政府力量的推动也非常重要，而党报集团具有耳目喉舌的功能，对政府的决策、规划较为熟悉，可以发挥媒体信息桥梁的作用，传播城市群的发展动态、政策导向、合作成果等信息，促进城市群内部的信息流通和资源共享。对于公众疑惑不解的问题，可以通过解读相关政策，增强公众对城市群一体化战略的理解和支持，为政策实施营造良好的舆论环境。

党报集团还可以帮助城市群塑造统一的区域形象，提升城市群的知名度和影响力，吸引更多的投资和人才。在城市群发展的进程中，有许多方案需要论证，党报集团可以发挥做文化创意项目的优势，为政府决策及各相关机构制订实施方案提供智力参考。

党报集团在城市群搭建的平台，还可以与城市群内的其他媒体机构合作，共同制作内容，分享资源，形成合力，为机构和大众提供信息发布、互动交流的渠道，扩大影响力。从南方报业的实践来看，城市群的发展为党报集团提供了更广阔的发展空间。

2. 挑战与机遇：县域经济蓬勃发展拓宽下沉空间

问：从开办《珠三角新闻》至今，《南方日报》深耕珠三角、粤东西北已经过去20年。你如何评价深耕战略对南方报业的意义，及其对当前推进“两端一云”的作用？

范以锦：“深耕珠三角”并将深耕经验拓展到粤东西北，巩固了省委机关报《南方日报》乃至整个集团在广东的地位，并将影响力扩展到全国，这就为南方报业后续的“下沉策略”奠定了良好基础。

“深耕珠三角”与“下沉策略”无法截然分开来，是一个逐步推进、完善、提升的过程。对南方报业来说，既更好地履行了媒体的职责和使命，又找到了生存发展之路。由于“下沉”有了影响力，南方报业的“两端一云”获得了党政机关、企事业单位、社会各类机构等的认可，拥有越来越多的用户，尤其是主流人群。随着“两端一云”的发展，也进一步带动流量增长，扩大了南方报业的传播影响力，巩固了主流媒体的舆论阵地。

问：近年来，集团从“深耕珠三角”到实施“下沉策略”，始终扎根城市、服务城市。你认为今天的“下沉”与过往的“下沉”有哪些不同？

范以锦：过去讲“下沉”，就是深入基层采访。如今，南方报业提出的“下沉策略”也涉及融媒时代媒体如何进一步强化采访作风问题，但并不局限于此，而是从集团事业发展的全局进行考量，是立足于报业整体的发展。

可以说，“下沉策略”是南方报业的顶层设计，有其战略目标、组织架构、运作方式等。从战略目标来看，就是要做大做强新型主流媒体，主要体现在两个方面：既有强大的内容生产能力和传播力，又有强大的实力。社会效益与经济实力并举，主流媒体的地位才不会动摇。从组织架构来看，南方报业强化了派驻各地的组织机构，举足轻重的地方记者站升格为分社。人力资源的开发不只是量的增加，更是质的提升，尤其是配备了适应全媒体时代媒体深度融合转型的人才力量。同时，强化了集团和南方日报的指挥系统，也强化了相关部门的协调配合。从运作方式来看，坚持“一体化”思路，下沉的媒体人员不只是运营《南方日报》的纸媒，还要做出适合用户需求的融媒体内容产品，并具有运用全媒体传播矩阵连接用户的能力。此外，根据中央提出的“新闻+政务服务商务”的运营模式要求，下沉人员不仅要做新闻内容产品，还要做文化创意的泛内容产品，也就是将做新闻内容的能力延伸到做智库，为党政机关及各机构做好文化创意服务等。而分社、记者站的运作，也要纳入集团和南方日报社的“一体化”运作中，上下贯通，才能取得更好的效果。

3. 未来与展望：“新闻+”业务延伸品牌影响力

问：随着媒体融合挺进深水区，省级党报驻地机构（分社、记者站）面临着新的任务，也须应对“上下夹击”的新挑战。你如何看待省级党报驻地机构的未来空间？

范以锦：南方报业地方分社（记者站）面对“上下夹击”的局面，有挑战也有机遇。有竞争才能创新发展，而且媒体间不只是竞争，还有合作共赢。更为重要的是，随着经济社会的发展，各类媒体的发展空间也将进一步拓宽。2022年中办、国办印发了《关于推进以县城为重要载体的城镇化建设的意见》，产业链、供应链、创新链向县域经济下沉，一些重大投资和重大项目也向县域经济下沉，这些举措将更高水平推动县域经济高质量发展。加上乡村振兴战略实施，城乡融合发展加快，使媒体有了更加丰富的内容生产和传播的资源。随着市县级融媒体中心建设的加快，省级媒体集团也可为其提供技术支撑，合作的机会越来越多。南方报业各分社（记者站）作为实施“下沉策略”的重要力量，不仅具体参与实施，而且也能给集团总部引入更多的资源，推动集团的全面发展。

问：对集团驻地机构进一步深耕广东区域，你有什么建言？如何看待其在大湾区中的新使命、新作用？

范以锦：集团驻地机构要有很强的资源开发和整合的能力，在人员配备时要充分考虑这一方面。集团往各地延伸发展，在某种程度上来说，就是要拓展资源，包括新闻内容、智库服务等方面。要充分领会中央关于主流媒体实行“新闻+政务服务商务”的运营模式的要求。首先是做好新闻内容，也就是坚持“内容为王”，内容是媒体实施系统工程中最基础的方面，只有做出内容影响力，获得地方政府和各类机构的认可，才有可能为拥有资源打好良好基础；其次就是要服务周到、用户满意，才能将资源拿出来与媒体共享。当然，还有组织策划能力、社会活动能力等都要配套，只有这样才能实现资源利用的最大化。

粤港澳大湾区作为国家战略，正努力构建具有全球竞争力的世界级城市群。南方报业可以把这个区域看成中国进行国际传播的桥头堡，驻地机构应成为大湾区对外传播的重要窗口，向世界展示大湾区的发展成就、文化魅力和开放姿态，提升大湾区的国际形象。同时，运用各种传播手段，以正确的舆论凝聚人心，为大湾区的发展营造良好舆论环境。

最后，驻地机构也要及时为总部提供有效信息。要举集团之力推动大湾区内部信息共享，促进大湾区三地政策、市场、文化等方面的融合，并通过整合资源，运用多平台、多语种推动大湾区各城市与世界的文化交流。我想这是集团驻地机构的新使命，也是新机遇。

五、深圳大学新闻与传播学院教授辜晓进：报业下沉深耕，重在“抵达”与“复兴”

专家简介

辜晓进，男，深圳大学传播学院教授，博士生导师，新闻学科带头人。曾任深圳报业集团系列报刊副总编辑兼《深圳日报》（英文）总编辑。2010年起任教于深圳大学传播学院新闻系，著有《走进美国大报》《重走美国大报》等书。

报业推进转型，需要答好两个问题：传统的传播模式如何革新？原有的商业模式如何重塑？在深圳大学新闻与传播学院教授辜晓进看来，这对应的是传统报业转型的两大关键词：一个是“抵达”，即如何尽最大的可能抵达受众；一个是“复兴”，即创造一种可持续的、可盈利的新商业模式。

他认为，“下沉策略”是南方报业的一项创新，是旗帜鲜明且有明确概念的，这符合媒体转型发展规律。下一步要从下沉到B端，真正下沉到C端，这就需要提供稳定优质的内容供给、咨询服务和适当的文化娱乐信息。他特别提到，倘若没有可持续性的、刚性的优质内容供给，主流媒体很难真正实现抵达和复兴。

1. 借鉴全球先进，重视“活动”与“优选”

问：你此前提到了报业转型中的两个关键词是“抵达”与“复兴”，可否具体阐述这个观点？

辜晓进：当前，主流媒体融合转型主要体现在数智环境、资本运营、创意策划、内容生产四个方面。传统报业转型有两大关键词，一个是“抵达”，即主流媒体如何尽最大的可能、最大的限度抵达受众，这是所有媒体融合转型的根本目标。国内的报业集团正在大规模“抵达”受众，让受众能够从多渠道接触信息、吸收信息。具体做法有：媒体的传播方式穷尽各式各样的数字端口，从PC端、移动端、视频端再到音频端，呈现出极其热闹的盛况；接着，传统媒体继两轮App建设热潮之后，又再次兴起报业集团客户端“出圈”，实现了走出本土、整体转型的目标。然而目前报业的“抵达”客观讲是很脆弱的，转化率并不高。

另一个关键词是“复兴”，是指创造一种新的商业模式，在未来能基于数字平台、新业态来形成可持续的、可盈利的商业模式。以往传统报业的收入来源是两方面，一个是广告，一个是发行，而目前这两种来源都不可逆地走向衰退。近年来兴起的数字端广告也逐渐进入瓶颈期，于是第四种来源逐渐走进日常视野——Event（活动），即依靠各种形式丰富的活动来创收。当然，内容生产，是传媒行业增值与外溢的关键部分。其中，对中国媒体而言，版权收入是内容生产重要的收入来源。近年来，大公司、大企业对内容的要求更为挑剔，从某种意义上来说，这也在倒逼主流媒体的内容升级。倘若没有稳定的、可持续性的、刚性的优质内容供给，主流媒体很难真正实现抵达和复兴。

问：你认为当前欧美主流媒体在融合转型方面的哪些动作值得国内关注？

辜晓进：我一直在关注欧美媒体。当今世界发展比较好的报业，比如《纽约时报》《华盛顿邮报》《每日邮报》等，都在进行技术赋能背景下的商业转型。其中，纽约时报在刚才提到的以上四个方面的融合转型都堪称标杆，不论是收费模式还是订阅量，都形成了可持续、可复制的subscription model（订阅模式）。

2016年，《纽约时报》高管和我提到，他们计划于2025年达成1000万的付费订阅量。现在看来，他们已经提前完成了任务，并提出了2027年付费订阅量达到1500万的新计划。按照这样的发展趋势，即使没有广告收入，纽约时报也可以生存得很好。数字端的订阅和纸媒不同，纸媒增加一份就有一份成本，而数字端的成本比纸质端低很多，因而净收益非常可观。

从全球来看，很多报业都在探索新的商业模式。北欧、美国等地八成以上主流报纸都在实施付费订阅，然而像《纽约时报》这种依靠刚性阅读来盈利的媒体毕竟是少的，所以必须走创意策划模式，即依靠Event（活动）。还有一种，就是电子商务。我国一些电商平台一直在做严选，可是并没有真正意义上的“优选”。美国有亚马逊，中国有淘宝、拼多多，我认为要解决“优选”这一问题，是需要调研和投入的，用户一旦发现我们的选品是好的，那我们就增强了公信力，同时也可以提升商家生产优质产品的积极性。国内似乎没有媒体在这样做，特别是拥有公信力优势的党媒党报，有做“优选”的基础。在国内拥有淘宝等电商大平台的背景下，党媒依然还是有可发掘的空间。美国电商也有强如亚马逊的平台，但纽约时报是非常好的样本，我们应该积极向全球先进媒体学习。

2. 坚持下沉城市，突破B端与C端

问：你刚才提到党媒要大胆创新，尽最大可能抵达受众。从这个角度，你怎么看待南方报业的下沉深耕？

辜晓进：从全球视角看，“社区”一直是西方媒体的发展基石，也是中国媒体拓展的薄弱点。我们国家一直希望通过畅通信息来提升乡村治理水平，但目前我们的“下情上达”做得还不够好，所以我们提倡大力发展县级融媒体。就目前县级融媒体的发展情况来看，真正传播效果好的县级融媒体凤毛麟角。而“下沉策略”是南方报业的一项创新，是旗帜鲜明且有明确概念的，这符合媒体转型发展规律。我了解到，南方+有数百个城市频道，记者站也发挥着重要作用，这做得很好。同时，《南方农村报》也是一个很好的全媒体转型案例，一度打破了我对于农村类报业的刻板印象。农产品的供给是全国人人都需要的，在这个垂类发力，是比较有发展潜力的。这也是一个很好的案例。

但我们现在所说的下沉，往往抵达的还是B端，不是C端。想要真正抵达C端，需要稳定优质的内容供给、咨询服务和适当的文化娱乐信息，当然，也包括刚才提到的“优选型电商”。

问：提升面向C端的下沉，国内外媒体有哪些成功的案例可以分享？

辜晓进：媒体在数智升级上目前已走到3.0智慧端，诸如成都传媒集团建设的智能媒资库就值得期待。云作为数字时代的基础设施，可以将信息集中在一个大的平台上运作、生产，进而实现数字传播的一体化，并实现省、市、县的融合联盟，是有必要发展的。

以《今日美国》为例，客户端是他们的重要云端口，目前已经连接汇聚了超过700个客户端。媒体与各方的联通，需要打通客户端，打通社区之间，打通全国性媒体之间，一切都可以在云端进行。

目前，我国比较有创意的是浙江日报报业集团，他们做了一个大的端口，和其他地市级媒体联动，而且他们的技术目前是可以提供这种联动保障的。

3. 基于用户需求，打通内宣与外宣

问：当前，南方报业正在推进建设“两端一云”。你认为“下沉策略”如何提供支撑？

辜晓进：建设“两端一云”，要求打通内宣和外宣。真正的城市互动，应该是城市资讯的沟通，而资讯打通应该首先是服务类资讯的打通。只要有新鲜的信息流动起来，大湾区就能真正活跃起来。打通内宣和外宣，也是让信息流动起来的方式，这需要真正以用户为中心。

比如，南方+的深圳频道，现在就没有太多香港相关的资讯，珠海频道也没有太多澳门的资讯，这就不符合C端的需求。探索C端需求，我认为要学习互联网媒体，比如乔布斯的苹果公司，对用户的需求捕捉特别敏感，所以他们总能推出受众喜欢的手机及系统。另外，还可以向社交媒体传播方式学习，特别是报业总部，要形成面向地方的内容供给中心，不断推出创新的产品。

问：具体到国际传播，你认为当前地方记者站面临的主要挑战和机遇是什么？有哪些建议？

辜晓进：原则上，国际传播应该是报业总部层面的任务，但是我们大湾区的情况比较特殊，广东省毗邻港澳，记者站点在日常会涉及很多相关内容，所以在广东的地方记者站做好对港澳的传播，是非常有必要的。

更进一步的，如果地方记者站要做外宣，需要考虑外宣的读者是谁，目标是什么。外宣到哪里，服务要到哪里，记者站就要拓展到哪里。地方记者站最主要的任务，还是做好内容供给，读懂外国人C端的内容需求，他们的需求和中国人是不一样的，属于特色受众。

比如，外国人来大湾区经商，税收、服务等政策都不了解，我们就要及时供给实用信息。近年来，前海国际化程度不断提高，有很多港人港企入驻深圳前海，深圳蛇口附近也有很多外国人和国际活动，这些都给记者站做外宣提供了空间。如何抓住机遇？这需要和外国友人社区保持持续接触，研究他们的需求，实现良性的沟通，做出好的外宣报道。

六、羊城晚报报业集团总编辑林海利：加强互学互鉴，推动党媒下沉深耕再上新台阶

专家简介

林海利，男，高级编辑。大学毕业后一直在羊城晚报社（集团）从事新闻采编工作，现任羊城晚报报业集团总编辑、广东省新闻工作者协会副主席。系全国宣传文化系统“四个一批”人才、全国新闻出版行业领军人才，获国务院政府特殊津贴。

面对媒体业态深刻变革，省级党媒如何通过下沉深耕实现延伸传播阵地与拓展生存空间互促双强？地方记者站如何发挥省级党媒服务地方的“区域枢纽”功能？立足粤港澳大湾区，如何通过协作提升区域主流媒体的传播效果和影响力？

羊城晚报报业集团总编辑林海利认为，南方报业的社会影响力很大部分来自在各地的下沉，经济效益也有相当比例来自地市，给全国同行、省级党媒下沉深耕提供了良好的范例。应对党媒进一步下沉深耕所面临的挑战，林海利建议党媒之间可加强互学互鉴，在新型传播矩阵建设、地方记者站队伍建设、重大主题报道媒体协作等方面实现共同发展，推动党媒下沉深耕再上新台阶。

1. 下沉深耕：南方报业为媒体同行提供了良好范例

问：南方报业与羊城晚报报业作为两大省级党媒，你如何看待二者下沉深耕的实践？

林海利：在报纸时代，南方报业与羊城晚报报业在办报上各有千秋，都实现了“一纸风行”。在新媒体时代，二者根据自身的功能与定位，走出了一条各具特色的媒体融合发展新路子，实现了错位发展。

南方报业作为权威政经大报，较早提出并践行“下沉策略”，充分发挥了机关报的特色优势，具有布局时间早、融合力度大、创新探索多等特点。

南方报业的地方观察、视窗版，以省级党媒的采编力量和传播平台，从更高视角提炼和宣传各地的工作特色亮点。南方+客户端与各地的频道共建，深入到地市的各个层面，提供多方面的资讯服务。南方报业还大力拓展“城市智库”的功能，服务各地经济社会发展。

南方报业下沉深耕取得了多方面成功经验，对推动广东各级党媒互相促进、共同发展发挥了重要作用。南方报业的实践探索，也给全国同行、省级党媒提供了良好的范例，现在南方报业的社会影响力很大部分来自在各地的下沉，而南方报业的经济效益也有相当比例来自地市，这一点非常值得推崇。

羊城晚报报业集团在下沉深耕中，发挥《羊城晚报》“岭南文化名片”和羊城派“岭南文化第一端”的独特优势，坚持“新闻事业+文化产业”的双轮驱动发展战略，已经从一张报纸发展成为一个立体传播、全媒体发展的文化平台，具有广泛影响力。

在文化产业发展上，羊城晚报报业集团在全国晚报界率先创办创意产业园，立足省会广州，并向佛山、清远等省内地市下沉拓展，形成了“一园七区”的文化创意产业园区集群，开创了独具特色的文创产业园区发展新模式。

在新闻事业发展上，羊城晚报报业集团构建起以羊城派客户端为中枢的“1+2+3+N”立体移动传播矩阵，直接覆盖用户达2.25亿，为深耕地市提供了坚实基础。在下沉深耕的过程中，羊城晚报报业集团把“文脉”作为城市报道的切入点，坚持“新闻为眼，文化为脉”，打造广东及众多地市推进文化建设的重要舆论平台。这也是与南方报业尽可能错位发展的策略。

问：当前党媒在城市下沉深耕过程中面临的主要挑战是什么？如何应对挑战？

林海利：信息技术迅猛发展，带来了舆论生态、媒体格局、传播方式的深刻变革，这对当前党媒下沉深耕构成了主要挑战。过去，党媒尤其是省级党媒凭借强大的传播渠道优势，很容易就能产生强大的影响力。然而，在全程媒体、全息媒体、全员媒体、全效媒体的新态势下，人人皆可成为媒体，各地也纷纷自建发布渠道。省级党媒要在地市下沉深耕，就必须应对这一挑战，不断提升自身的传播力、引导力、影响力、公信力。

在应对挑战的具体策略上，我认为党媒尤其是省级党媒之间可以加强互学互鉴，在四个方面实现互相促进、共同发展。

一是坚持主力军全面挺进主战场。在互联网时代，受众在哪里，宣传报道的阵地就要设在哪里。当前，羊城晚报报业集团正在全力强化以羊城派为中枢的“1+2+3+N”立体移动传播矩阵，“报、网、端、微、视”融合发力打造网上网下同心圆。南方报业则在着力打造南方+客户端、今日广东国际传播中心（GDToday）、南方智媒云所组成的“两端一云”新型传播矩阵。二者共同牵引带动广东新型主流媒体建设向更高水平加速迈进。

二是坚持把内容建设作为深耕地市和拓展服务的根本。省级党媒可立足自身优势和特色，推出有高度、有深度、接地气的融媒体作品，持续引领区域舆论场。同时，通过参与社会治理等多种形式，与各地合作深入探索“新闻+政务服务商务”，在助力各地高质量发展中发挥新型主流媒体的独特作用。

三是推动宣传任务与区域拓展“双向奔赴”。紧扣党委政府中心工作与公众关注热点，深入浅出地做好重大主题宣传是省级党媒的责任担当。对于地方而言，借助省级党媒平台可更好展现当地的探索实践，是提升传播效果的宝贵契机。省级党媒驻地方记者站要深入践行“四力”，在一线精心策划沾泥土、带露珠、冒热气的宣传产品，以共情共鸣传递直击人心的温度与力量。由此，宣传任务与区域拓展可以做到双向奔赴、相辅相成，成为省级党媒增强地方传播力、引导力、影响力、公信力的重要途径。

四是不断加强地方记者站队伍建设。省级党媒要深化记者站管理体制机制改革，增强资源整合力度，大力面向集团内外公开选聘优秀人才，加强对记者站的人才培养、培训，推动一批专业素养扎实、有想法、有闯劲、有网感的业务骨干充实到地市一线，夯实深耕地市的人才基础。

2. 承上启下：地方记者站是创新型传播的发源地

问：你认为地方记者站在省级党媒下沉深耕中扮演了怎样的角色，尤其在构建全媒体传播平台方面发挥了哪些作用？

林海利：地方记者站作为省级党媒服务地方的“区域枢纽”，通过构建全媒体传播平台，扮演着承上启下的重要角色，其内容深耕与融合创新的作用更加凸显。

从内容深耕层面看，地方记者站既能深入地方，又能跳出地方视角，一方面可充分利用省级党媒总部的资源优势，另一方面有着日积月累的深厚地方人脉，可以更贴身地服务地方传播和信息需求。无论是重大宣传报道、基层实践总结，还是深入细致的资讯服务，地方记者站都应更多地担当起主体责任。

从融合创新层面看，很多创新型的传播和服务需求，往往是从地市、基层中比较早提出来的，地方记者站可以说是创新型传播的发源地。通过整合总部资源，结合当地实际大胆探索，地方记者站的“区域枢纽”功能将越来越突出。

问：地方记者站在媒体融合时代需要承担什么新使命？如何拓展新的空间？

林海利：这应当放在时代的大背景中来思考。当前，广东正以高质量发展为牵引，扎实推进中国式现代化的广东实践。地方记者站的新使命，我认为是在中国式现代化的地方实践中更好地发挥作用，这是地方记者站的广阔发展空间所在。

以文化建设为例，《羊城晚报》近年来充分利用文化大报的特色优势，发挥扎根于广东各地市的六大全媒体传播中心与各个地方记者站的“区域枢纽”功能，与广东十多个地市携手打造“文脉”系列融媒体传播平台。羊城晚报通过“区域枢纽”深耕一线，聚焦当地人文史脉与文化建设，并延伸至时政、经济等领域，累计推出1000多个版面、超过600万字原创报道以及大量融媒体产品，为各地在中国式现代化建设中提升“文化软实力”提供有力支持。

另外，在畅通政务服务渠道、汇聚各界智慧，以及幼有所育、学有所教、劳有所得、病有所医、老有所养、住有所居、弱有所扶等方面，地方记者站也都可以发挥独特作用，拓展出更多新空间。

3. 媒体协作：多平台合力打造主流舆论场

问：区域一体化背景下，党媒如何进一步加强区域联动，实现更高效的传播效果？

林海利：区域一体化的发展，区域产业协同、设施互通、规则衔接等软硬联通不断加速，大政策、大项目接连推出，都需要党媒在传播上进一步加强区域联动。

在新闻传播上，对重大选题需要不断强化总体谋划和大兵团协同。比如，围绕“百千万工程”，《羊城晚报》推出《县域经济加速跑》《乡村振兴第一线》等一系列融媒体策划，各地市的县、镇、村“同题作文”，使分散全省各地的一线实践在“同台PK”中较为系统地总结提升为让多方受益的可复制可推广经验，产生了较大影响。

在“新闻+政务服务商务”上，加强区域联动将产生明显的“1+1＞2”效应。近年来《羊城晚报》各地记者站结合当地实际大力探索，形成了相当丰富的“新闻+政务服务商务”案例库，相关经验在各记者站之间推广，在助力各地经济社会发展中发挥了良好作用。

问：以粤港澳大湾区为例，你认为如何通过协作提升区域主流媒体的传播效果和影响力？

林海利：当前，粤港澳大湾区正全力打造新发展格局的战略支点、高质量发展的示范地、中国式现代化的引领地，区域主流媒体之间加强协作十分重要。

比如，在重大主题报道方面，主流媒体之间的协作空间就很大。各媒体围绕大湾区建设重大选题，从不同的角度发挥各自优势，在各个平台形成合力，将打造出强大的主流舆论场。

又比如，在融媒体产品制作传播方面，各主流媒体也可以进一步加强协作，对点多面广的重大活动、重大突发事件等加强资源共享，为公众提供更加全面翔实的直播报道，在传播效果上相互赋能。